# 中国文化读本

普及本
第2版

ZHONGGUO
WENHUA DUBEN

叶 朗
朱良志

著

外语教学与研究出版社
北京

图书在版编目（CIP）数据

中国文化读本：普及本 / 叶朗，朱良志著. -- 2 版. -- 北京：外语教学与研究出版社，2016.5（2022.7 重印）
ISBN 978-7-5135-7709-0

Ⅰ. ①中… Ⅱ. ①叶… ②朱… Ⅲ. ①中华文化 Ⅳ. ①K203

中国版本图书馆 CIP 数据核字（2016）第 126033 号

"十三五"国家重点出版物出版规划项目

| | |
|---|---|
| 出 版 人 | 王　芳 |
| 责任编辑 | 王　琳　刘虹艳 |
| 版式设计 | 王　薇 |
| 封面设计 | 敬人设计工作室　黄晓飞 |
| 出版发行 | 外语教学与研究出版社 |
| 社　　址 | 北京市西三环北路 19 号（100089） |
| 网　　址 | http://www.fltrp.com |
| 印　　刷 | 北京华联印刷有限公司 |
| 开　　本 | 787×1092　1/16 |
| 印　　张 | 25.5 |
| 版　　次 | 2016 年 8 月第 2 版　2022 年 7 月第 9 次印刷 |
| 书　　号 | ISBN 978-7-5135-7709-0 |
| 定　　价 | 49.00 元 |

购书咨询：（010）88819926　电子邮箱：club@fltrp.com
外研书店：https://waiyants.tmall.com
凡印刷、装订质量问题，请联系我社印制部
联系电话：（010）61207896　电子邮箱：zhijian@fltrp.com
凡侵权、盗版书籍线索，请联系我社法律事务部
举报电话：（010）88817519　电子邮箱：banquan@fltrp.com
物料号：277090101

记载人类文明
沟通世界文化
www.fltrp.com

# 第2版序

《中国文化读本》，自2008年出版精装彩色插图本以来，陆续出版了黑白插图本、繁体字本（由香港中华书局出版，书名《开始读中国文化的第一本书》），并先后出版了英文、韩文、阿拉伯文、日文、俄文、法文、德文、西班牙文等8个语种的译本，此外，亚美尼亚文版、阿拉伯文版已经分别版权输出到亚美尼亚、埃及等国。

本书第1版出版以来，中文版本已累计重印20余次，销量已达十多万册。在此期间，出版社和作者均收到不少读者的来信，他们在表达对本书的欣赏与喜爱的同时，也指出了书中存在的一些问题，并提出了不少宝贵的建议。在此书中文第2版出版之际，我们对全书进行了修改，订正了其中存在的问题，充实了部分内容，并对书中的部分插图作了调整。

衷心感谢广大读者对本书的关爱和帮助，感谢外研社自初版后七年多来不断完善此书的努力，他们精益求精的态度给我们留下了极深的印象。最后，也借此书新版之际，再次感谢对本书出版提供过帮助的所有朋友们。

叶朗　朱良志

2016年1月

# 李岚清序

2008年北京奥运会即将开幕，这是一次盛会。205个国家和地区的朋友将来北京参加这次盛会，这在奥运历史上是前所未有的。

随着人类历史进入21世纪，国际社会越来越关注中国，他们希望更多、更全面、更深入地了解中国的文化。北京奥运会正好为各国朋友了解中国文化提供一个极好的机会。他们到北京来看一看，亲身体验一下，这个有几千年历史的文明古国，究竟有一种什么样的文化，今天又是一种什么样的面貌。

就在这个时候，北京大学叶朗和朱良志两位教授撰写了这本《中国文化读本》。这本书的出版正当其时。

叶朗教授是我们在共同探索加强美育、提高青少年全面素质的理论和实践中，相识相知的老朋友。他曾经同时兼任北京大学哲学系、宗教学系、艺术学系三个系的系主任，是当代有影响的哲学家、美学家。朱良志教授也是这个领域出色的学者，他对中国哲学、艺术有长期的研究，特别是在绘画、书法、园林等中国传统艺术和禅宗哲学上用功很深。

这本《中国文化读本》，不仅对中国文化中一些有特色的内容和亮点作了具体生动的介绍，而且力求讲出中国文化的精神，讲出中国文化的内在意味，讲出中国文化的核心价值，力求进一步展示中国人的心灵世界、文化性格、生活态度和审美情趣，并注意发掘中国文化中具有普世价值的意义世界。他们希望这本读物不仅能向国内外读者通俗地介绍中国文化，而且能提供一个新颖的视角来对中国文化进行有深度的认识。只有这种有深度的认识，才能照亮中国文化的本来面貌。我赞同他们的这种努力和追求。

这本读物力求写得有声有色，希望读起来有"活的风味"。书中写到紫禁城、天坛、兵马俑、民居建筑等一处处有形实物，又写到书法、绘画、园林、京剧、瓷器等一件件艺术作品。在作者的笔下，它们都有内在的活的精神，都凝聚着中国人的生活情趣，我们由此看到一个流动的世界。中国普通老百姓的精神世界，是这本书关注的重心。作者在对《清明上河图》、老北京、老上海等的介绍和分析中，发现中国人安乐和谐、平和知足的心灵，发现"普通人本真的美"。中华文明历久而不衰，可能与此有关。

这本读物不是泛泛地介绍知识，而是精心选择一些重点和亮点，以小见大。在这本书中，我们可以看到，衣食住行、琴棋书画等，都反映了中国人的精神世界和生活情趣。即使如一个小小的围棋，作者也从中发现：围棋是与一位"同好"来交流心灵，来共同创造一个"好局"，最终共同生存，达到心灵愉悦。

这本读物不仅写得明白通畅，而且写得有情趣，有韵味。书中的插图也充分体现了中国文化的美。

《中国文化读本》向国际社会展示了中国古代灿烂的文化和古代中国人的精神世界，展示了当代中国人广阔、平和、开放、包容的内在心境和纯净、优雅的情趣。我相信世界各国的朋友对这本书一定会产生很大的兴趣。

《中国文化读本》的出版，增添了2008年北京奥运会的人文内涵，是"人文奥运"的又一个生动的体现。

李岚清

2008年4月

# 前言

　　随着中国经济的高速发展和中国国力的增强，中国在世界上影响日益增大。2008年北京举办奥运会，2010年上海举办世博会，这意味着有几千年文明历史的中国，正以前所未有的广度和深度进一步向世界各国开放，并从各个方面进一步融入国际社会。

　　在这样一个历史的时刻，国际社会比过去任何时候都更加关注中国，各国朋友都迫切希望对中国文化有一种比过去更真实、更生动、更深入的认识。

　　在这样一个历史的时刻，我们中国人应该有一种文化的自觉，因而也迫切需要对自己的文化有一种比过去更全面、更生动、更深入的认识。

　　正因为如此，我们在2008年奥运会开幕前夕写出了这本书。我们希望这本书不仅能为国内外读者提供一种对中国文化的生动的、通俗的介绍，而且能为国内外读者提供一种对中国文化的新鲜的、有深度的认识。我们认为，只有这种有深度的认识才能照亮中国文化的本来面貌。

　　出于这个目的，我们这本书抛弃了过去常见的面面俱到的写法。那种面面俱到的写法，往往把中国文化读物写成一本浓缩的文化史、哲学史、艺术史等等，或者写成一本浓缩的中国文化词典，罗列一大堆条目，每个条目只能很简单、很抽象地说几句。那样的介绍，不可能使读者对中国文化有生动的、具体的认识，更不可能使读者真切地体会到中国文化的内在的精神。

　　我们采取了一种新的写法，就是抓住中国文化中一些最有特色的内容和亮点，尽量用典型的事例和材料进行比较具体和深入的介绍，在介绍知识的同时，力求讲出中国文化的精神，讲出中国文化的内在意味，讲出中国文化的核心价值。我们特别注意要阐明中国文化中体现人类普遍价值和现代意蕴的内容。这些内容，不仅是中华民族的宝贵精神财富，也是全人类共同的精神资源。同时，我们还特别注意展示中国人的心灵世界和文化性格，尤其是力图展示普通老百姓的生活态度和生命情调，展示普通老百姓的人生愿望和追求。普通老百姓的心灵世界、文化性格、生活愿望和审美情趣，对于民族生存和历史发展有极其重要的作用。

我们希望，这样写出的读物，读者在获得中国文化的具体知识的同时，可以感受到中国文化的内在精神，感受到中华民族的伟大生命力和创造力，感受到中国人的活生生的性格、灵魂和情趣。例如：

我们从孔子的《论语》和天坛的建筑，可以看到中国人对大自然的敬畏和感恩的心境；

我们从儒家的哲学和中国画家的山水花鸟画，可以看到中国人对生命的爱，看到中国人对人与万物一体之美的欣赏；

我们从《老子》、《周易》、禅宗的思想和中医的理论，以及太极拳、围棋等体育活动，可以看到中国人不仅有发明创造的才能，而且有一种顺应自然、追求人与自然和谐的人生智慧；

我们从兵学经典《孙子兵法》发出的"慎战"的警告，从郑和船队七下西洋所遵循的"共享太平"的外交方针，以及从中国人延续两千多年时间修建万里长城，可以看到中国人对和平生活的永恒的祈求；

我们从盛唐时期长安城"胡服"盛行、胡风弥漫，以及20世纪初期老上海对西方时尚的追求，可以看到中国人对外来文化一贯有一种开放和包容的胸襟；

我们从玄奘和义净赴印度取经的时间之长（一个17年，一个24年），以及他们主持的翻译院的规模之大、规格之高，可以看到中国人对于吸收异质文化的高度热情；

我们从麦积山佛像、青州佛像的微笑和唐三彩宫廷妇女塑像的微笑，以及《西游记》中百折不挠的孙悟空的形象，可以看到中国人无论在太平的岁月还是在苦难的岁月，无论顺境还是逆境，都能保持乐观、从容的气度，从不丧失对生活的信心；

我们从《清明上河图》中宋代都城老百姓那种毫无拘束的快乐的气氛，可以看到中国人对于平静、安乐、和谐生活的一种满足的心态；

我们从老北京蓝天传来的鸽哨声和小酒店中那种知足、快乐的情调，可以看到中国老百姓如何为自己平淡的生活寻找快意和乐趣；

我们从杨柳青年画和桃花坞年画的热闹、欢乐、喜庆的画面，可以看到中国人对于过一种平安、富足生活的强烈愿望，这是中国老百姓最普遍、最本质的愿望，也是中国老百姓世代不变的愿望；

我们从春秋时期的青铜器莲鹤方壶，以及王羲之的书法、李白的诗，可以看到中国人的飞翔、灵动、飘逸的艺术心灵；

我们从纯净的瓷器、烟雨迷离的江南园林和温婉清丽的女子旗袍，可以看到中国人优雅的生活品味和美感世界；

我们从中国人在弹琴、下棋、饮酒、喝茶时着意营造诗的氛围，可以看到中国人对于审美人生的追求；

如此等等。

总之，我们希望读者通过这本书，不仅仅获得中国文化的一些表面的知识，而且能进入中国文化的深层，进入中国人的心灵世界，感受和把握中国文化内在的精神和核心价值，获得一种对于中国文化的有深度的认识。

从文字来说，我们力求写得明白通畅，有情趣，有韵味，有中国风格。同时，我们精心选了几百幅插图，希望这些图片和文字互相映发，给读者带来美的享受。

# 目录

10

# 智慧与信仰

天人关系，是中国哲学的一个最基本的问题。天人关系就是宇宙人生的根本问题。孔子是天人之学的开创者之一。《老子》、《周易》等经典的种种讨论也都是围绕天人问题展开的。

孔子把天看成是不断创造生命的自然界，天带有某种神圣性，人对于天应该敬畏和感恩。在中国文化中，对天的敬畏和感恩一直延续下来。天坛的建筑就是这种思想的体现。

孔子思想的核心是"仁"，"仁"的实质是爱，是对生命的尊重。在孔子的影响下，中国人有一种强烈的生态意识，认为人与天地万物一体，都属于一个大生命世界，因而人应该从亲亲、爱人推广到爱天地万物。

孔子强调一个受教育者应该注重提升自己的精神世界，追求一种更有意义和更有价值的人生，从而开创了中国传统哲学独有的人生境界的学说。

孔子、老子、《周易》等开创的天人之学，是中国古代哲人最高智慧的结晶。

# 一、孔子的天人之学

孔子，名丘，字仲尼。鲁国陬邑（今山东曲阜）人。春秋末期大思想家、大教育家，儒家学派创始人。他的言论和生平活动记录在由他弟子或再传弟子编成的《论语》一书中。

孔子是古代中国人心目中的圣人。

《论语》一书是中国古代文化的经典著作。在孔子以后几千年的中国历史上，没有哪一位思想家、文学家、政治家不受《论语》这本书的影响。不研究《论语》，就不能真正把握中国几千年的传统文化，也不能深刻理解古代中国人的内在的心境。

在孔子关于"天"、"人"的学说中，有很多思想体现了人类的普遍价值。诚如美国当代学者赫伯特·芬格莱特所说，他在孔子《论语》中发现的是"人类兄弟之情以及公共之美"。这就是在21世纪的今天，孔子的学说不仅受到中国人的重视，而且受到整个国际社会重视的原因。

# 天：生命创造之源

在孔子之前的商代和周代，天命论是流行的观念，也就是把"天"看成是有意志的人格神。孔子也受到这种天命论的影响。但孔子在多数时候是将天看作是自然界。孔子有一句有名的话："天何言哉？**四时行焉，百物生焉，天何言哉？**"意思是说，天是不会说话的，天以四时运行和万物生长作为它的言说。这里的"天"就是自然界。这个自然界不是机械的、没有生命的、与人分离的，而是一个大生命世界，是一个生命创造的自然过程。人的生命是这个大生命世界的一部分，人与自然是一个整体。

孔子以生命创造来解释天，这在他那个时代是一种新的思想。孔子认为，天的言说就是生命创造的自然过程。天的根本意义是"生"。这就是"天道"。所以后来的《易传》说："生生之谓易。"《易传》是发挥孔子的思想。

天，作为生命创造的自然过程，它是一切生命之源，因而也是一切价值之源。这就是"天德"。所以《易传》说："天地之大德曰生。"这也是发挥孔子的思想。

天，作为生命创造的自然过程，它包含有一种内在的目的，就是生长万物，养

册告卣 商代晚期

4

育万物，保护生命，完善生命。天降生了人，人有责任来实现这个目的，这是人的神圣使命，也就是"天命"。从这里就产生了人生的意义，使人生具有一种使命感。

孔子说的"天"保存有某种神圣性，但是这种神圣性是与天作为生命创造之源联系在一起的。孔子要求人们对天保持一种敬畏的心理。他说君子应该"畏天命"，这种敬畏也是与天作为生命创造之源联系在一起的。君子应该倾听天的言说，实践天的言说。所以要珍惜生命，爱护生命，完善生命。

在孔子的影响下，古代中国人形成了对天的敬畏和信仰。在古代中国人心目中，天是最高的存在，天具有神圣性。人不能穷尽天的奥秘。但是这个天并不像基督教的上帝那样是超自然的、有意志的人格神，而是生生不息的自然界，也就是一个大生命世界。天以生为"道"，生而又生，创造又创造，生生不息；天以生为"德"，以生命创造作为一切价值的源泉；天又以生为"命"，或者说以生为"心"，也就是把生长万物、养育万物作为神圣的目的。人是万物之中最有灵性的，应该体天之心以为心，珍惜生命，爱护生命。如果相反，"不知天命而不畏"，虐杀生命，残害生命，那就会受到天的惩罚。孔子说："获罪于天，无所祷也。"就是说，得罪了天，祷告是没有用的。**这就是古代中国人对天的敬畏和信仰。这种对天的敬畏和信仰，体现了古代中国人的宗教精神。**

在21世纪，在整个人类社会越来越重视建设生态文明的今天，孔子"畏天命"的警告显示出新鲜的价值。人类应该倾听自然界的声音，人类应该以敬畏之心万分珍惜和爱护自然界这个大生命世界。这是人的神圣使命，也是人的生命价值之所在。

## 仁：从爱父母到爱天地万物

孔子关于人的学说有两个核心的概念，一个是"仁"，一个是"礼"。

孔子的学生樊迟问什么是"仁"，孔子回答说："爱人。"这是孔子对"仁"的最重要的解释。"爱人"，是一种普遍的爱。孔子又强调爱人作为一种普遍的道德原则，必须由爱自己的父母开始。孔子不相信一个不爱自己父母的人能去爱普天下的人。所以孔子说"孝悌"是"仁之本"。《中庸》引孔子的话："仁者，人也，亲亲为大。"这里的"亲亲"，也就是指爱父母。孔子多次提到子女对父母应该有爱心。例如他说："父母在，不远游，游必有方。"就是说，父母活着的时候，子女不能远走高飞，即使要跑出去，也要有限度。这句话的实质，并不是限制子女的活动，而是希望子女要懂得父母的心，不要使父母对自己过分思念和牵挂。因为子女如果远走高飞、没有音讯，父母就会思念和牵挂。子女应该以父母之心为心，这就是孝。孔子又说："父母之年，不可不知也。一则以喜，一则以惧。"就是说，父母的年龄，做子女的不能不常常想到，一方面为父母健康长寿而庆幸，另一方面又为父母逐渐年老体衰而忧虑。

孔子这些话，在今天并没有丧失它的价值。在今天，父母对子女的爱，"慈母手中线，游子身上衣"，依然如故，但是那些远走高飞的子女，又有几个会想到父母对自己的思念和牵挂？在今天，父母总是念念不忘子女的年龄，但是又有几个子女常常想到"父母之年"，为父母的日渐年高又喜又惧？

孔子的"仁"，就是由"亲亲"出发，推广为普遍的爱。实现的方法就是"忠恕之道"。"忠"即"己欲立而立人，己欲达而达人"，就是说，我自己有什么欲求，要想着别人也有这样的欲求，在满足自己的欲求的时候，要想着使别人这样的欲求也能被满足。"恕"即"己所不欲，勿施于人"，也就是说，我自己不愿意别人这样对待我，我也不要这样对待别人。这就是推己及人，由亲及疏，由近及远，由家庭到社会，从而达到"泛爱众而亲仁"、"博施于民而能济众"的普遍的爱。后来孟子说："亲亲而仁民，仁民而爱物。"这是对孔子思想的一个很好的概括，就是从爱父母开始，一直推广到爱天地万物。这就是"仁"。

今天，孔子说的"己所不欲，勿施于人"，被认为是人类应该共同遵守的"黄金规则"。


## 礼：维护社会安定与和谐


"礼"是社会生活中的礼仪、制度、规范。其中孔子最重视的是丧礼和祭礼。丧礼、祭礼的精神就是孔子一位学生说的"慎终"（慎重送别死去的父母）、"追远"（追怀自己的祖先）。孔子认为这是从人的情感产生的。他说，"子生三年，然后免于父母之怀"，子女生下来，要三年才能脱离父母的怀抱，因此子女对父母自然有一种爱慕之情，父母死了，这种爱慕之情和思念之情就表现为子女为父母服丧三年的礼。所以"礼"是出于人"亲亲"的真实情感。

孔子重视"礼"，首先是为了维护社会的秩序，保持社会的安定与和谐。《论语》说："礼之用，和为贵。"这是孔子一位学生说的话，但它是孔子的思想。礼的作用就是为了在社会生活中，保持人与人的关系的和谐。

孔子重视"礼"，还有一种哲学的味道，那就是要使人的人生体现一种对生命的无限和永恒的追求。人的生命是有限的，而自然界生生不息的大生命世界是无限的、永恒的。人通过父母与子女世代相续，生命得到绵延，个人有限的生命就和自然界无限的生命联系在一起，从而实现个体的人对于生命永恒的追求。**丧礼、祭礼可以使人真切地体**验到人的生命的这种永恒延续的过程，使人在有限的人生中感受到人生的价值和意义，从而得到一种形而上的慰藉。

宋 佚名 丹枫呦鹿图

## 追求更有意义与更有价值的人生

在孔子之前，"学在官府"，受教育的权利为贵族阶层所垄断。孔子在中国历史上首开私人讲学之风气。他长期从事教育工作，据史书记载，他有弟子三千，其中通六艺的有七十二人。孔子是伟大的教育家，被后人尊称为"至圣先师"。

在孔子看来，教育的根本目标是把受教育者培养成有完美人格、有高尚精神境界的"君子"，从而能够承担重大社会责任，能够对社会作出贡献。孔子说："志于道，据于德，依于仁，游于艺。"这是孔子教育思想的总纲。教育的目标是使受教育者以行"道"作为自己的理想，提升精神境界。这个精神境界的实质就是"仁"。这里说的"艺"是指"六艺"，即"礼、乐、射、御、书、数"。这是当时学习的具体科目，其中包括智育、体育、美育，但最重要的是德育。孔子的学生很多，他们从事多种多样的职业，有的从政，有的从商，有的从教，有的从事外交，有的从事宗庙祭祀，有的从事文献整理，但是不管从事什么职业，孔子认为最重要的是要提高人文修养，培养高尚的品德。

孔子很重视美育。他说："兴于诗，立于礼，成于乐。"意思是说，学习《诗》（《诗经》），可以感发人的精神，使人产生美感；学习《礼》（《周礼》），可以使人的行为得到规范，成为一个文明的人；学习乐（音乐），可以使人的精神得到升华，感受人生的乐趣，达到一种悦乐的境界。孔子又说："知之者不如好之者，好之者不如乐之者。"意思就是说，一个人对于崇高的道德目标（"仁"），仅仅有理论上的认识是不够的，仅仅有追求的愿望也是不够的，必须达到一种悦乐的状态，那才是一种最高的境界。

| 宋 佚名 虎溪三笑图

孔子有一次和几位学生在一起，他要学生们谈谈各自的志向。子路、冉有希望有机会治理一个国家，公孙赤希望做一名礼仪官。曾点说：我的追求和他们三位讲的不一样。孔子说：那有什么关系，不过各人谈谈自己的志向罢了。于是曾点就说出了自己的志向："莫春者，春服既成，冠者五六人，童子六七人，浴乎沂，风乎舞雩，咏而归。"意思是说，在暮春时节，穿着春天的服装，和五六位成年人、六七位少年，在沂水边游泳，在舞雩台（古代祭天祈雨的地方）上吹吹风，然后唱着歌回家。孔子听了，"喟然叹曰：'吾与点也。'"就是说，我还是比较赞同曾点的追求啊！这是很有名的一场对话。孔子这四位学生所谈的不同的志向，反映出他们不同的人生境界。孔子的话表明，尽管他十分重视一个人要为社会作贡献，**但是在他心目中，一个人应该追求的最高的精神境界，应该是一种人与人和谐、人与天（自然）和谐的境界，是一种审美的境界。**

受孔子的影响，中国历代思想家都强调，一个受教育者，一

| 寄畅园　涵碧亭

10

《论语》书影

論語卷之一

學而第一

朱熹集註

此為書之首篇，故所記多務本之意，乃入道之門，積德之基，學者之先務也。凡十六章。

子曰：「學而時習之，不亦說乎？
○學之為言效也。人性皆善，而覺有先後，後覺者必效先覺之所為，乃可以明善而復其初也。習，鳥數飛也。學之不已，如鳥數飛也。說，喜意也。既學而又時習之，則所學者熟，而中心喜說，其進自不能已矣。程子曰：「習，重習也。時復思繹，浹洽於中，則說也。」又曰：「學者，將以行之也。時習之，則所學者在我，故說。」謝氏曰：「時習者，無時而不習。坐如尸，坐時習也；立如齊，立時習也。」

有朋自遠方來，不亦樂乎？
樂，音洛。○朋，同類也。自遠方來，則近者可知。程子曰：「以善及人，而信從者眾，故可樂。」又曰：「說在心，樂主發散在外。」

人不知而不慍，不亦君子乎？」
慍，紆問反。○慍，含怒意。君子，成德之名。尹氏曰：「學在己，知不知在人，何慍之有。」程子曰：「雖樂於及人，不見是而無悶，乃所謂君子。」愚謂：及人而樂者順而易，不知而不慍者逆而難，故惟成德者能之。然德之所以成，亦曰學之正、習之熟、說之深，而不已焉耳。

○有子曰：「其為人也孝弟，而好犯上者，鮮矣；不好犯上，而好作亂者，未之有也。君子務本，本立而道生。孝弟也者，其為仁之本與！」
弟、好，皆去聲。鮮，上聲，下同。○有子，孔子弟子，名若。善事父母為孝，善事兄長為弟。犯上，謂干犯在上之人。鮮，少也。好，去聲。○作亂，則為悖逆爭鬥之事矣。與，平聲。○務，專力也。本，猶根也。仁者，愛之理，心之德也。為仁，猶曰行仁。與者，疑辭，謙退不敢質言也。言君子凡事專用力於根本，根本既立，則其道自生。若上文所謂孝弟，乃是為仁之本，學者務此，則仁道自此而生也。○程子曰：「孝弟，順德也，故不好犯上，豈復有逆理亂常之事。德有本，本立則其道充大。孝弟行於家，而後仁愛及於物，所謂親親而仁民也。故為仁以孝弟為本。論性，則以仁為孝弟之本。」或問：「孝弟為仁之本，此是由孝弟可以至仁否？」曰：「非也。謂行仁自孝弟始，孝弟是仁之一事。謂之行仁之本則可，謂是仁之本則不可。蓋仁是性也，孝弟是用也，性中只有箇仁、義、禮、智四者而已，曷嘗有孝弟來。然仁主於愛，愛莫大於愛親，故曰孝弟也者，其為仁之本與！」

子曰：「巧言令色，鮮矣仁！」
巧，好。令，善也。好其言，善其色，致飾於外，務以悅人，則人欲肆而本心之德亡矣。聖人辭不迫切，專言鮮，則絕無可知，學者所當深戒也。○程子曰：「知巧言令色之非仁，則知仁矣。」

○曾子曰：「吾日三省吾身：為人謀而不忠乎？與朋友交而不信乎？傳不習乎？」
省，悉井反。為，去聲。○曾子，孔子弟子，名參，字子輿。盡己之謂忠。傳，平聲。○以實之謂信。傳，謂受之於師。習，謂熟之於己。曾子以此三者日省其身，有則改之，無則加勉，其自治誠切如此，可謂得為學之本矣。而三者之序，則又以忠信為傳習之本也。尹氏曰：「曾子守約，故動必求諸身。」謝氏曰：「諸子之學，皆出於聖人，其後愈遠而愈失其真。獨曾子之學，專用心於內，故傳之無弊，觀於子思、孟子可見矣。惜乎！其嘉言善行，不盡傳於世也。其幸存而未泯者，學者其可不盡心乎！」

○子曰：「道千乘之國：敬事而信，節用而愛人，使民以時。」
道、乘，皆去聲。○道，治也。千乘，諸侯之國，其地可出兵……

卷一　學而第一

一

个学者，不仅要重视增加自己的知识和学问，更重要的是要拓宽自己的胸襟，涵养自己的气象，提升自己的精神境界，也就是要不断追求一种更有意义和更有价值的人生。很多现代学者认为，人生境界的学说，乃是中国传统哲学中最有价值的内容。这种人生境界的学说，就发端于孔子。

# 二、自然无为的老子哲学

《老子》大约成书于公元前6世纪，一般认为，它是春秋时期一位叫老聃的隐者所作。关于老聃的资料很少，据说他曾做过朝廷中很小的文官（管理周王朝的图书），但学问很大，孔子曾经千里迢迢赶去向他问学。如果这记载属实的话，这当是中国有记载以来两位最伟大的哲学家的相会。

《老子》又称《道德经》，只有五千多个汉字，共81章，分为道篇和德篇两部分。虽然简短，但它在中国文化发展中的作用却很大：以它为基础，中国古代产生了与儒家并列的哲学派别道家；根据它的思想，中国古代产生了以老子为始祖的宗教派别道教，这是华夏民族本土产生的最具影响的宗教。《老子》的思想直接影响了中国人的民族特性、思维倾向和审美趣味。直到今天，《老子》还在参与塑造这个民族的思想。

《老子》在15世纪左右就开始被介绍到欧洲，它是译本最多的中国古代哲学著作之一。

老子哲学的核心是自然无为，围绕这一核心，老子提出了许多极富启发意义的观点。

## 反者道之动

老子说："反者道之动。"这里所说的"反"，有两层含义，一是"相反"的"反"，二是"复返"的"返"。两层意思又互相关联，反映出老子哲学的独特智慧。

在阐述相反相成的思想时，老子习惯采用"正言若反"的思路。老子说："天下皆知美之为美，斯恶已；皆知善之为善，斯不善已。故有无相生，难易相成，长短相形，高下相倾，音声相和，前后相随。是以圣人处无为之事，行不言之教。万物作焉而不辞。"

美和丑、善和恶都是相对而言的，人们说这个东西是美的，

| 龙形玉佩 战国

就有个丑的概念相比衬。有和无、难和易、长和短、高和低、前和后等都是如此。但老子认为，我们对事物相反相成的看法，并不是世界本身所具有的，而是人所赋予的。"万物作焉而不辞"——万物自在生长，并没有评说（"不辞"），万物生长只是自然而然，本身并没有大和小、尊和卑的区别。

在老子看来，世界的高下美丑，是人的判断。人给世界作判断、分高下，乃至确定世界的意义，其实是对真实世界的误解。即如美丑而言，当天下人知道追求美的时候，就有了美丑的区分，就有了分别的见解。老子并不反对人们追求美，但他认为这种追求美的方式，并不能得到真正的美。真正的对美的欣赏，是对美和丑的超越。

由此可见，老子的意思并不是强调事物相反相成、互相转化，那种将老子哲学等同于黑格尔辩证哲学的说法是没有根据的。老子是通过对人的认识活动的分析，来否定知识判断的意义，从而宣扬他的所谓"反"的第二层意思：往复回环的生命之道。

老子说："玄德深矣远矣，与物反矣，然后乃至大顺。"这里的"反"，不是相反，而是"返"，是往复回环、流动不已的生命。老子哲学的最高概念"道"的根本特性就是"反"，就是归复于自然而然、无往不复的生命流动世界。他形容"道""独立

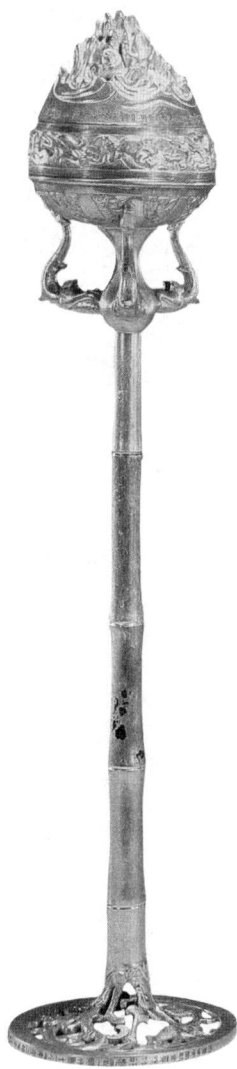

▌未央宫竹节重灯　西汉

而不改，周行而不殆"，正是这个意思。

老子的"道"是不加分别的，是一种"大制"，不同于一般知识的分辨。这个"大制"是不能分割的，所以说是"混成"，老子将这称为"大制不割"。老子说："知其荣，守其辱，为天下谷。为天下谷，常德乃足，复归于朴。朴散则为器，圣人用之则为官长：故大制不割。""道"是"朴"——就是没被打破的圆融世界，在这里没有知识，没有分别，没有争斗，就像清澈的溪涧和流动的山气，空灵而涵有一切。这就是他所说的"不割"的"大制"——他所谓世界的最高存在形式。

老子在"反者道之动"的哲学中，通过"反"的两层意思强调，人们不能为相反而成的事物表象所遮蔽，而要破除知识的妄见，契入往复回环的生命之道中，这才是发现世界意义的根本途径。

## 无为而无不为

老子说："道法自然。""自然"是老子哲学最重要的概念之一，它并非指外在的自然物，而指一种自然而然、顺应世界的态度。老子强调，世界上一切事物都有它的"性"，有其自身运行的规律，鸟儿在天上飞，鱼儿在水中游，白云飘荡，花开花落，一切都是自然而然的，并不依人的意志而运作，所谓"独立而不改"，人不要强行改变它。老子将"自然"和"人为"对立起来。"人为"是对"自然"的破坏，"人为"即"伪"，是不真实的。老子告诫人们，放下左右世界的欲望，顺应自然，这样才是解决人与世界冲突的根本途径。

"无为"作为老子哲学的重要概念，是对"自然"的保护。没有"无为"，也就没有"自然"。老子说："无为而无不为。"意思不是说什么都不做，消极等待事情的成功。而是说，人的一切事业应该在顺应自然的基础上去做，不能强行改变自然的节奏。老子反对"人为"，并不是否定人的积极创造，而是反对破坏自然节奏的盲目的乱为。老子所提倡的创造，是契合自然精神的创造。

　　我们从老子的"大巧若拙"的说法中，即可看出他的自然无为思想的精髓。"大巧"，就是最高的巧。"大巧若拙"的意思是，最高的巧看起来像是不巧，最高的巧其实就是拙。"大巧"（"拙"），不是一般的技巧，一般的技巧是凭借人工可以达到的，而"大巧"是对一般技巧的超越。

　　老子以这最高的巧为"天巧"，它自然而然，不劳人为。从技术的角度看，它是笨拙的，没有什么"技术含量"；但从天然的角度看，它是最大的巧。在老子看来，技术之巧，才是

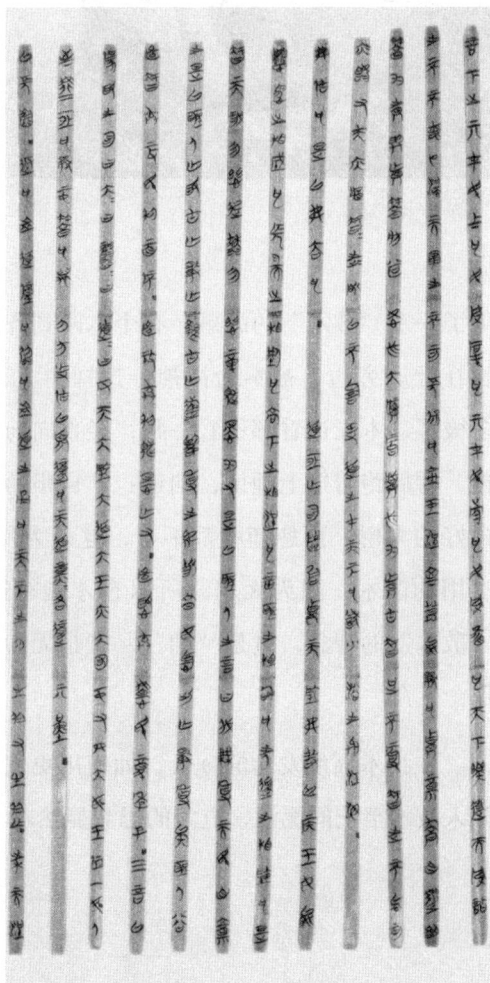

郭店竹简《老子》

真正的笨拙，要弄小巧，最终适得其反。因为人有了弄巧的心，就会不真实，心灵不真实就不能自然而然。这样的巧是对自然状态的破坏，也是对人的和谐生命的破坏。

留园 华步小筑

老子哲学的继承者庄子讲了一个"散木"的故事：有个木匠到齐国去，看见一棵栎树生长在社庙旁边，被奉为社神。这棵树大得难以形容，围观的人多极了，木匠连看都不看一眼，径直向前走。他的徒弟却为它神迷，看后跑着追上师傅，问道："自跟随师傅以来，从没见过这样好的大树，而您却看都不看，这是为什么？"木匠说："这是没用的散木，因为无用，所以它才能有这么长的寿命。"这种"散木"的智慧，就是"拙"，就是无为。它是自然的，所以能保全生命。

在技术高度发达的今天，如何用更宽阔的眼光看待技术，不陷入技术至上的泥沼，道家的思想显然对我们有启发意义。

# 不争的哲学

老子从他的自然无为哲学出发，对于人的行为方式，提出了"以柔弱胜刚强"的观点。老子的时代充满了连绵不绝的战争，思考战争，成为当时思想界的重要课题。反对战争也成为那个时代的主流思想，如提倡"不战而屈人之兵"的孙子思想，提倡"兼爱"而抨击攻伐的墨子思想，提倡仁政、反对征战的孟子思想。老子"以柔弱胜刚强"的哲学，则从一个新的角度思考战争形成的根由。

老子认为，战争是由人的欲望膨胀所引起的，为了满足欲望而产生争斗，争斗的升级，便酿成了战争。正因此，老子哲学的立足点在"不争"。老子认为，争强好胜，是衰落的根源；而清

净无为，则可以合于自然无为的生命之道。

老子说"上善若水"——水具有最高的善。老子以水来作比喻，突出他的"不争"哲学思想，与恶意争斗的丛林法则相区别。老子说："水善万物而不争。"水的最高的德行就是"不争"。在老子看来，人往高处走，水往低处流。人情受欲望驱动，好高而恶下，而水却永远地往下流淌。水是生命之源，可以滋润万物，给大地带来生命，没有水也就没有生命。水作出巨大的贡献，又不计较自己的得失。水在最低、最平、最静之处，包容天下一切，映照万物。水选择了一条和利欲熏心的人完全不同的道路。

个园一角

老子哲学并不是弱者的哲学，他的哲学充满了力量感。老子认为，水在柔弱宁静中，积聚了强大的力量，可以冲破世界上的一切障碍。他说："天下莫柔弱于水，而攻坚强者莫之能胜。"水是柔弱胜刚强的典型。水因为不争，不为利欲所驱动，所以能无往而不胜。

老子说："知其雄，守其雌。"意思是说，知道了刚强，却要立足于柔顺。老子并不是一个喜欢失败的人。但他认为，要使自己变得强盛，不是靠恃强凌弱，而是要从弱处做起，像水那样，在低处凝聚力量。**放弃逞强的欲望，是获得强盛的根本途径。**

在老子看来，柔弱不仅是获得强盛之道，也是保全生命之道，柔弱是生命的象征。他说："人之生也柔弱，其死也坚强。草木之生也柔脆，其死也枯槁。故坚强者死之徒，柔弱者生之徒。"意思是：人活着的时候，他的肌体是柔弱的，到了死的时候，肌体就变僵硬了；植物也是这样，有生命的植物，绿叶摇曳，花儿绰约，等到它枯萎，就显得枯硬。老子用这样的比喻说明，坚守柔弱之道，其实就是保全生命。人类能够奉行"柔弱"之道，正是避免争斗的最好方式。


## 回到"婴儿"状态


在老子看来，这世界熙熙攘攘，为名为利，吵闹不休，而他却走着另外一条路，追求淡泊、宁静，面对各种诱惑，心里不起一点波澜。他说，他宁愿做刚刚出生的婴儿。

老子说自己愿做一个婴儿，并不是说他愿意年幼无知。他说"圣人"——具有最高德行的人，个个都是婴儿，人的修养的最高境界，就是回到婴儿的状态，"复归于婴儿"。

婴儿的状态，无知，无欲，纯净，真实。老子的婴儿状态就是拥有"童心"、"赤子之心"。婴儿脱离母亲子宫的第一声啼哭，是那样的清脆响亮，老子认为，这才是真实生命的呼唤。

人来到世界上，随着身体渐渐长大，接受社会的习惯，获得外在的知识，原来洁净的心灵，渐渐涂上混乱的颜色，人越来越成熟，也越来越虚假。人被文化所熏陶的过程，其实就是渐渐失落真性的过程。

在老子看来，文明在一定程度上，就是对"本色"的背离。人类文化的发展，可以说是"装饰"的过程：语言是对交流的"装饰"，衣服是对身体的"装饰"，房屋是对居住方式的"装饰"，国家政治是对人类组织方式的"装饰"，等等。

这种"装饰"，常常引起欲望的膨胀。在欲望的驱使下，人们互相倾轧，争夺不休，战争也骤然而起。老子打了一个比方说：自然之道，是损有余而补不足；而人世正好相反，是损不足而补有余，越是贫穷的人群，越是被掠夺。

这种欲望的膨胀，不但破坏了外在的世界，也毒害了人的心灵。老子说："五色令人目盲，五音令人耳聋，五味令人口爽，驰骋畋猎，令人心发狂……"意思是说，漂亮的颜色迷乱了人的眼睛，繁复的音乐损伤了人的耳朵，贪恋于世上的美味，最终破坏了口味，整天纵马打猎，使人心发狂。欲望扰乱人宁静的心灵，人们在欲望的大海中泅渡，最终会被淹没。

三、强调变易的《周易》思想

《周易》是中国最古老的经典之一。"周易"这个名称可以从广义和狭义两方面来理解。狭义的《周易》只指《易经》，而广义的《周易》除了《易经》之外，还包括解释它的《易传》。

《周易》的基本内容在三千多年前就已经形成。据传先后有三位"圣人"参与了这部作品的创作。伏羲是这部著作的奠基人。伏羲是中国古代传说中的文化之神。一天，他在黄河边散步，看到河里有一只硕大的乌龟浮到水面，乌龟的背上有一些奇怪的纹理。他受到启发，于是就创造了八卦，这是《周易》的基础。后来周代的开国君主周文王对《周易》加以丰富。到了春秋时思想家孔子手中，《周易》又有了新的发展。一般认为，《易传》成书经过了漫长的时期，从战国中期开始，至汉初最终完成。它的主要思想传自孔子。也就是说，是孔子将《周易》真正理论化的。史书记载，孔子对这部作品非常着迷，反复阅读，竟然将穿竹简的绳子一次次弄断——当时《周易》的文字是刻在竹简上的，一片片竹简用绳子穿在一起。

《周易》成书以后，成为儒家的重要经典。早期儒家选了五部书作为最高的经典，《周易》被放在第一位。历代思想家从各个角度去阐发它的内容，不同领域的爱好者从它那里寻找人生智慧。于是，《周易》便与中国人的思想、文化产生了千丝万缕的联系。

《周易》是奠定在占卜的基础上的。它的最原始的部分就是占卜的记录。商周时中国人的占卜方式有很多种。一种是龟占，就是拿着一根烧红的烙铁，烙在乌龟壳上，龟壳被高温灼烧之后，就会显现出纹理，人们根据纹理的走向，来判断吉凶。中国最早的文字甲骨文，那些刻在龟甲上的文献，主要就是这种占卜的记录。易占却不是用龟占，而是用筮卜，就是用蓍草——一种常见的杂草来占卜。蓍草占卜的方式很繁琐，龟占主要是看纹理的走向，草占则主要是数数字，所以《周易》和中国早期的数学有关。比方说，有人想要占卜命运，他拿着50根草，两手随便一分（这随意的一分，偶然中就包含着命运的选择），通过复杂的过程，最后可能得到的数字有四个——9、8、7、6，从这些数字中，就可以指向一卦，由一卦中的某些内容，就得出了这个人这次占卜的最后结果。

比如你占卜到"利涉大川"，这是一个吉利的征兆，就像顺利地渡过河一样，做事会很顺利。如果你占到"不利有攸往"，那就是提醒你，你要做的事情可能不顺利，最好小心谨慎，不能莽撞行事，否则就会有灾祸。

如果《周易》仅仅是占卜的书，它就不可能有这么大的影响。占卜只是《周易》的基础，说明这部书的来源，后来这部书被孔子等人充分地理论化，占卜命运的意味渐渐淡化，而思想史意义则越来越突出。

全面了解《周易》要费很大的力气，这里谈谈其中的一些关键原理。

## 阴阳是《周易》的基础

《周易》在中国历史上的影响，可能超出我们的想象。哲学家自不必说，《周易》发展成一套系统的中国哲学思想；科学家根据它观察天文地理；医生根据它决定治病的方式；艺术家相信，艺术创造的原理都囊括在《周易》中；军事家说，用兵之道，关键是要精通《周易》的道理；等等。《易传》上说，易道"广大悉备"。意思是说，天底下一切事情都可以包括在"易"的道理中。

如果用简洁的语言说，《周易》的秘密就在两个字：阴、阳。《周易》用符号表现它们，阳写作一，阴写作--。

中国最著名的古典小说《红楼梦》第三十一回中有这样一个情节。有一天，贵族小姐史湘云和她的丫环翠缕一道出去散步。史湘云性格豪放开朗，同时也学识丰富；翠缕是一个天真可爱的小姑娘。那是一个夏天，她们走到水池边，看见荷叶随清风荡漾，闻到阵阵清香，忍不住就在那儿停了下来。翠缕说：怎么荷花还没有开？湘云说：时候还没有到呢，天地间万物都由阴阳二气化生，气到了，荷花就开了。翠缕不解地问：什么阴啊阳啊，没影没形的，我怎么一点也不懂？湘云对她说：阴阳哪里有什么影啊形啊，它不过是气，天地中的一切都是阴阳二气产生的，比如天

《红楼梦》插图（湘云翠缕论阴阳） 清 孙温绘

是阳，地是阴，日是阳，月是阴。翠缕好奇起来，问道：难道花啊，草啊，虫子啊什么的，也有阴阳吗？湘云接着说：当然有了，什么都有阴阳，比如那树叶的正面叫阳，背面就叫阴。翠缕越发有兴趣，说道：这下我懂了，男的就是阳，女的就是阴；动物也是一样，公的就是阳，母的就是阴……

**中国人认为，宇宙间有两大势力，一为阳，一为阴。**这样的思想，是从感性直观中抽象而来的。就人生活的空间而言，有天，有地；就一整天来说，有白天，有黑夜；就一个白天来说，有中午阳光四射的时候，又有晨曦微露和黄昏日落的时分；就人的生命来说，有朝气十足的青年，又有迟钝的暮年；就人的事业而言，有顺利的时候，又有处于逆境的时候；等等。中国人将诸如光明的、正面的、处于控制地位的力量概括为阳，将阴暗的、负面的、处于从属地位的力量概括为阴。

阴阳这两大势力相互对立，又相互依存。没有阴，就没有阳，没有阴气的作用，光凭阳气是无法化生万物的。反过来也一样。二者之间相互影响，阳对于阴有吸引力，又有排斥力，阴对于阳也是如此。二者相互作用，宇宙间因此有了活力。阳气上升，阴气下降；阳气是开，阴气是合。一升一降，一开一合，构成了宇宙的动势。一切变化的根源就是这二气的相互作用。

复杂艰深的《周易》思想，其实就奠定在阴阳这两个符号的基础之上。《周易》反映了中国人对宇宙生命的看法。如《周易》有六十四卦，开始两卦是关键，一卦为乾，一卦为坤。乾卦由六个表示阳的符号组成，坤卦由六个表示阴的符号组成。乾卦象征天，坤卦象征地。二者各有特点：乾卦说的是健，是阳刚之道，坤卦说的是顺，是阴柔之道。二者构成了一刚一柔、一动一静、一开一合的关系。

《周易》从乾卦中，提升出"天行健，君子以自强不息"的精神，从坤卦中，提升出"地势坤，君子以厚德载物"的精神。**中国人将"自强不息"、"厚德载物"作为世世代代谨守的两句格言，一方面强调要有刚健进取的精神，另一方面又强调要宽厚包容，像天地那样，勇于承担。这也成了中国文化的基本特点。**

如中国兵法，其实就奠定在阴阳之法的基础之上，如静如处子、动如脱兔，讲的是一动一静、一张一弛的道理。再如中国书法有很多法则，归根到底只有一条，就是阴阳一法，阳就是快捷，阴就是迟滞，一疾一涩构成了中国书法的核心思想。


## 《周易》讲变的道理


《周易》的"易"，是变化的意思。中国人认为，世界上的一切都有阴阳两面，阴阳的相互作用，形成无所不在的运动态势。宇宙中的一切都处在永恒的变易之中，没有固定不变的东西。中国人用流动的眼光看世界，认为生命是一种流动不居的过程，有人将此形容为"水的智慧"。

《周易》的符号系统以阴阳为基础，由阴阳组合成八卦，由八卦叠合成六十四卦，无非就是为了表现生命永远在运动的道理。

《周易》的每卦有六爻，爻按照《易经》的解释，就是动和变化的意思，每一爻都是一个"时位"，既是一个时间点（时），又是一个空间点（位），是时空一体的。易的六爻的顺序由下往上，展示的是一个由低级向高级、由初始向纵深的展开过程，在不同的时间形成不同的空间变化。《周易》所展示的不是静止的生命，而是生命的流动过程。

如乾卦六爻的爻辞（对卦中每一爻的说明），它以一条龙来作比，说的却是人生的道理。第一爻说潜的道理，要"潜龙勿用"，像一条龙潜藏在水底，等待时机。第二爻说"见龙在田"，像一条龙偶尔展现一下自己，提醒人们在没有积聚到足够的力量之前，还是不能莽撞，但是可以小露锋芒。第三爻说警惕的道理，是说一个有修养的人必须时时谨慎，"夕惕"——晚上都睡不着

漆器　梅花

28

觉。第四爻说适时应对的道理，此时已经积聚了相当的力量，将要有所成就，但这时尤要注意，像一条巨龙从水中跃起，又潜藏下去，使人不辨其首尾。第五爻说大展宏图的道理，此时处于最好的时机，如巨龙在天上飞翔。第六爻说不能过分的道理，"亢龙有悔"——如果做过分了就会有灾殃。从潜于水中，到大展宏图，再到不能过分的告诫，说明时机在变化，人应对的方式也应该变化。《周易》就是告诉你如何适应变易的道理。

正因为世界无时无刻不在变，所以《周易》告诉人们，宇宙是一个生命的空间，宇宙不是死的，而是活的。有的东西看起来没有生命，例如一块石头，其实都有一种活的精神在，都处于永恒的变易过程中。这样的思想成为中国文化的精髓，如中国艺术就强调要表现一个活的世界。中国艺术家追求"气韵生动"，就是追求表现活的生命。

## 《周易》的象

讲《周易》，必然要说八卦，八卦就是由阴阳这两个奇异的小符号组成的。由阴阳符号所组成的八个卦象，分别代表八种有形的事物：乾☰，三个阳爻，像天；坤☷，三个阴爻，像地；震☳，下面一个阳爻，上面两个阴爻，像雷；艮☶，上面一个阳爻，下面两个阴爻，像山；坎☵，中间一个阳爻，上下两个阴爻，像水；离☲，中间一个阴爻，上下两个阳爻，像火；巽☴，上面两个阳爻，下面一个阴爻，像风；兑☱，下面两个阳爻，上面一个阴爻，像泽。泽和上面的坎（水）有区别，坎是没有控制的水，泽是可以控制的水。卦的形象与外物有一定的联系，如象征水的

八卦菱花镜 南宋

坎，中间一横长，上下各是一条直线截为两段，酷似水的波纹。

八卦象征着天、地、水、火、雷、山、风、泽，显然这是上古时代人类所接触的大自然的几种重要的物象。每一种物象又有各自基本的特性，如中国人认为，天是刚健的，地是柔顺的，山是宁静的，水尤其是洪水，孕育着危险和灾难，等等。这些特性都是从物质世界与人的关系着眼的。由此，八卦的卦象和外在的物质世界便建立了联系，八卦成了外在物"象"的替代物。

就拿六十四卦的坤卦来说，它可以说是一首上古时代人们关于大地的诗，通篇表现的是关于大地的联想：那绵延无际的大地，哺育着一代一代的人，江海在她的胸膛中流淌，山峦在她的身躯中隆起，万物在她的怀抱中生长，在湛蓝无边的天空下横亘着的这片神奇的土地，就是人类的生命之基。

大地是顺的象征，她柔顺、包容、温情、勤劳，为而不有，功而不恃，宁静，平旷，幽远，渊深。由大地又可联想到母亲，母亲的胸怀正如大地一样含弘广大，母亲正如大地一样默默奉献，母亲就像大地一样柔顺，温情地呵护着子女。同时，由大地还可联想到牛，牛吃的是草，挤出的是奶，正是大地的精神，等等。人们在大地中所感受到的一切都可以附着于这一联想中。

# 四、《孙子兵法》：百代谈兵之祖

　　《孙子兵法》是记载孙武的兵学思想的古代经典，共13篇，约六千字。孙武是春秋末期人，由齐入吴，受到吴王阖闾的重用。他的出生年代据推算是在公元前550年至公元前540年之间。由于《孙子兵法》的很多内容带有战国时代的特征，所以有的学者认为《孙子兵法》有可能是完成于战国中期，它记录"孙子学派"的军事思想，这个学派的创始人则是孙武。

　　据统计，中国古代兵书，从先秦到清代，有三千多种。在所有的兵书中，最高的经典是《孙子兵法》。它最有战略高度，最有哲学色彩，最侧重运用之妙，最为后代兵家所重视，诚如《四库全书总目》所说，它是"百代谈兵之祖"。

## 充满智慧的战略思想

《孙子兵法》的战略思想十分丰富，充满智慧。我们举出其中几条来说一说。

第一，先计而后战。

用兵之前，要在庙堂之上对敌我双方的各种因素进行比较研究，这就是"计"。这种"计"，主要要考虑五个方面：道、天、地、将、法。孙子说："主孰有道？将孰有能？天地孰得？法令孰行？兵众孰强？士卒孰练？赏罚孰明？吾以此知胜负矣。"首先是"道"。道是民心向背。得道多助，失道寡助。孟子说："天时不如地利，地利不如人和。"道就是"人和"。接下去是"天"、"地"。"天"主要指时令，寒热二气的消长。"地"指地势的远近、险易、广狭、高下，同时还要讲战势的"死地"（危险地带）和"生地"（安全地带）。再接下去是"将"、"法"。"法"是管理军队的"法"。"法令孰行？兵众孰强？士卒孰练？赏罚孰明？"这些都属于"法"。孙子说的这五个方面，属于19世纪德国军事学家克劳塞维茨说的"战略要素"。判断战斗力的强与弱，决定某一场战争可以打还是不可以打，预测打的后果是什么，不能单独看其中一种或两种战略要素，而要看所有这些要素的强弱及其组合状况。这体现出孙子思想的整体性思维的特点。

第二，"知彼知己，百战不殆"。

这是《孙子兵法》中流传最广的名言。

上面说在庙堂上要从五个方面对敌我双方进行比较计算，这样做的前提就是要知彼知己，了解敌我双方的真实情况。知彼当然不易，因为敌方不会让你了解他的真实情况，他一定会采取保密措施，进行伪装，制造假象，给你假情报，总之要把你搞糊涂，让你受骗上当。同样，知己也不容易。自己方面的民心如何？将领的才能与心理状况如何？士兵的士气与训练状况如何？等等。这些也并不是一目了然的，有时也会出现许多假象。历史上常有这种战例，明明军队已经不能打了，但将领对国君隐瞒实际情况，结果一交战就全军覆没。所以孙子强调说："知彼知己，百战不殆；不知彼而知己，一胜一负；不知彼，不知己，每战必败。"又说："知吾卒之可以击，而不知敌之不可击，胜之半也。知敌之可击，而不知吾卒之不可以击，胜之半也。知敌之可击，知吾卒之可以击，而不知地形之不可以战，胜之半也。故知兵者动而不迷，举而不穷。故曰：知己知彼，胜乃不殆，知天知地，胜乃可全。"就是说，知己而不知彼，知彼而不知己，知己知彼而不知地知天，胜利都只有一半的概率，只有知己知彼而又知地知天，胜利才有百分之百的概率。

第三，"兵以诈立"。

孙子说："兵者，诡道也。"又说："兵以诈立。"他认为用兵必定要用诡诈之道，这是重要的战略思想。这个思想又被后来的兵家概括为"兵不厌诈"。克劳

| 朱雀衔环杯 西汉

塞维茨在《战争论》中也专门讨论"诡诈"，他说"战略"这个名称就是来源于诡诈这个词，所以战略本来就具有诡诈的性质。

兵以诈立，所以要"能而示之不能，用而示之不用，近而示之远，远而示之近"，也就是要制造假象来迷惑敌人。

兵以诈立，所以要"利而诱之，乱而取之，实而备之，强而避之，怒而挠之，卑而骄之，佚而劳之，亲而离之"，就是要用种种办法来引诱敌人犯错误，使敌人的将领狂暴自满，使敌人内部分崩离析，使敌人四处疲于奔命，乘敌人混乱之际夺取胜利。

兵以诈立，所以要"攻其无备，出其不意"，在敌人完全意料不到的时间和地点对其发动攻击。"攻其无备，出其不意"也是《孙子兵法》的名言。

用兵者运筹帷幄之中，决胜千里之外，靠的就是兵不厌诈。兵不厌诈，就是以无限为有限，以无法为有法，就是运用之妙，存乎一心。

第四，"不战而屈人之兵"。

孙子谈用兵，并不强调一开始就给敌方以大规模毁灭性的杀伤和打击，相反，他认为这种大规模毁灭性的杀伤和打击是最下策。他说："夫用兵之法，全国为上，破国次之；全军为上，破军次之；全旅为上，破旅次之；全卒为上，破卒次之；全伍为上，破伍次

| 竹节形带钩　战国

34

之。""国"在这里是指一个国家或中心城市，"军"为1万人编制，"旅"为500人编制，"卒"为100人编制，"伍"为5人编制。孙子的意思是说，战争的目的是为了取得胜利，并不是杀人越多越好，因此应该尽力避免对城市的破坏和对人的伤害。敌方的一个城市，你能完整地拿过来最好，敌方的军队，你能用最小的杀伤而取胜也最好。这就是全利原则。孙子反对无限使用暴力。唐代杜甫有诗："苟能制侵陵，岂在多杀伤。"也是这个意思。所以孙子接下去说："是故百战百胜，非善之善者也；不战而屈人之兵，善之善者也。故上兵伐谋，其次伐交，其次伐兵，其下攻城。攻城之法为不得已。"就是说，老是靠打仗取得胜利，并不值得赞扬，能用政治、外交、心理以及各种威慑手段取得胜利，不战而屈人之兵，才是最理想的。攻城是最下策，因为古代城市中有宗庙和祖坟，守城一方必然拼死抵抗，所以攻城所造成的人员的牺牲和财富的破坏必然极大。孙子的这些论述，包含了对于今天所谓整体战争的深刻理解。

山东临沂银雀山汉墓竹简《孙子兵法》

# 利用对立因素造"势"

《孙子兵法》蕴含丰富的哲学思想，引起了越来越多的研究中国古代哲学的学者的重视。

战争中的形势瞬息万变，是世界上最有流动性的东西。孙子强调，用兵者要想取胜，必须善于把握这种变化的形势。他说："兵无常势，水无常形，能因敌变化而取胜者，谓之神。"孙子又强调，在战争中，特别要重视对立因素的相互转化。他说："乱生于治，怯生于勇，弱生于强。""乱"和"治"、"怯"和"勇"、"弱"和"强"，这些对立的东西，并不是僵死不变的，而是活生生的，可以互相转化的。在战争中，转败为胜，转胜为败，都是常见的事。所以孙子强调"智者之虑必杂于利害"，就是要用兵者从正反两方面来考虑利害得失。他说："途有所不由，军有所不击，城有所不攻，地有所不争。"这就是告诫用兵者，不要只看到有"利"的一面，还要看到有"害"的一面。这就是辩证法。他又说："归师勿遏，围师必阙，穷寇勿迫。"这就是告诫用兵者，在战争中有些事情不要做过头，不要做绝了，过了头就会走向反面，所谓"物极必反"。要留有余地。留有余地就是辩证法。

**孙子对于战争中这种对立因素的转化，不是静止地分析，而是着眼于阐述如何创造条件，推动对立的因素朝着有利于自己的方面转化，也就是制造一种有利于自己的态势。**例如他说："吾所与战之地不可知，不可知则敌所备者多，敌所备者多，则吾所与战者寡矣。"又说："形人而我无形，则我专而敌分。我专为一，敌分为十，是以十攻其一也，则我众而敌寡。能以众而击寡者，则吾之所战者约矣。"这就是教导用兵者，要善于采用种种方法来分散敌人的兵力，使敌人由"众"转化为"寡"，而使自己由"寡"转化为"众"，形成"以众击寡"的态势，用绝对优势的兵力打击分散薄弱的敌人，从而取得胜利。《孙子兵法》中充满了这种利用对立因素来造"势"的活生生的辩证法。例如孙子提出的"以迂为直，以患为利"、"后人发，先人至"、"投之亡地然后存，陷之死地然后生"等策略，都是运用对立因素互相转化的辩证思维，推动战场上的整体态势朝着有利于自己的方面转化。这就是所谓"善战者致人而不致于人"。致人，就是掌握战场上的主动权，调动敌人就范。致于人，就是陷于被动，处处被敌方牵着鼻子走。

## "慎战"的警告

《孙子兵法》是一部兵学经典，它提出一整套在战争中取胜的战略战术，但是它并不鼓励当政者好战，相反，它一再警告当政者要"慎战"。

《孙子兵法》一开头就指出："兵者，国之大事，死生之地，存亡之道。"就是说，战争是关系士兵和百姓生死以及国家存亡的大事，决不可轻易发动。在全书快结尾时，他又再一次重复这种警告："主不可以怒而兴师，将不可以愠而致战。合于利而动，不合于利而止。怒可以复喜，愠可以复悦，亡国不可以复存，死者不可以复生。故明主慎之，良将警之，此安国全军之道也。"就是说，国君决不可因为一时动怒就发动战争，将帅也决不可因为心情不好就兴兵打仗。一定要考虑国家整体利益。动怒了可以变为欢喜，心情不好也可以变好，但国家灭亡了就不可能再存在，人死了也不可能再复活。对此国君必须万分慎重，将帅也必须万分小心，这是保证国家、军队安全的大道理。

《孙子兵法》自始至终是教人善战，但同时又自始至终强调战争的残酷性和严重性，警告当政者、用兵者要慎战，这充分表现了作为军事思想家的孙子的仁者胸怀。

孙子"慎战"的思想为战国中期军事家孙膑所继承。同《孙子兵法》一样，孙膑所作的《孙膑兵法》在教用兵者如何善战的同时，也发出警告："十战而十胜，将善而生过者也。""兵非所乐也，而胜非所利也。""夫乐兵者亡，而利胜者辱。"意思是说，十战十胜，未必是什么好事情。好战的人，一心只想通过战争去夺取胜利的人，早晚会灭亡，使自己见辱于天下。

《孙子兵法》和《孙膑兵法》所说的"怒可以复喜，愠可以复悦，亡国不可以复存，死者不可以复生"，"十战而十胜，将善而生过者也"，以及"乐兵者亡"等话，体现出仁者的忧思，语重心长，在当今核战争的阴影下，尤其值得所有掌握核战争"按钮"的决策者记取。

## 孙子的智慧超出军事领域

从唐代开始，《孙子兵法》开始传播到国外。公元734年或752年，也就是唐代开元、天宝年间，有一位日本留学生吉备真备把《孙子兵法》从中国带到日本。公元15世纪，《孙子兵法》传到李氏朝鲜。公元17世纪时，日本研究《孙子兵法》的著作已多达一百七十多种。1772年，法国耶稣会传教士阿米奥（汉名叫钱德明）翻译的《孙子兵法》在巴黎出版。这一年，拿破仑三岁。1860年，《孙子兵法》有了俄译本。后来，英、德、意、捷、越、希伯来、罗马尼亚等各种文字版本相继问世。

第二次世界大战后，各国著名的军事家和学者对《孙子兵法》的军事谋略日益重视和推崇。英国蒙哥马利元帅说，世界上所有的军事学院都应把《孙子兵法》列为必修课程。《孙子兵法》新的译本和研究《孙子兵法》的著作也越来越多。

随着《孙子兵法》在世界范围内广为传播，它的影响逐渐超出军事领域，变成很多人从经济、政治、文化、外交、人生等多种角度吸取智慧的经典。很多人认为，《孙子兵法》不仅是一部军事哲学的著作，而且是一部谋略哲学的著作。所谓谋略哲学，就是把战争中克敌取胜的智谋和策略提升为具有普遍意义的方法和原则，因而可以应用于社会生活的各个领域。据日本作家守屋淳说，美国微软公司创始人比尔·盖茨和日本软银集团总裁孙正义，还有在世界杯足球比赛场上连胜11场的葡萄牙足球队教练斯科拉里，他们都把《孙子兵法》随时带在身边，可以说是爱不释手。美国网上零售巨头亚马逊公司评选的2001年度全美最畅销的人文书籍就是《孙子兵法》。（《中国古典的启示》，载日本《21世纪》2007年2月号）

全世界都在吸取孙子的智慧。正如美国兰德公司（美国的重要战略研究机构）的学者波拉克斯所说：**孙子的智慧和孔子的智慧一样具有永恒的价值。这种智慧属于全世界。**

| 繁阳剑　战国晚期

# 五、禅宗的妙悟学说

禅宗，是中国佛教的一个宗派，它是在融合印度大乘佛学和中国的道家学说基础上形成的，发轫于六朝，至隋唐而趋于成熟。慧能是它的最主要的代表人物，记载慧能思想的《坛经》是禅宗最重要的著作。

禅宗对唐代以后中国文化的发展影响极大。禅宗的思想还传到了日本和朝鲜半岛。在今天，不仅在东亚，就是在欧美等地，禅宗也仍然有明显的影响。

| 清 吴让之印 逃禅煮石之闲

# 如人饮水，冷暖自知

南宋 梁楷 六祖截竹图

如人饮水，冷暖自知，是禅宗的一句座右铭。水的味道，水的冷暖，水给人的感觉，只有喝水的人自己知道，这种亲身的直接体验是无法通过语言传达的。

禅宗强调当下的解会。在禅师的对话中充满了"当下会得"、"当下开悟"的话头。禅宗通过当下的体验，切断外在的纠缠，直接面对世界，确立世界自身的意义，看飞鸟，听鸡鸣，嗅野花之清香，赏飞流之溅落，自己心中会得才是最根本的。对于禅来说，一花一世界，一草一天国，墙角一棵不起眼的野花，静静地开放，就是一个圆满的宇宙。

有一位禅师问他的老师："怎样才能解脱呢？"老师反问他："谁缚你？"是你自己将自己捆缚了起来。禅宗是崇尚"自己"的宗教。禅僧们说：用金子做的佛像，经不住火的冶炼；用泥做的佛像，经不住水的浸湿；真正的佛就在你心头坐。佛在你的心中，没有一个超越于心灵之外的佛。当然崇尚"自己"不是自我迷恋，而是将"自己"从重重束缚中解脱出来。

禅宗将人的自性称为"本地风光"。在禅者看来，每个人都有自己的生命田地，人应该到自家田地里耕种，而不应该丢弃自己的真实感受。如果一心仰望着经典，仰望着权威，这等于心虽然在自己身上，灵魂却跑到别人田地里去了，结果弄得自家田地荒芜。

禅门有诗道："尽日寻春春不归，芒鞋踏破陇头云。归来笑捻梅花嗅，春在枝头已十分。"春就在你自家的梅花树上，就在你的心中，放着满树鲜花不顾，舍近而求远，舍己而求他，实在是白费功夫。禅门的妙悟要靠自己的直接体验，而不是靠向外求取。

唐代有个和尚问翠微大师："什么是道？"翠微说："等旁边没有人的时候，我再告诉你。"等到他们走进一个园子，那和尚说："这里没人，请你告诉我。"于是，翠微指着竹子说："这根竹子这么长，那一根就短了不少。"

在直接体验中，一个充满生命的丰富多彩的世界就呈现在人的面前，言语在这里不能起任何作用。禅宗中有这样一个比方，一个人上树，口衔树枝，脚不踏枝，手不攀枝，这时树下忽然有个人问他："如何是佛法大意？"他要是回答，只要口一开，就会摔到地上。

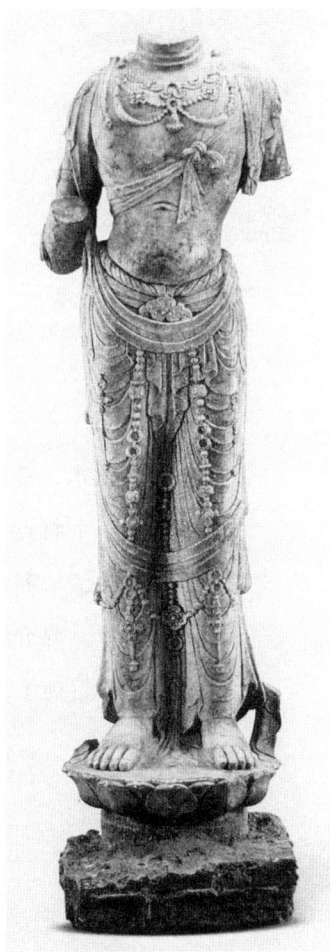

| 菩萨立像　唐

一叶枫红霞<br>霞<br>江上看丹枫红柏烟<br>翠相间研色欲此<br>不觉满纸鹦秋<br>乙卯秋恍陵恽寿<br>千<br>佛韵秋艇<br>先宵郡<br>何人祭<br>平垂宗<br>郎俑宜<br>徒遥目<br>茵霄天<br>际远浩<br>茫

| 清 恽南田 山水

　　如人饮水，冷暖自知，禅宗强调生命体验的直接性。当代人类生活的一个特点，就是体验的直接性越来越少，我们几乎是凭借媒介而生活，我们努力地将自己织进世界的网中，在网中有了自己的地位。媒介给我们带来便利，但不知不觉中我们感受真实世界的心却迟钝了。禅宗在这方面对我们当代人是有启发的。

## 美从何处寻

　　唐代的庞蕴居士对禅有精深的理解，他是药山惟俨大师的弟子。一次他下山，告别药山，药山命门下十多个禅客送他。庞居士和众人边说边笑，走出大殿，但见漫天的大雪，纷纷扬扬，天地正在一片混茫之中。众人都很欢喜。庞居士指着空中的雪片，不由得发出感慨："好雪片片，不落别处。"有一个禅客问道："那落在什么地方？"庞居士马上打了他一掌。

庞居士的意思是，好雪片片，在眼前飘落，你就尽情欣赏天地间的这一片潇洒风光。"好雪片片"，不是对雪作评价。如果作评价，就是将雪作为对象。禅宗强调的是融入世界中，不对世界作评价，好雪片片就呈现在你眼前。

"不落别处"，庞居士的意思不是说，这个地方下了雪，其他地方没有下。他不以"处"来看雪，"处"是空间；也不以"时"来看雪，如黄昏下雪、上午没下之类。以时空看雪，就没有雪本身，那就是意念中的雪，那是在解说一个下雪的事实。禅宗认为，我们无法解说世界，只能感受世界。大雪飘飘，不落别处，强调的是心灵的感受。

**这个故事告诉我们，生活处处都有美，只是我们看不见而已。我们抱着理性的头脑、知识的眼光，热衷于去解说世界，就无法发现世界的美。因为我们站在世界的对岸，一道知识的河流正将我们和世界隔开。我们得到的世界，只能是一些知识的残片，而不是世界本身。**人们常常对眼前的"好雪片片"视而不见，纠缠在利益、欲望和理性计较中，生活的美意被遮蔽了。不是世界没有美，而是人们常常没有看美的眼睛。

## 显现一个生机勃勃的世界

禅宗强调寂静，禅宗的大师们多住在深山，与枯树寒林为伴，但这并不意味着他们喜欢死寂而排斥活力。

**禅宗大师是在宁静中感受世界的活力，在淡定人生、繁华**

落尽之后，体味世界的温情。禅是活的，一位禅师问他的老师：
"佛法大意是什么意思？"这位老师说："活物，活物。"

禅宗中有一位大师叫洞山良价，有弟子问他："如何是佛法
大意？"他回答说："落花随水去。"这弟子还是弄不懂，再问
他，他说："修竹引风来。"佛法大意就是在我们面前的这一个
生机勃勃的世界。禅具有活的精神，禅的根本秘密，就是对活力
的恢复；禅宗最高的法，就是"活法"。

忙碌的世界并不一定就是活泼的世界，挤得满满的时间表并
不代表有意义的人生。禅要恢复人生活的单纯，在单纯中感受繁
复；恢复世界的原有寂静，在寂静中聆听世界的声音。就像深得
禅法的中国茶道强调的，茶室里没有鲜艳的颜色，没有噪音，没
有一个多余的动作，没有一句多余的话，一切都在自然地运转，

| 宋 马麟 山水图

在这寂静中恢复人的灵觉，去听茶声、风声和心声。让无心的莲花缓缓开放，淡淡的草芽在雪中孕育。

禅说，世界是活泼的，只是因为我们匆忙、烦恼、满腹心事，所以心灵感受不到。我们对待这个世界，通常的做法是利用它、战胜它、消费它，不断地解释它、分割它，就这样，活泼的世界离我们远去。

禅要恢复的活力，是生机勃勃的世界。宋代诗人黄庭坚一次去拜见祖心禅师。祖心一时高兴，问了他一个问题：孔子曾说"吾无隐乎尔"，这话怎样理解？黄庭坚正准备回答，祖心制止他：不是，不是。黄庭坚不解。两人接着到山间散步，当时正好木樨花开，清香四溢，祖心说：你闻到木樨花香吗？黄庭坚说：我闻到了。祖心说：我对你没有任何隐藏吧？黄庭坚当下大悟。

**当一悟之后，遮蔽消除，人们眼前就会呈现一个充满意味和情趣的世界。这里一片澄明，一片光亮，如同木樨花开，清香四溢，心灵沐浴在一片香光之中。悟的过程，其实就是将心中的那层遮蔽揭去的过程，就是对本真世界的回归。**不是为生命制造阳光，生命世界中本来就有阳光，每一个人的生命都是一盏灯，都有灵光绰绰。

禅宗中有个灵云悟桃花的故事。灵云是唐代的禅师，他随沩山灵祐大师学法，迟迟不悟。有一年春天，他在禅院后山看到漫山盛开的桃花，鲜艳夺目，突然悟到了佛法。于是作了一首诗："三十年来寻剑客，几回落叶又抽枝。自从一见桃花后，直至如今更不疑。"桃花日日盛开，为什么平时灵云没有见到桃花，而悟后才看到桃花灿烂，跃然眼前？就因为平时他的心灵被"烟雾笼罩"，被他心中的厚厚的成见"欺瞒"。悟，恢复了一个充满生机的活的世界。

# 六、天坛：对天的敬畏与感恩

北京的天坛建于明代永乐年间，与紫禁城差不多同时完工（1420年）。永乐皇帝由南京迁都北京，他所做的一件重要的事，就是到天坛大祭天地。

这座祭坛自建造至今，经历了约六百年的风雨，如今它还静卧在北京的南城。这个占地面积比紫禁城大近四倍的庞大庙宇群，以它独有的魅力吸引着四方之人。这座祭坛不仅风景绝佳，而且体现了中国人天人和谐的追求。

雪后远眺天坛

## 天坛中的神

天坛的祭祀活动一般每年两次，一次在春季，一次在冬季。祈年殿是春季大祭的地方，春天是播种的季节，皇帝带着群臣来这里祭祀，祈祷天赐给好年成。圜丘则是冬季大祭的地方，时间在冬至日，此时的祭祀带有感谢天帝赐予人间恩德的意思。有时遇到旱灾、水灾，皇帝也会带着文武百官来此祭祀，祈祷平安。

**天坛是帝王祭天的地方，一般百姓是不能在此祭祀的。但是，天坛表达的对天的敬畏与感恩的思想，却不仅仅属于帝王，它凝结的是中国人对天崇拜的观念。**

早在三千多年前，中国人就有对天的崇拜。在古代中国人看来，天，或者说是天神、天帝，是控制着大地上一切事物的主宰力量。人的祸福、自然的收成等，都受到这种神秘力量控制。天只崇尚善行，如果大地上出现了自然灾害，往往被看成是天对人间做错事的一种警示，提醒人要修正。古代中国人遇到祸害的时候，往往说："这是老天的惩罚。"清朝光绪皇帝登基的第二年，天坛大火，祈年殿被完全烧掉，光绪皇帝大惊失色，宫中的大臣面如死灰，普遍认为这昭示着某种天象，是不祥之兆。但对古代中国人来说，天并不常常是惩罚，它更多地表现为宽容和爱怜，人类在它温暖的怀抱中安详地生存。所以古代中国人对天又有一种感恩的心理。

中国人所祭祀的天，与基督教的上帝有很大的不同，它不是一个人格神，被祭祀的天虽然保留着神性，但同时更是大自然的象征。中国人从来没有将天偶像化。与其说中国人将天看作一个神灵，倒不如说中国人更偏重于将天看作一种化生万物的自然力量。在中国文化的发展过程中，对天敬畏的思想一直没有改变，但天神崇拜的宗教性的一面日渐淡化，哲学家、思想家更愿意将天看作是生生不息的创造的源泉。

| 圜丘坛 天心石

# 蓝天白云中的天坛

有一首古老的北方民歌《敕勒歌》这样写道："天苍苍，野茫茫，风吹草低见牛羊。"在广袤的天际下，有无边的绿色世界，绿色的世界里，轻风徐徐，牛羊成群，人们安宁地生活。它反映了中国人的一个梦想：在大自然的怀抱中休养生息、和谐成长。

中国人说苍天，意思是蓝色的天，这个蓝色的天幕引起人们无限的遐想，也激荡起人们崇敬的心情。蓝色，意味着静穆、幽深、神秘，虽然不可把握，却有无限的美；天虽然在遥远的苍穹，但却是这世界一切创造的动力。天给人与万物以生命，滋育着大地，耕云播雨，大地上的一切，都沐浴在天的圣洁的光辉中。天就是创造生命的源泉。

天坛不同于紫禁城以黄色为主调的设计，而以蓝色为主色，

天坛 祈年殿

正反映了这样的思想。祈年殿、皇穹宇屋顶的琉璃瓦都是蓝色的，就是四周的墙壁上，也以蓝色的琉璃为主调。进入天坛，就进入了一个蓝色的世界。

蓝天，是天坛的背景，天坛的一切设计，都是依托这样的天幕而创造的。没有蓝天，便没有天坛，蓝色的天幕中显露出的蓝色宫殿，就是天坛设计者追求的天人和谐的境界，这是中国人心中的最大梦想。

只有在蓝天白云之中，才能充分展现天坛的魅力。在蓝天白云之下显现的祈年殿的英姿，是一种极致的美。

紫禁城以南门为正门，天坛则以西门为正门，这是受到佛教的影响。佛教认为，佛祖在西方极乐世界，所以，天门乃是西门。从西门进入天坛，映入眼帘的是铺天盖地的柏树林。巨大的天坛其实都是在这古柏掩映之中，在天坛的任何一个处所，都可以感到这绿色。如你站在高高的丹陛桥上，满眼是苍翠浓郁的柏树。今天看到的天坛中的古柏，有很多树龄在五百年以上。天坛在突出蓝色的同时，还突出绿色。绿色世界烘托着天坛的主殿，烘托着天。按照中国文化中的象征系统，绿色代表庶民，蓝色代表天，绿树烘托蓝天，表示大地上的芸芸众生怀着敬慕的心情，环拱在天的左右。


## 敬畏自然

天坛通过巧妙的设计，突出这一建筑群的神性，寄寓着敬畏自然的思想。

天坛是一个靠近天的地方。细心的观赏者一定会注意到天坛的收缩性结构。这种结构，使人仰望上天，并感觉到自己在通向上天。

圜丘坛的坛面呈圆形，共分三层，无论你从哪个门拾级而上，你都会感到这是一个不断被收缩的圆形世界。三层汉白玉台基的最下一层，按照中国人的计量方法为21丈，中间一层为15丈，而最上一层为9丈，到了圜丘坛的平面，经过一层一层扇形分布的艾青石石板，收缩到中间的一个圆石，那就是所谓的天心石，古代中国人认为那里是天的心脏。祭天的时候，天的神牌，就放在天心石上。接近圜丘，就是一步一步走近天心石的过程，它表达了步步近天的意思。圜丘坛的上面没有屋顶，而是一片虚空的苍穹，这就是天。

丹陛桥是天坛中一座长360米、宽30米的通道。走到这座桥的末端，过了祈年门，一座大殿完整地显现在你眼前，这就是祈年殿。站在祈年殿前的院落中，注视着这座神奇的宫殿，它的收缩性结构更是一览无余。外部的三层台基之上建有祈年大殿，大

殿被高高的楠木柱撑起，上面有三重屋檐，层层收缩上举，在它的最高处乃是鎏金的攒顶，直入云霄，通向上天。

天坛还以数字的方式来突出天的尊严。民间有这样的话："天坛走一走，到处都是九。""九"在天坛中是个无处不在的数字。中国人对数字的崇拜由来已久，这不光是因为数字中包含着神秘的意义，更重要的是，中国人有以数字来表达意念的传统。在中国人的数字观中，"九"是天的数。在"十"之下，最大的奇数是"九"，而"十"代表圆满，中国人一般避免说"十"，因为没有十全十美的事，过分追求完美反而招致灾难。所以，"九"代表最高、极数、无限。

圜丘坛以天心石居中，向外是九层石板，呈扇形展开，第一层为九块，而每往外一层就递增九块。祭祀时将放在皇穹宇中的"皇天上帝"像放到天心石上，象征着皇天上帝居住在九天之上。如果你登祈年殿大殿，细心数一数脚下的台阶，三层汉白玉底座，每一层的台阶数都是九的倍数，表示天是至高无上的。

天坛形象地展示出中国人对天地自然的敬畏之情。这一思想在今天尤其显示它的价值。人是自然的一分子，人与自然相互依存的关系，与生俱来。没有人与自然的和谐，就没有未来。对自然存有敬畏和感恩之心，不是无休止地掠夺、疯狂地索取，而是保护自然、回馈自然，与自然建立一种和谐的关系，这是天坛的重要启示。

## 祈求百姓安康

祈年殿的内部结构展现了中国建筑的独特魅力。它不用大梁和长檩，仅用楠木柱和枋桷相互衔接支撑屋顶。殿内有楠木柱二十八根，数目排列切合天象：最中间的四根柱叫通天柱，代表四季；中间的十二根金柱，代表十二个月；外层十二根檐柱，代表十二时辰；中外层相加二十四根代表二十四节气，再与最里层的四柱相加，就是二十八根楠柱，代表二十八星宿——那是中国人对星象的概括，分别代表东南西北四方。祈年殿顶端的九龙藻井，是一大片精妙绝伦的彩绘。它周长为三十丈，象征一个月三十天。祈年殿中包含着四季、十二月、二十四节气等等天地运行的图式。

祈年殿建筑结构对于天象和天地运行图式的模拟，体现了天坛祭天的神圣目的。天坛祭天不是祈求帝世长久，也不是祈求战争胜利，而是祈求风调雨顺，祈求百姓获得丰年安康。这是一个神圣的目的。

## 人与天的交融

在中国人的心目中，天是亲切的。雄伟的天坛就是为天人之间的沟通和交融而建造的。

引起人们浓厚兴趣的天坛声学现象，其实就是想象中的人天交流的模拟。

圜丘中心的天心石，被视为天所居之位。站在天心石上说话，那是一种贴近天的心脏的呼唤，你会听到声音从脚下升起，从四周返回，宏大的声音，在这个模拟的天国中回响，那回声似乎是天在对你说话。我们知道，这是声学现象。声音沿着光滑的

|祈年殿内藻井

台面向外传播，遇到圆周上等距离的栏板，迅速返回，和原声汇集在一起，形成众音汇集的效果。

天坛著名的三音石也是出于人天交流的精妙设计。在皇穹宇殿前的石板路上，由北向南的三块石板叫作三音石。在皇穹宇仅有面对三音石的殿门敞开，而且附近没有障碍物的情况下，站在第一块石板上击掌，可以听到一声回响，在第二块石板上击掌，可听到两声回响，在第三块石板上击掌，可以听到三声回响。这三块石板又被称为"三才石"，象征天、地、人冥冥之中的契会。这也是一种声学现象，因为皇穹宇下边的地板和殿门以及殿内神龛上面的殿顶形成了一条直角三角形的斜边，站在三音石上说话，声音可以沿着斜线直接传入殿内，碰到圆形殿壁和圆顶后，再返回到殿外，由于声波传递距离不同，所以才会听到次数不同的回声。

在天坛皇穹宇内游览的时候，你会发现常常有人站在墙边，对着墙，一个人说话，而从远处的墙边传来回应的声音："听到了。"这就是所谓的回音壁。它是皇穹宇的外围墙，人们在墙的不同位置对墙说话，站在远处墙边的人，能清晰地听到。因为墙面内圆而光滑，声波波长比圆墙半径小得多，声波以束状沿墙面折射到对方，造成了人们所说的天人交流现象。

来到天坛，登高一望，满眼绿林，可以看得很远很远，在这雄伟和远大之中，忽然感到人的渺小。其实，天坛并非证明天的伟大和人的渺小的，更不是让人匍匐在苍天之下，诚惶诚恐。天坛是让你感受到融入天地中的乐趣。人虽然是一个微小的存在，在时间和空间上都是有限的，但当你将自己的身心融入到天地中，就会超越个体生命的有限存在和有限意义，获得生生不息的信心和力量。

# 七、中国传统文化中的生态意识

今天，全世界都普遍关注生态环境的保护问题。面对日益严重的生态危机，国际上出现了生态伦理学和生态哲学。学者们强调指出，人类对自然环境的破坏已经达到从根本上威胁人类生存的地步。

生态伦理学和生态哲学的核心思想，就是要超越"人类中心主义"这一观念，树立"生态整体主义"的新的观念。"生态整体主义"主张地球生物圈中所有生物是一个有机的整体，它们和人类一样，都拥有生存和繁荣的平等权利。这已经成为当今全人类带有普遍性的价值观念。

中国传统文化包含有一种强烈的生态意识，这种生态意识和当今世界的生态伦理学、生态哲学的观念是相通的。

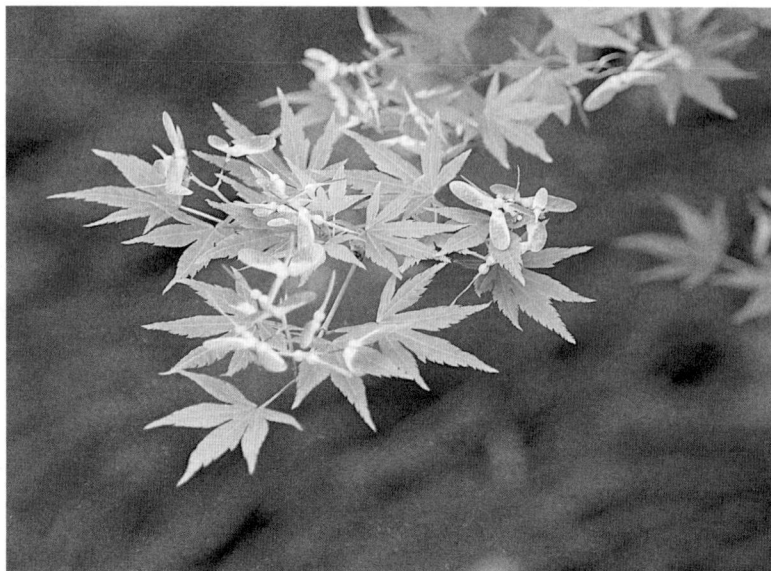

## "生"的哲学

　　中国传统哲学是"生"的哲学。孔子说的"天"，就是生育万物。他以"生"作为天道、天命。《易传》发挥孔子的思想，说："生生之谓易。"又说："天地之大德曰生。"生，就是万物生长，就是创造生命。生生，就是生而又生，创造又创造。《易传》的意思就是说，天地以"生"为道，以"生"为德。后代的儒家思想家都继承孔子和《易传》的这个思想，强调人的仁心、善心，就来源于"天地生物之心"。因此"生"就是"仁"，"生"就是善。宋代周敦颐说："天以阳生万物，以阴成万物。生，仁也；成，义也。"宋代程颐说："生之性便是仁。"宋代朱熹说："仁是天地之生气。""仁是生底意思。"所以儒家主张的"仁"，不仅亲亲、爱人，而且要从亲亲、爱人推广到爱天地万物。因为人与天地万物一体，都属于一个大生命世界。孟子说："亲亲而仁民，仁民而爱物。"宋代张载说：

"民吾同胞，物吾与也。"（世界上的民众都是我的亲兄弟，天地间的万物都是我的同伴。）宋代程颢说："人与天地一物也。"又说："仁者以天地万物为一体。""仁者浑然与万物同体。"朱熹说："天地万物本吾一体。"这样的话很多。这些话都是说，人与万物是同类，是平等的，所以人应该把爱推广到天地万物。

清代大画家郑板桥的一封家书充分地表达了儒家的这种思想。郑板桥在信中说，天地生物，一蚁一虫，都心心爱念，这就是天之心。人应该"体天之心以为心"。所以他说他最反对"笼中养鸟"。"**我图娱悦，彼在囚牢，何情何理，而必屈物**

| 瘦西湖一角

之性以适吾性乎！”就是豺狼虎豹，也就
是把它们赶得远远的，不让它们危害人类
而已，人也没有权利任意杀戮。人与万物
一体，因此人与万物是平等的，人不能把
自己当作万物的主宰。这就是儒家的大仁
爱观。郑板桥接下去又说，真正爱鸟就要
多种树，使成为鸟国鸟家。早上起来，一
片鸟叫声，鸟很快乐，人也很快乐，这就
叫“各适其天”。所谓“各适其天”，就
是万物都能够按照它们的自然本性获得生
存。这样，作为和万物同类的人也就能得
到真正的快乐，得到最大的美感。

这就是中国传统文化中包含的生态哲学
和生态伦理学的思想。

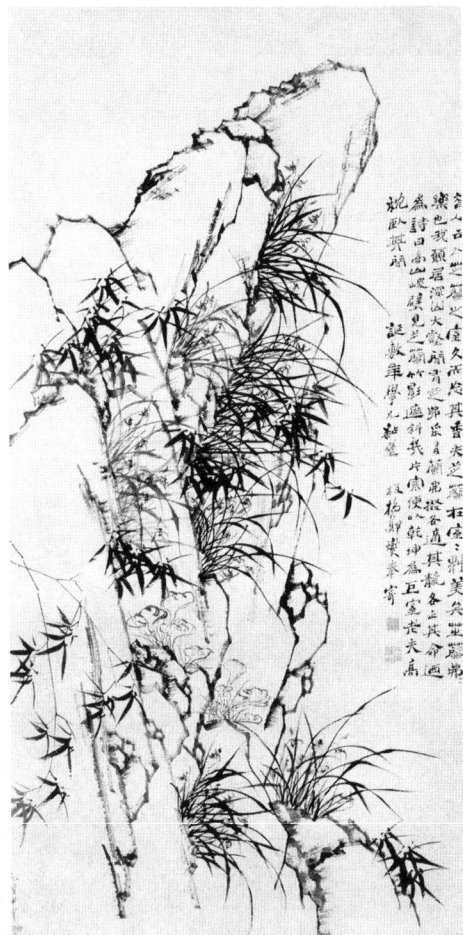

清 郑板桥 兰石图

## 万物之生意最可观

与这种生态哲学和生态伦理学的意识
相关联，中国传统文化中也有一种生态美
学的意识。

中国古代思想家认为，大自然（包括
人类）是一个生命世界，天地万物都包含
有活泼泼的生命、生意，这种生命、生意
是最值得观赏的，人们在这种观赏中，体
验到人与万物一体的境界，从而得到极大

的精神愉悦。程颢说："万物之生意最可观。"宋明理学家都喜欢观"万物之生意"。周敦颐喜欢"绿满窗前草不除"。别人问他为什么不除，他说："与自己意思一般。"又说："观天地生物气象。"周敦颐从窗前青草的生长体验到天地有一种"生意"，这种"生意"是"我"与万物所共有的。这种体验给他一种快乐。程颢养鱼，时时观之，说："欲观万物自得意。"他又喜欢观赏刚刚孵出的鸡雏，因为小鸡雏活泼可爱，最能体现"生意"。他又有诗描述自己的快乐："万物静观皆自得，四时佳兴与人同。""云淡风轻近午天，望花随柳过前川。"他体验到人与万物的"生意"，体验到人与大自然的和谐，"浑然与物同体"，得到一种快乐。这是"仁者"的"乐"。

# 人与万物一体之美

这种对天地万物"心心爱念"和观天地万物"生意"的生态意识，在中国古代文学艺术作品中有鲜明的体现。

中国古代画家最强调要表现天地万物的"生机"、"生意"。明代画家董其昌说，画家多长寿，原因就在他们"眼前无非生机"。宋代董逌在《广川画跋》中强调画家赋形出象必须"发于生意，得之自然"。明代画家祝允明说："或曰：'草木无情，岂有意乎？'不知天地间，物物有一种生意，造化之妙，勃如荡如，不可形容也。"所以清代王概的《画鱼诀》说："画鱼须活泼，得其游泳像。""悠然羡其乐，与人同意况。"中国画家从来不画死鱼、死鸟，中国画家画的花、鸟、虫、鱼，都是活泼泼的，生意盎然的。**中国画家的花鸟虫鱼的意象世界，是人与天地万物为一体的生命世界，体现了中国人的生态意识。**

| 沧浪亭小亭

中国古代文学也是如此。唐宋诗词中处处显出花鸟树木与人一体的美感。如"泥融飞燕子，沙暖睡鸳鸯。"（杜甫）"山鸟山花吾友于。"（杜甫）"人鸟不相乱，见兽皆相亲。"（王维）"一松一竹真朋友，山鸟山花好弟兄。"（辛弃疾）有的诗歌充溢着对自然界的感恩之情，如杜甫《题桃树》："高秋总馈贫人实，来岁还舒满眼花。"就是说，自然界（这里是桃树）不仅供人以生命必需的食品物品，而且还给人以审美的享受。这是非常深刻的思想。清代大文学家蒲松龄的小说《聊斋志异》也贯穿着这种人与天地万物一体的意识。《聊斋志异》的美，就是人与万物一体之美。《聊斋志异》的诗意，就是人与万物一体的诗意。在这部文学作品中，花草树木、鸟兽虫鱼都可以幻化成美丽的少女，并与人产生爱情。如《香玉》篇中两位女郎，是劳山下清宫的牡丹和耐冬幻化而成，一名香玉，一名绛雪。"耐冬高二丈，大数十围，牡丹高丈余，花时璀璨如锦"。香玉和在下清宫读书的黄生相爱，绛雪则和黄生为友。不料飞来横祸，有一个游客看见白牡丹，十分喜爱，就把它掘移回家。白牡丹因此枯死。黄生十分悲痛，作《哭花诗》五十首，每天到牡丹生长处吟诵。接着绛雪又险些遇难。原来下清宫道士为扩建房子要砍掉耐冬，幸好被黄生阻止。后来牡丹生长处重新萌芽。黄生梦见香玉，香玉请求黄生每日给她浇一杯水。从此黄生日加培溉。花芽日益肥盛，第二年开花一朵，花大如盘，有小美人坐蕊中，"转瞬间飘然已下，则香玉也"。从此他们三人过着快乐的生活。后黄生病重，他对老道士说："他日牡丹下有赤芽怒生，一放五叶者，即我也。"黄生死后第二年，果有肥芽突出。老道士勤加灌溉。三年，高数尺，但不开花。老道士死后，他弟子不知爱惜，见它不开花，就把它砍掉了。这一来，白牡丹很快憔悴而死。接着，耐冬也死了。蒲松龄创造的这些意象世界，充满了对天地间一切生命的爱，表明人与万物都属于一个大生命世界，表明人与万物一体，生死与共，休戚相关。这就是现在人们所说的"生态美"，"生态美"也就是"人与万物一体"之美。

中国传统文化中的这种生态意识，体现了当今全人类的普遍价值观念，极富现代意蕴。这些内容，既是民族的，又是全人类的，既是传统的，又是现代的，值得引起我们的高度重视。

| 退思园

66

# 创造与交流

在中国几千年的文明史上，中国人有无数发明和创造，如汉字、中医、丝绸、瓷器、指南针、造纸术、印刷术、火药、万里长城、紫禁城等，这些独特的发明和创造是中国人对世界文明的伟大贡献，证明中华民族是一个富于原创性的民族。

与此同时，中国人又有一种开放的心胸，欢迎远方来的朋友，并以极高的热情吸收和包容外来的文化。唐太宗以开放的胸襟，造就了大唐盛世。明代初期，郑和带领庞大船队七下西洋，最远一直到达中东的麦加城和非洲的莫桑比克，以"共享太平"的信念，与所到之地进行物资交流和文化交流。这些都表明，中华文明具有一种开放性和伟大的包容性。

# 八、诗意的符号：汉字

近些年，随着经济的快速增长，中国的国际影响力提升，世界上学汉字的人也多了起来。母语是拼音文字系统的人，常常觉得汉字很难学。同时，不少人在学汉字的过程中，也有愉快的体验。这套独特的符号系统，积淀了丰富的历史文化内容，西方人在学汉字的过程中，甚至能体会到这个东方民族的微妙心灵。

20世纪初叶，随着西方文化的传入，有人认为，中国之所以落后，汉字是罪魁祸首，主张将汉字废掉。到20世纪下半叶，计算机科学急剧发展，又有些人认为汉字阻碍了科学的发展，说方块汉字无法输入电脑，又有一阵要废除汉字的鼓噪。后来，这方面的问题解决了，质疑声也随之消歇。

如今在中国，汉字越来越受到人们的重视。人们发现，这一文字符号，包含着丰富的文化内涵和审美意蕴，在科技飞速发展的今天，反而越来越显示出它的光彩。

## 符号中凝结的思想和历史

龂簋铭文 西周晚期

中国人有崇拜汉字的传统，即使到今天，这传统并没完全消失。汉字是世界文明史上的老寿星，它至少有五千多年的历史，早在商代之前，中国就有成熟的文字系统，我们通过商代的甲骨文—— 一种刻在龟甲和动物骨骼上的锲刻文字——可以了解那个时代的生活。世界上早期的文字主要有三种：苏美尔和巴比伦人的楔形文字、埃及人的图画文字以及汉字，这三种文字系统都是象形文字。如今前两种文字早已为拼音文字所取代，只有汉字还在使用。汉字伴随着中国文明发展的步子，不仅为使用它的人提供交流思想的工具，而且很多汉字还浓缩了中国人的人生体验，包含中国人对社会人生的看法。它受到人们的重视是很自然的事。

在中国人的日常生活中，你会听到这样的话："与人交往要讲信用，人言为信嘛！"说这话的根据就在汉字中。汉字的"信"，左为"人"，右为"言"。汉字就是这么写的，难道你还不遵守吗？言下之意，汉字具有一种说服人的力量。又如，中国古代就有"止戈为武"的说法，"武"指的是战争，"止戈"就是不用武器。这也是由"武"这个汉字引出来的意思：战争是为了消灭战争；不战才是战争的根本目的。

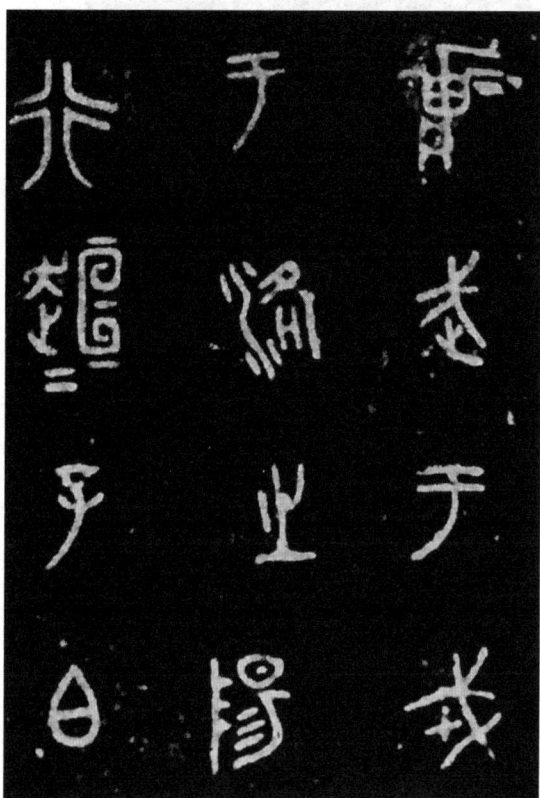

虢季子白盘铭文　西周晚期

　　儒家思想的核心概念"仁"，基本意思是爱人。而文字本身也常被借来说明这一思想，这个字左为"人"，右为"二"，两个人，意含人与人之间的关系，人与人交往的第一原则就是仁爱。

　　这样的符号，为探讨中国思想史提供了重要资料。如"美"这个汉字，含有中国人有关审美观念的信息。这个字，上面是"羊"，下面是"大"，合起来是"羊大为美"，意思是大羊肥羊就是美的。在古代，羊和人的生存关系密切。这反映出中国早期关于美的认识是和人的生命活动联系在一起的。汉字中这样的现象非常普遍。这些例子体现了中国文化和汉字的紧密联系。

唐 柳公权 玄秘塔碑

## 有感情的符号

今天发现的商代到西周的甲骨文，大概有4500多个汉字，东汉年间成书的《说文解字》所收汉字就增加到9353个，到了清代的《康熙字典》，又增加到4万多个汉字，而今天的汉字数量则更多。

汉字是以象形为基础的文字，汉字创造的方法中，有一类是象形字，那是纯粹的象形符号；有一类是会意字，这是通过两个或两个以上的象形符号来表达意思（如"信"）；还有一类是指事字，就是通过在象形基础上强调某一点来表达意思（如"刃"）；至于占汉字八成以上的形声字，由声符和形符两部分组成，但即使是表示声符的符号也不脱象形的基础。

汉字中的一些象形符号表达了人们对世界的敏锐观察和经验。西方一些诗人在接触汉字时，立即产生了诗意的联想。例如，庞德以推崇汉字而著名，汉字激发了他的创造力。当他在字典中看到"旦"这个汉字时，就想到了早晨初升的太阳。

庞德的联想并不是没有根据的。就拿他所举的"旦"来说，上面是太阳象形符号，下面是地平线，一轮朝阳从远方的地平线升起，我们可以感受到造字者造这个字时的欣喜之情。中国上海的名校复旦大学，校名取自古书《尚书大传》所记的一句诗："日月光华，旦复旦兮。"所取的意思是：每一天升起的太阳都是新的，世界蒸蒸日上，日日更新，而学子们也应以这样的精神去学习。"旦"这个字具有鼓舞人心的力量。

一组与"日"有关的汉字，也饱含着这样的生命体验。如"東"，像太阳在东方升起，升起在密林中。金文中的"朝"（朝），左侧有草和日两个象形符号，右侧是小河的象形符号。它的意思是：晨曦微露，太阳从小河那边升起，勃发的朝日，照亮了奔腾的河水。这个早晨的景象凝固在文字符号中，包含着对生命的热爱之情。而弗莱彻所举的"莫"，是"暮"的本字，它描绘的是黄昏的景象，太阳就要落下去了，落到了丛林之中。看这个字，仿佛听到造这个字的人的一声叹息。

再如"明"字，一边是月，一边是窗，月亮照到了窗子上，是为"明"。这是多么富有诗意的创造。又如"麗"字，这是并偶的意思，像两只鹿并排在山中跑。这也是很美的景象。在中国艺术中，六朝的骈体文，园林建筑中的对联，京剧舞台上成对出场的文官武将，都是并俪之美。

使用汉字的人，往往觉得这套符号很亲切，很多汉字似乎在给你说一个故事，说一个既遥远又像在昨天发生的故事。如甲骨文中的"寒"（寒）字，简直是一幅写意画，上面的"宀"，是房屋的象形符号，最下部的"仌"，是"冰"的象形符号，而中间的"茻"，画的是草，草中间的"人"，是一个"人"字。它的意思是，天冷了，结冰了，人们躲到房屋里，在草中取暖。这个"寒"字，活灵活现地显现了早期人类简朴的生活。


## 优雅的形体


北京2008年奥运会图标名称叫作"篆书之美"。这套符号，融合了甲骨文、金文、篆书等文字的象形意趣和现代图形的简化特征，既活泼有趣，又符合各个运动项目的特征。当人们见到这套图标时，感到眼前一亮。它的智慧主要来自汉字。

优雅流动的线条是汉字构形的法宝。汉字虽然是象形字，但不是文字画。世界上早期使用的象形文字多是文字画，文字画是描摹物象的外在特征，甚至以块面去反映。这样文字符号和图画的区别就不明显了。古埃及的图画文字就是如此。

汉字开始时也有文字画，到了甲骨文时期，文字画就渐渐少了，脱离了文字画，而以抽象的线条，简单勾勒物象。一个"犬"字，写成"犬"，几笔就勾画出狗的形象，线条很有表现力。

现在这套名为"篆书之美"的图标，正是利用了汉字这一特点。篆书分为大篆和小篆，大篆是春秋战国时代秦国的文字，小篆是秦始皇统一六国后采用的标准字体。篆书从汉字最早的形态甲骨文发展而来，其中带有甲骨文的特点。篆书和甲骨文相比，又在形象之外，增加了圆润流转的节奏，看起来更有兴味。

北京奥运会图标将中国早期文字的特点提取过来，将篆书抽象概括、圆转流动的韵味表现出来。

如游泳的图标为：

# 游　泳
## Swimming

它由两部分组成，上面是人体的简略代符，下面是水的符号。在篆书中，水写作"〻"。游泳的符号以几条弯曲而柔媚的线条，表现水的流动形态，上面是人奋力划动双臂，有强烈的动感，这也来自于篆书。如"𧺆"（走），下部是人足部的动作，上面是双臂的动作。我们从这些形体与奥运会游泳图标中看出惊人的相似。

相类似的图标还有不少，如铁人三项、足球等，都有奔跑动作。这样的符号直接取自篆书。如篆书"夭"（夭），以极其简练的线条，描绘出人头部偏侧，两手摇动，身体优柔婉转的跳舞动作，它是表示舞蹈的象形字。奥运会图标以这样的线条来表现，既有运动的韵味，又有优柔婉转的意味，极具观赏性。

古老的文字，在现代的文化生活中焕发了新的魅力。

# 九、影响文明进程的四大发明

在漫长的中华文明发展历史上，古代中国人有大量的科技发明创造。中国人在天文历法、医学等方面的发明成就举世公认，在星象、潮汐、地质等方面都有大量的科学发现。世界上最重要的粮食作物之一——水稻，作为"世界三大饮料"之一的茶，也都是由中国人发明的。早在春秋时期，中国人就发明了以生铁为本的钢铁冶炼技术。中国人发明的瓷器，具有极高的审美价值，丰富和改变了人们的生活方式。这些发明创造体现了中华民族的智慧，不仅深刻影响着中华文明发展的历史，也通过向外传播为世界所分享，对世界文明的发展产生了积极的影响。

这里重点谈谈指南针、造纸术、印刷术、火药这"四大发明"。

# 指南针与航海术

在公元前5世纪左右，中国人就发现了磁铁的指极性。指南针的前身就是出现于战国时期的一种名为"司南"的仪器。今天，我们常常将其作为中国古代科学技术的象征物。这是一个很漂亮的物件，在平滑的"地盘"上，放上一个像勺子的物品，勺子以天然磁石经过琢磨制成，重心恰好落到勺底的正中，勺子为圆底，可以自由旋转，当它停下之时，勺柄就会指向南方。当时人们就将它派上了用场，如当时郑国人到远方采玉，就使用"司南"，确保不迷失方向。

"司南"利用的是地球磁场的作用。地球是一个大磁体，它的两极分别在接近南极和北极的地方，因此地球表面的磁体自由转动时，就会因磁体同性相斥、异性相吸的性质指示南北。

到了公元4世纪，东晋人发明了一种叫作"指南鱼"的小游戏。其方法是拿一块薄铁叶，剪裁成鱼形，两头翘起，腹部的地方略微有些下凹，看起来像一只小船，磁化后浮在水面，就能指示南北。磁化的方法是将铁片放到火中烧，烧红的铁片放置在子

| 司南

午线的方向上，这时，铁片内部分子处于活动状态，铁分子顺着地球磁场方向排列，达到磁化目的。这是中国人利用磁化作用的众多小发明之一。

中国人发明指南针技术并加以广泛运用大约在公元9至10世纪。公元10世纪时中国人发明了缕悬式指南针，小小的磁针挂在高高的梁柱上，磁针的下面是圆形的方位盘，有二十四向，磁针在地磁场作用下能保持在磁子午线的切线方向，通过看磁针在方位盘上的位置，就能断定出方位。

公元12世纪时，中国人还发明了"指南龟"：将一块天然磁石放置在木刻龟的腹内，在木龟腹下方挖一光滑的小孔，放置在木板顶端的竹钉上，这样木龟就有了可以自由旋转的支点了，静止时首尾分指南北。

大致在北宋时，指南针就被用于航海。开始时人们对它的性能并不太熟悉，所以航海人员晚上靠星星、白天靠太阳辨别方向，逢到阴天才靠指南针。到了元代，指南针对于航海的作用被充分认识，不论白天黑夜、阴天晴天，航海者都用指南针辨别方向。人们在船上设置了专门放置指南针的"针房"，并有专业人员负责看管。当时的指南针技术还比较粗略，多是将指南针放到水中，即所谓"浮针"，后来把它和罗盘结合起来，指南针的使用便日益广泛。

指南针的发明，促进了中国人的航海事业。中国人配合对潮汐、季风等的观察，在航海中创造了一套实用性很强的导航技术。正是凭借这样的导航技术，才出现像郑和下西洋那样的海上壮举，将中国人的航海事业推进到一个新时代。

## 造纸术和文明的传播

战国时有一位思想家惠子，与庄子是朋友。惠子是逻辑学家，他很有学问，人们说他"学富五车"——今天中国人常用这个成语形容有学问的人。惠子的学问再大，怎么能读完装满五车的书？原来，当时的书不是写在纸上，而是刻在竹简上的。

人类发明了文字，有了文字就要书写。中国自古以来，发明了许多种书写的方式：有刻在龟甲上的，那是三千多年前的甲骨文；有铸在青铜器上的，那是金文；有镂刻在石头上的，那叫碑文；也有刻在竹简上的；还有写在布帛上的。

在龟甲上镂刻、在石头上雕写以及在青铜器上铸字都很不容易，写成了不易携带，也不易传播。而写在布帛上的帛书又太昂贵。纸的发明完全克服了这些不便。

人们都知道蔡伦造纸，实际上，在东汉蔡伦大规模造纸之前，中国人就已经发明了造纸术，20世纪在中国各地出土的许多西汉时期的古纸片，可以证明这一点。这并非否定蔡伦造纸之功，而是说蔡伦的造纸术并非是突然之间的发明，它有一个技术积累的过程。西汉时期出土的植物纤维纸，是蔡伦造纸的前身。蔡伦扩大了造纸原料的范围，破布、渔网、树皮、麻头等都可以造纸，其中树皮造纸更是他的发明。他的造纸工艺更为精细，造纸术到他这里，摆脱了纺织品附庸的地位——此前都是利用纺织之后抛弃的副产品来造纸的，蔡伦将造纸发展为一种独立的工艺。

东汉末年，蔡伦的造纸术被广泛运用，到了公元3至5世纪的两晋时期，人们利用纸张写字，并由此发展出写在纸上的书法艺术。同时，利用纸来作画。到了后来造纸技术日渐提高，一些特殊的纸张也诞生了，如对中国书法和绘画影响深远的宣纸。

中国的造纸术先后传到了越南、朝鲜、日本。公元7世纪左右，又传到了印度。造纸术还通过陆上丝绸之路传到了西亚、欧洲。在公元10世纪前后，阿拉伯国家出现了大量的造纸工厂。欧洲的造纸业大致从公元12世纪才开始，在这之前，欧洲人主要使用羊皮等来书写，据说书写一本《圣经》，需要三百多张羊皮，可见其昂贵程度。造纸业的兴盛，开创了人类文明的新纪元。

## 传播知识的印刷术

在电子媒介出现之前，人们靠书本传递知识。今天我们很难想象，没有书本，知识将如何传播。仅仅是口耳相传，传播的力度实在太有限了。书本通过印刷，可以大量地复制，很多人读着同样的书本，这便有了知识的传播和思想的交流。所以，印刷术对人类文明的发展极为重要。有人说：印刷术是"文明之母"。

元至正元年（1341）　朱墨双色套印《金刚经注》

这是一点也不过分的。

中国人发明了印刷术。这与中国的历史有关。中国作为具有五千年历史的文明古国，有重视历史的传统，中国人很早就发明了文字，今天人们还在使用这套符号。通过文字，将思想和知识传到千里之外，传至绵绵后代，为人们所共享，这一直是中国人孜孜追求的事。

在可以进行大规模复制书写的印刷术产生之前，有两件事物的出现尤为重要，它们可以被视为印刷术的前声。

一是印章。中国人有三千多年治印的传统，今天我们还可以看到三千多年前的印章。印章是将姓名（并扩展到其他内容的文字）镌刻在铜器或者是锲刻在石头上，作为凭信，实际上也是一种复制方法。

| 汉印之一

二是碑刻拓印。学习书法的人都知道，学书法要临碑帖，有汉碑、魏碑等说法。碑刻文字多是汉代以来流传下来的。这些刻有文字的碑有的今天还存在（如西安碑林收集了大量的碑刻），有的已经不在了，但它们的内容已经被前代人用纸张蒙在碑刻上拓印下来了。拓印碑刻的方法，其实也是一种文本复制。

所以，印刷术发明出现在中国，一点也不奇怪，这与中国特有的文化传统密切相关。

| 汉印之二

在中国，印刷术的发明，经过了由雕版印刷到活字印刷的发展阶段。大约在公元7世纪

的初唐时期，中国出现了雕版印刷术。它的方法，是用刀在一块块木板上雕刻成凸出来的反写字，然后再上墨，印到纸上。现在我们知道，唐咸通九年印制的《金刚经》，是世界上现存最早的有刻印时间的印刷品，这一印刷品的雕版现藏在英国伦敦大英图书馆。从雕版印刷术的刻印方法上，也可看出它与印章、碑刻的渊源关系。如印章，也是在石料等上面刻上反字，然后蘸墨或印泥，在纸上印出字来。雕版是更大规模的印刻。雕版印刷在唐宋时期是中国主要的印刷方法，今天可以看到雕版印刷的不少传世精品。南宋时还出现了彩色套印雕版术，每页要刻两张版，这对印刷技术要求很高。

但雕版印刷有很大局限，每印一种新书，木板就得从头雕起，书有多少页，就需要刻多少版，效率较低。同时，雕刻本身工艺要求高，极为辛苦。公元11世纪中叶，一位名叫毕昇的平民，发明了活字印刷。活字印刷是用胶泥刻字，每字一印，烧后制成字印。将一颗颗字印排列、镶嵌于铁板之上，经烧烤、压平等工艺制成印版后，便可印刷。印版上的字印可取下反复使用。继此之后，人们又相继发明了磁活字、木活字、锡活字、铜活字等印刷方法。

雕版印刷术在中国出现不久，其技术就传到了日本和朝鲜。北宋时活字印刷术出现，公元15世纪初传入朝鲜后，朝鲜人又在活字印刷的基础上，率先用浇铸法制造成铜活字。顺着陆上和海上两条丝绸之路，中国的印刷术很快传到了亚洲、非洲的很多国家。意大利旅行家马可·波罗通过他的《马可·波罗游记》，将雕版印刷术介绍到欧洲，引起了轰动。到了15世纪中叶，德国人谷登堡用铅、锡等合金制造成字母文字系统的活字，由此，世界印刷术进入了一个新时代。这个时代一直持续到20世纪40年代计算机发明之时。

# 火药：炼丹术带来的发明

13世纪上半叶，蒙古军队西征西亚和欧洲，凭借骁勇善战的骑兵，长驱直入。据波兰历史学家德鲁果斯《波兰史》一书记载，1241年4月9日，蒙古大军与波兰和日耳曼的3万联军在华尔斯塔德平原上激战，最后蒙古人取得了胜利。波兰人将这场战争的结果归因于蒙古人使用了威力强大的火器。蒙古人从木筒中成束地发射火箭，木筒上都绘有龙头，波兰人将其称作"中国喷火龙"。

蒙古人的这种"中国喷火龙"，其实就是在中国发明的火药基础上制造出的武器。火药作为人类掌握的第一类爆炸物，起源于中国的炼丹术。在两千多年前，中国就有了炼丹术，企图炼制出"仙丹"，以求人的长生不老。虽然从来没见过吃这种"仙丹"而长生不老的，但"仙丹"的炼制方法却导致了"火药"的发明。

叫它"火药"，是因为中国人本来是将它当作一种达到长生的药物的。炼丹要用三种原料：硝石、硫黄和木炭。这三种物质混合燃烧，会产生大量的气体，如果将它们密封包裹，就会迅速膨胀，冲破包裹，产生爆炸现象。炼丹术没有使人得到长生，却促使"着火的药"产生。

中国人至迟在公元9世纪时，就将这种寻求长生的药物用到军事上。唐朝末年的军阀混战中，曾有"发机飞火"的记载，人们利用抛石机来发射石头，就是将火药包点火以后，产生爆炸，石头便随之飞射出去，以打击敌人，这是最原始的火炮。

北宋时期，火药在军事上的运用更加广泛，国家将火药投入大规模的兵器生产中。各类源自火药的兵器相继产生，并在战争中得到运用。12世纪初（南宋初年），宋军和金人作战，宋军大放"霹雳砲"，一声炮响，声震天下，随之而喷出大量的纸屑、石灰散、硫黄等，漫天飞撒，这一招对以骑兵为主的金兵很有杀伤力。金兵在飞沙走石中，人与马都迷失了方向，大败而归。

南宋时，一位叫陈规的下级官员，发明了火枪。他将火药装

| 清乾隆本活字版印本

进长竹竿，作战时由两人操作，点火后发射。这是一个具有重要意义的发明，利用这样的发明，人们可以掌握和控制火药的起爆时间，它是人类告别冷兵器时代的巨大飞跃。后来元人在此基础上发明了真正的手枪"火铳"，以金属制造，以手持之，威力巨大，人称"铜将军"。

利用火药制成兵器，初始阶段，都是国家绝密之事，但最终还是流传出去，因为只要有战争，就会交手，战争其实是敌我双方兵器大展示的机会。火药在蒙古人横扫欧亚的时候，其实就传到了世界各地。到了公元14世纪，意大利人就开始使用这种热兵器，在威尼斯和热那亚海上贸易争夺战中，双方都使用了火器。后来西方侵略者也是利用火药所制造出的利炮，打开了中国的大门。

从历史发展来看，中国古代的四大发明都是为人类社会生活带来革命性变化的科学发明，这是中国人对世界文明的伟大贡献。

# 十、文明流通的动脉：丝绸之路

丝绸之路是公元前2世纪开始出现的一条联系中国和欧亚大陆的交通要道，由于这条道路开始时以丝绸贸易为主，所以人们便称它为丝绸之路。丝绸之路（德语 Seidenstrasse）一词最早是由德国地理学家费迪南·冯·李希霍芬在19世纪末提出的。

这条陆上道路从中国的长安（今陕西西安）开始，经甘肃、新疆，进而到中亚、西亚，并一直联结到地中海沿岸各国。华夏文明和地中海沿岸文明开始时互不了解，到了公元前7世纪左右，古希腊人开始知道有一个东方的古国，但对这个古国文明的情况不甚了了。考古学家已经证实，在丝绸之路没有开通之前，黄河流域、印度河流域到两河流域、尼罗河流域的草原上，已经有人踩出了一条时断时续的草原贸易小道，但这完全不能与丝绸之路相提并论。只有到了丝绸之路开通后，中国和欧亚大陆诸国才开始有真正的交往。

丝绸之路不仅是一条古代通商的道路，它更是连接古代中华文明、印度文明、埃及文明、希腊文明和美索不达米亚文明的纽带，是东西方文化和科学技术交流的桥梁，是横贯欧亚大陆的历史文化大动脉。丝绸之路促使人类文明在不同地域之间进行交流。不同文明传来的新鲜养分，孕育着新的文化。它是古老的中国走向世界、接受世界其他地方文明营养的主要通道。中国文化性格的塑造与丝绸之路息息相关。

| 永昌锦 东汉

## 时尚品丝绸

中国人大约在四五千年之前就开始养蚕、种桑、缫丝、织丝。传说中的黄帝后妃嫘祖，就是养蚕的创始人。直到纪元之后的很长时间，中国仍然是世界上唯一养蚕织丝的国家。丝绸，是中国人对世界的最重要的奉献之一。

历史上欧洲人对中国的了解，有两个关键物品，一个是瓷器（外文中的"中国"一词，就与瓷器有关），另一个是丝绸。古罗马人称中国为塞里斯（Seres），意即为丝国，当时他们听说这个遥远的东方古国生产丝绸，于是有了这样的称呼。

现代人很难想象，当初古罗马人得到丝绸时的激动心情。大约在公元一世纪前，他们从帕提亚人手中得到中国丝绸，终于见到了那个来自遥远东方古国的神秘产品——他们早就知道这个地方以产丝绸而著名，古希腊人在公元前7世纪至公元前6世纪就知道中国人生产丝绸了。

但罗马人当时并不知道，它是蚕吐出的丝。他们想当然地认为，这些丝绸是从树上摘下来的：摘下来的树皮放在水中浸泡，再用梳子梳理，就会出现白色的丝，这就是丝绸的原料。还有一种说法是，中国人喜欢养一种小动物，比金龟子大一些，这种动物养了几年，就会吐出白色的丝来。这都说明，罗马人当时并不知道蚕为何物。

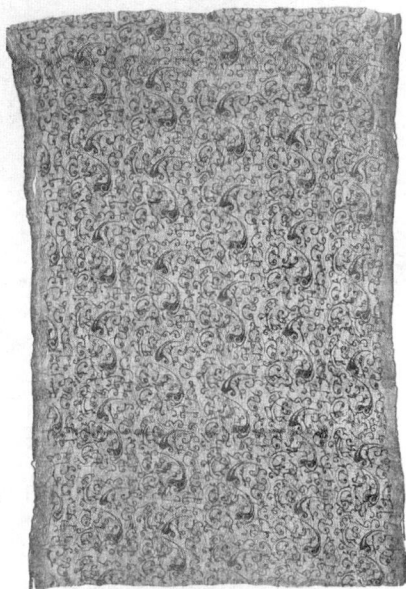

浅褐色菱纹罗地信期绣 西汉

据说，恺撒大帝非常喜欢丝绸，他穿着丝绸衣服到剧院看戏，轰动全场。丝绸受到了罗马人的狂热追捧，少女们穿着丝绸衣服在街上招摇，有钱人也以丝绸衣服来显示自己的身份。致使丝绸价格暴涨，最高时达到一磅约十二两黄金。昂贵的价格并没有阻挡时尚界的兴趣，但却使国家的统治阶层忧心忡忡。由于担心他们帝国的黄金被掏空，罗马元老院竟然通过一项法令，禁止人们穿着丝绸衣服。他们的理由是：姑娘们穿着这样透明的衣服，有伤风化。

丝绸之路由丝绸而发端，当然并不止于丝绸。开始的交流是由丝绸的魔力而引起的，后来的交流中，就由丝绸而扩大到其他产品，并进而由产品的交流扩大到文

缂丝紫鸾鹊谱 北宋

化的交流。

## 开路者张骞

　　讲丝绸之路，就不能不提一个人，他叫张骞（约前164—约前114），是西汉时期的一位宫廷侍郎，这条横跨欧亚的路，就是他率领一小队人马，在千辛万苦中开拓出来的。人们称张骞是"凿空"西域——意思是本来没有路，路是他开辟出来的。是张骞和他的探险队伍开启了中西方互相了解的大门。当时中国人对欧亚大陆其他地区的情况了解不多，虽然也知道遥远的地方有很多新奇的风物，有许多有趣的国家。

　　秦末至汉代初年，匈奴力量逐渐强大，征服了西域原有的小国，并袭扰汉朝边境，对西汉王朝构成直接威胁。西域为匈奴控制，汉朝向西的道路也就断绝了。汉武帝为了消除这个心头大

云间行龙缂丝图　南宋—元

患，就派勇敢而卓识的张骞出使西域，一方面了解西域的情况，一方面意在联合大月氏，以共谋讨伐匈奴之事。大月氏是西域的一个部落，匈奴人曾经杀死月氏王，并把月氏王的头颅做成酒器，他们之间有深仇大恨。

公元前138年，张骞率领一百多人，从长安出发，出使西域，但刚进入河西走廊就被匈奴俘获，软禁了十多年。后来张骞逃脱软禁，又经千辛万苦，最后回到长安，一百多人的队伍只剩下两人。但张骞带回的有关西域的情况，却为汉朝的人们打开了一扇新世界的大门。在汉武帝的宫廷中，文武百官听张骞描述西域的情况，大开眼界。

这之后的许多年中，汉武帝根据张骞了解的情况，先后三次出击匈奴，极大地削弱了匈奴的力量，使得这个阻隔西去道路的王国不得不退守到大沙漠以北。公元前119年，汉武帝又派遣张骞出使西域。张骞还分遣副使到西域各国，他们到了南亚、西亚以及地中海地区，足迹遍及十多个国家。

经过张骞两次出使西域，打通了通向西方的道路。汉武帝采取了一系列增强汉朝与西域联系的措施，鼓励汉朝人到西域经商。西行道路上的驼铃声此起彼伏，不同文明之间的人员往来日益频繁，商品的交换空前繁荣，中国和中亚、南亚、西亚一直到欧洲的贸易往来真正建立了起来。

不仅是中国与这些国家进行交流，通过丝绸之路，印度、东南亚、西亚、非洲和欧洲之间的贸易交流也迅速活跃起来，无数新奇的商品以及新颖的技术得以交换，从而推进了各自文明的发展。


## 向"西方"开放


这条丝绸之路，对中国人的精神生活产生了难以估量的影响。中国人的技术和文化通过这条道路传入西线诸国，如纸张、印刷术的传播，直接影响了这些国家文明的发展。而中国人通过这条文化大动脉，输入了异域的艺术、哲学和宗教。陆上丝绸之路促进了中国自汉代至唐代的文化开放政策的形成。

**中国文化发展在一段时期中有一个有趣的现象，就是向西看，这其实正是渴望开放的心理。**向东面临茫茫大海，经过日本之后，浩瀚的大洋中找不到一块陆地。而向西看，虽然历史上西域小国林立，高山阻隔，沙漠横亘，但人们知道，高山、沙漠那边还有人存在。先秦时期的中国探险者就知道，在西方遥远的世界中，有富庶的城邦，有富有魅力的物品和艺术品，更有长相不同的人，这引起了华夏民族的浓厚兴趣。中国人观念中的西方，常常与神秘的希望联系在一起，那里的事物也充满了魅力。

对中国文化和思想产生极大影响的佛教，就是由丝绸之路这条文化大动脉传入的。有了这条丝绸之路，才有了佛教的传入。佛教在公元前87年传入西域于阗以后，由于阗沿着丝绸之路的南北两线，传入中原。佛教的传入改变了中国文化发展的进程，它的影响绝不止于宗教范围，中国人后来的思想发展，也打上了佛教的烙印。

这条丝绸之路也带来了中亚、西亚和欧洲的文明，这个更广泛的"西方"，也影响着中国文化后来的发展。景教（基督教的聂斯脱利派）和伊斯兰教也都是沿着这条丝绸之路传入中国的。

这条文化的大动脉还传来了异域的文化和艺术，高昌、龟兹、敦煌等地的石窟艺术就是中外文化交流的见证。丝绸之路上这些当年的绿洲城邦，留下了令人惊叹的艺术遗迹，记载着中国与西方交流的灿烂历史。

## 龟兹石窟

这里以龟兹石窟群为例，来看丝绸之路上曾经有过的繁盛的文化交流。

随着佛教东传，丝绸之路沿线的西域的绿洲城邦，建造了许多规模宏大的寺院，还修造了大量的佛教石窟。这些寺院和石窟中，有绚丽的壁画和精美的造像。在漫长的岁月中，这些壁画和造像受到严重的毁坏，但也有一些保存了下来，特别是石窟中的壁画，保存下来的比较多。以克孜尔为中心的龟兹石窟群（在今库车、拜城一带）就是著名的代表，被美术史家誉为"杰作里的杰作"。

龟兹石窟中的壁画，大都是描绘佛教的故事（佛前世和在世的种种事迹），但是今天最吸引我们的是我们在上面看到了古老的中华文明和印度文明、埃及文明、希腊文明、美索不达米亚文明、中亚文明的交流和融合，正是多种文明的交会，开放出了灿烂的花朵。

这里有飞翔的佛陀，胳膊上、大腿上、脚上都闪着火焰一般的光芒。

这里有散花飞天和各种伎乐飞天，伎乐飞天有的弹琵琶，有的吹排箫，有的吹笛子，美不胜收。

这里有坐在双轮车上的太阳神，还有双头鹰形象和人头鹰身形象的金翅鸟王。

这里有长着翅膀的海马，还有在希腊艺术中常见的衔着花环的鸽子。

这里有湿婆和雪山神女。湿婆长着三个人头，四只手（图中见三只手），穿着艳丽的裙子，雪山神女有美丽的珠宝头饰、臂饰和手饰，戴耳环，穿小花图案的裤子。

这里有身穿波斯盔甲的国王和骑士，

| 新疆龟兹魔鬼洞壁画　湿婆与雪山神女

| 新疆龟兹牛车洞壁画

新疆龟兹魔鬼洞壁画

有穿着翻领上衣、镶边裙子的供养人，还有拿着毛笔和调色盘、戴着埃及式样的黑色假发的画师。壁画上很多人物的头饰、服饰和花边，都美得叫人吃惊。

这里有大量的乐舞图。其中有中原的乐器排箫、阮咸，有波斯的乐器琵琶、唢呐、竖箜篌，有印度的乐器弓形箜篌、五弦、横笛，有古希腊的拨弦乐器里拉，还有箫、角、法螺、铜钹以及大鼓、羯鼓、毛员鼓、答腊鼓、鸡娄鼓、腰鼓，等等。壁画上的舞蹈形象分独舞和双人舞。独舞中男性形象都是飞动长巾，作急速旋转式的舞蹈，女性形象都为裸体，只以帔帛或璎珞作为装点。双人舞为肤色各异的一男一女。男者着菩萨装，有的手臂搭在女者肩上，有的搂着女者脖子，行为亲密。女者穿喇叭裤，弹奏弓形箜篌，充满柔情。男女身躯都作S形，双脚作半足尖的交叉步，舞姿极其优美。这些舞蹈形象明显显示出印度和西亚的风情。

最引人注目的是，在龟兹壁画中，有大量的裸体人物的图

新疆龟兹壁画　唱歌的天神

新疆龟兹壁画　上天神头像

新疆龟兹乐师洞壁画

像，特别是艳丽的女性裸体最为普遍。在听佛说法的信众中，常有姿态优美的裸体女子。对于众多的舞伎和乐女，更是着意描绘她们美妙的裸体，突出她们圆润丰满的乳房和臀部，渲染她们S形的曲线体形。这些图像都显示出希腊艺术、印度艺术和犍陀罗艺术的影响，特别是印度佛教艺术中的人体艺术的影响。

例如克孜尔石窟中一幅被学者们称为"摩耶夫人沐浴图"的壁画，画面上摩耶夫人（乔达摩的母亲）是美妙的裸体少女，脖子上和手腕上有珠宝饰物，围着裆布，披着飘带，两腿交叉，站在一株开着焰火形花朵的树下，树前跪着两个侍女，还有两个姑娘举着水罐正走过来。她们的水罐是希腊式的，她们的衣服有波浪形花纹、暗黄色皱边。这幅画既有希腊风格，又有印度风格。

又如克孜尔石窟另一幅壁画：中间坐着一个浅黄色皮肤的国王，右边是他的妻子，一只手搭在他肩上。国王双腿交叉，姿势十分优美。国王妻子是裸体的，戴着首饰，其中有围绕胯骨的三条金链，在身体前面交合成一个花朵形图案，小腿上有蛇形裹腿布，耳上挂有栓状耳饰（国王也有）。国王眼神明亮，神情隽朗，握着一个小孩的手。地下跪着一个比丘。小孩后面有一个穿古希腊服装的妇女，正在热烈地对国王说话。后面还有两个双手合十的人物。

正如有的学者所说，龟兹石窟的壁画确实美得让人窒息，让人心醉。

它告诉我们，不同文明的交流和融合会开出何等绚烂的艺术之花。

龟兹石窟壁画是丝绸之路给我们留下的宝贵财富，也是丝绸之路给我们留下的宝贵启示。

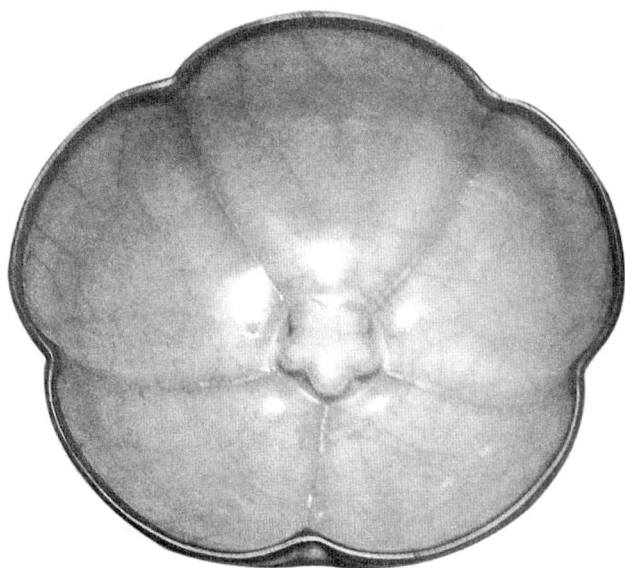

# 十一、寻求整体平衡的中医

中医经过几千年的发展，形成了一套独立的诊治方法和理论系统。中医的理论很复杂，这里从几个侧面，谈谈中医的一些重要特点。

## 防病于未然

中国传统医学经典著作《黄帝内经》说："圣人不治已病治未病，不治已乱治未乱。"又说："病已成而后药之，乱已成而后治之，譬犹渴而穿井，斗而铸锥，不亦晚乎！"这是中医的一个重要的指导思想。它表明，中医的重点在防病，而不是治病。中医认为，人生病的原因不在于他发病之时，没有发病的时候病根已经存在了，所以应当在人没有生病的时候下功夫。这与中医治病要治本的思想是一致的。

中医在治病和防病二者之间，以防病为主。防病于未然，最好是不生病或少生病，如果等到生病再寻求治疗那就落到下等了。中医有发达的预防医学，这也是中医不同于西医的重要特色之一。

中医说："养之不素则病生。"这个"素"，是人生命的根本，也就是人生命的平衡态。中医是奉行中道的医学，和谐是它防病治病所奉行的至高原则。

中医预防医学首先强调人体在能量摄入上的平衡。没有能量，人的生命将无法维持。但中医并不鼓励过分地摄取能量，中医提出"饮食有节"的思想，强调适度地获取能量。因为能量的过剩，不仅不能给身体带来好处，身体内还需要分解出另外一种力量来消化这些因素，过分的能量摄取反而成了身体的负担。

在今天，当人们生活水平提高后，逐渐富裕起来的人们常常成为各种食物和营养滋补品的牺牲品，摄入大量的营养破坏了身体的应有平衡。我们在不少孩子的性早熟现象中就可看出它的弊端。中医的观点对我们很有启发意义。

中医还强调能量消耗的适度。对此，中医提出"不妄作劳"的观点——不要过分劳累。

白术

半夏

中医重视"固本培元"，注意身体内部根基的培植。人生病往往与对自身能量无节制的消耗有关，入不敷出，最终破坏了内在平衡，形成疾病。

中医认为防病的关键还在于人与自然的平衡。人生活在自然界之中，人的生命来自自然界，自然界的变化对人的身体会产生影响。中医主张人要注意契合自然的节奏，实现人与外在世界的和谐。对此，中医提出"起居有常"的思想——人的活动要适应自然的规律。如春天气温上升，人的身体也渐渐形成外张的态势，气血由内部浮向体表，皮肤松弛，汗腺舒张，容易产生湿症，必须防湿；夏天天气燥热，此时人容易急躁不安，要有所抑制；秋天是收缩的季节，人的气血由外部而潜向内里，皮肤紧缩，汗腺收紧，这时要注意水的补充，食物要清淡；冬季多有寒症，如伤寒、关节疼痛，由于室外活动少，长期封闭，容易消沉，必须注意调节。可见，中医的起居有常，其实就是伴着自然的节律而运动。

中医预防医学最重要的方面，还在于保持精神的平衡。病从心起，养生重在养心。人不是机器，也不是一般的动物，人是具有复杂感情和精神的动物，人的精神性因素是内在平衡的根本。精神平衡被打破，容易引起疾病。如人遭受精神刺激，疾病往往也会

远志

跟着到来。人心胸狭窄，患得患失，性情暴烈，盲目攀比，心情长期处于不平衡之中，或者是消极郁闷，或者是孤独无依，或者是偏执独断，等等，都是不良心理状态，都容易带来疾病。中医养心的思想与中国文化重视人的德性修养的思想是一致的。中国人有"仁者寿"的说法，长寿的人，往往是待人和善、精神平衡的人，也就是心理比较健康的人。

凤仙

## 不能头痛医头、脚痛医脚

注重防病于未病之时，可以减少人患病的几率，但不等于完全消灭疾病。人吃五谷，难免会生病。生了病要寻求治疗，中医有一套丰富复杂的诊治理论，其基本原则就是整体思想。

中医批评那种不注意整体性的诊治方式是"头痛医头，脚痛医脚"。中医认为，人体是一个生命整体，这个整体中的各部分之间是相互关联的。人体以五脏（心、肝、脾、肺、肾）为中心，以六腑（小肠、大肠、胃、膀胱、胆、三焦）为辅助，通过内在生命网络，将各部分联系为一个整体。诊断人的病症，必须在整体性上下功夫。

天葵

中医认为，人身体内部除了"有形的整体"，还有一个"无形的整体"。生命的整体并非是部分相加，而是活的整体，生命是一种动态系统。中医讲人体各部分相互关联，更讲气脉流通。

这就牵涉中国文化中重要概念"气"的问题。中国人将天地自然以及人的生命视为一个整体，都来自于气。中国人认为，人活一口气，有了这口气，人才活着，气竭了，人就死了。"气"是生命的基础，这个"气"不仅指人呼吸的气体等，还指人生命的活力。人的生命因气而活着，决定生命的是一个气脉流动的整体。

| 黄芩

## 穴位和经络

针灸是中医的重要治疗方法，它的神奇疗效已为世人所知。如一个人得了肩背痛，西医很难处理，但中医通过针灸疗法，疏通脉络，可以有效地缓解甚至治愈这样的疾病。由于针灸治病不用开刀吃药，只是在病人身体的一定部位用细针刺入，简便易行，而且可以减少病人的痛苦，所以受到人们的欢迎。

在针灸疗法中，有一个重要术语叫穴位，针灸就是根据病情对不同的穴位进针。中医在长期的经验积累中，发现了大量的连通身

| 紫苏

| 鸢尾

| 三七

| 麦门冬

| 土当归

体的穴位，并通过对穴位的针灸来治疗疾病。比如一个人身体虚弱，记忆力减退，中医认为可能是肾脏出了问题。肾脏是人身体内部主管生长发育的脏器，一个人肾功能正常，就会精力充足，头发乌亮，思维活泼。如果肾脏出了问题，身体就会向相反方面发展。中医的针灸治疗，不是对肾脏进行直接治疗，而是对足底下一个穴位进行针灸，以求缓解这样的疾病。

中医认为，人的内在世界是一个生命网络，中医的经络学说就是尝试对这一网络进行描述。中医认为，学医如果不懂经络学说，开口动手便错。在中医看来，在人体这个错综复杂的生命网络中，直行的部分叫经，横行的部分叫络，经和络上下左右内外贯串起来，将人体联结成一个整体。经络可以说是人的生命体的隐藏系统。

人的生命靠的是经络内气血的运行，人生病是经络不贯通所造成的，治病的关键就是疏通经络。正常人的经络是畅通的，一旦经络被阻塞了，原有的通道被打断，影响了整体的平衡，人就会生病。这就像交通一样，遇到阻碍，汽车就会绕道而行，这样还会打破其他道路的平衡，其他道路也会拥挤起来。经络也是一样，经络堵塞，就会带来疾病。

中医将经络学说当作"决生死，去百病"的关键。针灸和推拿，这两个中医中最典型的诊治手段，就是建立在经络学说基础上的。

十二、大唐盛世的开放气象

《论语》一开头就记载着孔子的教导："有朋自远方来，不亦乐乎？"孔子这句话包含了极丰富的意蕴，对于我们今天理解和阐明中国文化的根本精神有重要的价值。"远方"提示着生活方式和思想观念的差异。**中国人向来把来自远方的人当作可尊敬的朋友来看待，并且真诚地相信他们身上必有值得学习借鉴的地方。**同时，中国人也希望自己的文化在域外人面前能展示一种魅力和吸引力。《论语》有一段重要的记载："叶公问政。子曰：'近者悦，远者来。'"这就是说，一个国家的政治搞得好，应该使你的近邻欢乐，还要使远方的人们仰慕你的文化，到你这里来观摩学习。悦近邻，来远人，这是中国人的文化追求和文化信念。

由唐太宗开启的大唐盛世，正体现了孔子所表述的这种中国文化精神。大唐盛世在文化上显示出开放和包容的态势，在当时社会的各个领域都呈现出涵容百川的五彩缤纷的景象。

大唐盛世的历史表明，当中华文明处于强势地位时，它具有开放性和伟大的包容性。它对于外来文明，不是拒绝、冲突，而是吸纳、包容，求同存异，和谐相处。

## 艺术领域的开放

在艺术领域，大唐帝国实行开放的政策。

隋唐时，在宫廷宴会和典礼上，有大型歌舞表演。隋朝有九部乐，到唐朝增为十部乐。九部乐、十部乐不仅包含了汉族乐舞和新疆地区少数民族的乐舞，而且包含了印度、缅甸、柬埔寨等许多外国乐舞。对外来音乐的喜爱从宫廷、贵族传到城市居民各个阶层，所谓"洛阳家家学胡乐"，成了一种时尚。五弦琵琶、箜篌、筚篥、横笛、羯鼓等外来乐器也大为普及。琵琶来自印度与波斯。箜篌来自印度。筚篥来自波斯，本名悲篥，声悲。横笛是羌笛的演化，最早流行于印度，后传入我国西北与西南羌族地区。传为唐玄宗李隆基游月宫回来创作的《霓裳羽衣曲》，其实是来自西域的《婆罗门曲》，经唐玄宗改编而成，因此应该看作是汉乐和胡乐融合而成的一项艺术成果。

和"胡乐"相伴的是"胡舞"，其中最有名的是胡旋舞（来自康国，在今乌兹别克斯

三彩女俑 唐

坦境内）、胡腾舞和柘枝舞（来自石国，在今塔什干一带）。《新唐书·礼乐志》说："胡旋舞舞者立球上，旋转如风。"许多诗人都描绘过胡旋舞。如白居易的诗："胡旋女，胡旋女，心应弦，手应鼓。弦鼓一声双袖举，回雪飘飖转蓬舞。左旋右旋不知疲，千匝万周无已时。"当时在宫廷中经常表演"胡乐"和"胡舞"。唐玄宗吹奏玉笛和敲击羯鼓都达到极高水平。当时的重臣宋璟也善羯鼓。据记载，宋璟还提出，敲击羯鼓时，应是"头如青山峰"、"手如白雨点"，以充分发挥羯鼓作为"八音之领袖"（唐玄宗语）的功能。

大唐帝国这种开放、包容的文化环境吸引了许多国外杰出的艺术家来华。如唐初来华的天竺僧昙摩拙叉、康国人康萨陀、狮子国（今斯里兰卡）人金刚三藏等人，都是擅长画佛画的画家；唐末来华的竺元标是天竺画家。还有许多来自中亚地区的歌唱家、舞蹈家和乐器演奏家。如唐高祖时被封为散骑常侍的舞胡安叱奴、玄宗时被封为国公的优伶安金藏，都是安国（今乌兹别克斯坦境内）人；中唐时著名的歌唱家米嘉荣、米和父子都是米国（今乌兹别克斯坦境内）人；琵琶高手康昆仑是康国人；琵琶世家曹保和他的儿子（曹善才）、孙子（曹纲）是曹国（地跨今塔吉克斯坦和乌兹别克斯坦）人。

正是因为大唐帝国这种开放、包容的胸

| 陶黄釉持琵琶女俑 唐

敦煌壁画　反弹琵琶

襟，兼收并蓄，海纳百川，所以唐代的艺术真正呈现出姹紫嫣红、百花齐放的景象。

## 宗教领域的开放

在宗教领域，唐太宗也实行一种开放、包容的政策。

基督教传入中国就是在唐太宗的时候。那是基督教的一个派别，叫聂斯脱利派。聂斯脱利在公元431年被罗马教会判为异端，开除出教，并遭流放，死于埃及西部的沙漠之中。聂斯脱利的信徒宣布与罗马教会断绝关系，并向东方的广大地区传教。

贞观九年，他们的一位主教阿罗本带一行人到长安。他们自称景教。唐太宗派房玄龄热情接待他们，让他们在皇帝藏书楼翻译景教经典，并由政府出资帮助他们在长安建了一座教堂。

当时唐朝的外来宗教还有祆教和摩尼教。祆教起源于波斯，当时中国人又称之为拜火教或火祆教。祆教曾两度被立为古代波斯的国教。大约在西晋末年，即公元4世纪初，它通过粟特商人传入中国。在唐朝初年，祆教得到官方承认。摩尼教在公元3世纪由波斯人摩尼创立，后来遭到祆教的排挤。公元277年，摩尼被波斯王巴赫拉姆一世杀害。摩尼教的教徒逃亡国外，而摩尼教也因此在世界各地得到广泛的传播。据文献记载，最晚在唐高宗时代，摩尼教已传入中国内地。它的教义得到了武则天的赞许。

唐太宗对于外来宗教这种开放、包容的政策植根于中国文化的深层哲学和信念。唐太宗在贞观十二年七月为景教下了一道诏书，其中有句话很能体现中国哲学的精神，这句话就是"道无常名，圣无常体，随方设教，密济众生"。在中国古代哲学中，"道"就是生命创造，这是宇宙的根本。所以，外来的文化，只要有利于民生福利、人伦风化与社会安定，就符合"道"的要求，就应该得到容纳，也就是唐太宗诏书中说的："济物利人，宜行天下。"正因为在中国传统文化的观念

│三彩胡人背猴骑驼俑 唐

｜唐　周　　宫乐图（宋摹本）

中，人的生命和宇宙的创化高于一切，正因为中国传统文化强调
"生生之德"，看重现实世界中人的生命和生活本身，所以在中
国从来没有出现过欧洲中世纪那种用残酷的火刑迫害异端的宗教
法庭，也没有出现过欧洲那种大规模的宗教战争。像聂斯脱利派
那样被他们自己的教会判为"异端"，像摩尼教那样在他们自己
的国家受到迫害，但在大唐帝国却都得到接纳，聂斯脱利派还得
到唐太宗的极高规格的接待。唐太宗并不要求他们接受中国本土
宗教的教义和中国人的价值观。正是中国传统文化的"生"的哲
学，生发出这种文化上的开放性和包容性。

## 玄奘、义净：学习异质文化的先行者

处于盛世的大唐帝国，不仅有宽广的胸襟欢迎远方来的朋
友和容纳外来的不同文化，而且还主动走出去学习、吸纳不同地
区、不同民族的异质文化。玄奘大师和义净大师先后赴印度取
经，就是光辉的例子。

玄奘于公元627年8月出发去印度，公元645年回长安，前后17年，游历了当时的110多个国家，带回了佛教经、律、论各类经典657部。当时唐太宗在洛阳，他命宰相房玄龄派右武侯大将军莫陈实等官员迎接玄奘。很快唐太宗又在洛阳接见玄奘，长谈十二三个小时。唐太宗请玄奘在弘福寺翻译梵文经卷，还让房玄龄、许敬宗挑选五十多位学识渊博的佛教徒帮他翻译。玄奘的译场规模庞大，他自任译主，下面分证义、证文、书字、笔受、缀文、参译、刊定、润文、梵呗几个部门。证义，是译主的助手。证文，检对梵文原文。书字，将梵文字音写成中文。笔受，译梵文字义为中文字义。缀文，整理译文文句。参译，校勘原文，将译文回证原文。刊定，逐句、逐节、逐章刊定文体。润文，润饰译文。梵呗，唱梵音以修正音韵。玄奘夜以继日地工作，"三更暂眠，五更又起"，在19年中，翻译佛经75部，达1335卷。玄奘还口述《大唐西域记》12卷（由他的弟子辩机笔录），记载了他取经途中亲历和听说的138个西域国家或城邦的地理、交通、气候、物产、民族、语言、历史、宗教、政治、经济、文化、风俗等方面的情况。当代学者季羡林称《大唐西域记》"是一部稀世奇书"，"早已成了研究印度历史、哲学史、宗教史、文学史等等的瑰宝"。

　　义净生活的年代晚于玄奘。他"仰法显之雅操，慕玄奘之高风"，从广州出海，由海路经苏门答腊等地赴印度取经，从公元671年到695年，前后24年，带回梵本经、律、论400部。武则天亲自到上东门外迎接，极其隆重。唐中宗在长安大荐福寺为义净特设翻译院，前后16年，共译经56部，230卷。义净翻译院的参译者共83人，其中有13位外国人，还有32位官员。官员中有11位宰相。如尚书左仆射韦巨源、右仆射苏瑰、行太子少师唐休璟、太子少保兼扬州大都督韦温等人充任"监译"，守兵部尚书韦嗣立、守中书侍郎赵彦昭充任"翻经学士"。**如此大规模和高规格**

三彩马 唐

的翻译队伍，在世界范围内也属罕见。即此一端，也可充分显示出大唐帝国吸收、包容外来文化的广阔胸襟。

孔子说："学而时习之，不亦说乎？"在中国人看来，通过学习来打开视野，提升自我，这是最快乐的事。学习的对象，不仅包括本土的文化，还包括境外异质的文化。**玄奘和义净先后赴印度取经，一个17年，一个24年，表明中国人对于学习异质的文化有多么高的热情。**

## 长安成为国际性的大都会

长安是当时世界上最大的城市，东西长近万米，南北长8000

多米，全城面积84平方公里。城内有东西向大街14条，南北向大街11条，其中最宽的大街叫朱雀街，当时又叫天街，宽达155米。长安城内有百万以上居民，比当时拜占庭帝国的君士坦丁堡（世界上第二大城）的人口还多出20万。

由于大唐帝国在文化上的开放与包容，当时长安成了一个世界上最繁华的国际性大都会，从世界各地来的外交使节、商人和留学生挤满了长安。长安的鸿胪寺接待过七十多个国家的外交使节，而且这些使节大多率领着庞大的外交使团，出现了"万国衣冠拜冕旒"的盛世景象。来唐使节最多的是日本、新罗（在今朝鲜半岛）和大食（今叙利亚、科威特、伊拉克、利比亚等地）。日本曾先后向唐朝派遣十多次"遣唐使"，包括留学生、学问僧以及各种类型的专业人士和工匠，每次人数有数百人，最多达到七八百人。新罗常年居住在唐朝的留学生达到了一二百人。据《旧唐书》记载，开成二年（837）在唐朝的新罗留学生达到216人。

唐代老百姓和上层贵族大量引进外来的服饰、饮食和各种习俗，当时的长安城中"胡服"盛行，胡风弥漫。所谓胡服，主要是来自西域少数民族和波斯、康国、安国等国的服饰，其特征是短衣窄袖，以

陶画彩胡人俑 唐天宝四年

方便骑马出游狩猎。唐代女子喜欢披肩巾，是从中印度传入的。当时来自中亚、西亚的商人在长安等地开了许多酒店、珠宝店、杂器店。胡商经营的酒肆多在长安西市和春明门至曲江池一带。酒肆中有西域名酒（如高昌产的葡萄酒、波斯产的三勒浆以及龙膏酒等），还有富有异国情调的胡姬当垆。胡姬是来自中亚、西亚的女子，能歌善舞。到胡姬酒肆中饮酒聚会成了一时风尚。大诗人李白的诗中常有这一类的记载，如："胡姬貌如花，当垆笑春风。""落花踏尽游何处，笑入胡姬酒肆中。"这种胡风、胡俗的盛行，显示了一种蓬勃的朝气和青春的旋律，正是学者们盛赞的盛唐气象的一个特色。

| 红陶骑马狩猎俑　唐

# 十三、郑和下西洋：人类航海史上的壮举

公元1405年7月11日，地球蓝色的海洋上，出现了一支庞大的船队，前后有208艘船，这是有史以来最大的一支船队，船上所载的各类人员有两万七千五百多人，也是有史以来航海人员最多的一支船队。

船队由一位名叫郑和的人统帅。船队带着中国这个古老国家的瓷器、丝绸、茶叶等数不尽的珍奇，穿越岛屿众多的南海、马六甲海峡，横跨印度洋，到达亚洲、非洲的很多国家。在此后的28年间，都是由郑和统领，一共七下西洋，前后出海的人员有十万多人，访问了三十多个国家。在中东，这支船队曾访问过沙特阿拉伯的麦加城；在非洲，这支船队最远航行到莫桑比克的贝拉港；船队经过东南亚、南亚、西亚，一直到非洲大陆。这就是历史上的"郑和下西洋"。

这支航海船队的统领郑和，出身穆斯林家庭，同时也信奉佛教和妈祖。他相貌堂堂，"有智略，知兵习战"，是明代永乐皇帝（即明成祖朱棣）的近侍。派遣郑和率领庞大船队，访问世界各国，便是永乐皇帝登基后的决定。

## 先进的航海文明

从15世纪开始，人类征服海洋的进程显著加快。1492年，哥伦布率领他的西班牙船队，横渡大西洋，发现了美洲新大陆。1497年，达·伽马率领葡萄牙的船队，绕过好望角，穿越印度洋，1498年到达印度的西海岸古里。1522年，麦哲伦率领的西班牙船队，完成了人类第一次环球航行。

与这些人类航海史上的创举相比，郑和下西洋，时间上比他们早，规模上也比他们大得多。郑和第一次下西洋比哥伦布发现新大陆早87年，比达·伽马发现新航路早93年，比麦哲伦到达菲律宾早116年。郑和每次下西洋，都有多艘大中型宝船组成船队主体，加上其他类型船只，组成一二百艘船的庞大的混合船队。船上各类人员两万人以上。而后来哥伦布的船队只有3艘船，乘员只有88名。郑和远航的规模之大、技术之先进、组织之严密，都是同时代其他远航活动无法比拟的。 郑和船队的装备在当时的世界上也是一流的。这证明中国发展到14、15世纪时，不仅国力强大，科技文明在世界上也处于领先位置。

航海，首先需要可靠的导航能力。中国在公元9世纪左右，就开始将指南针运用到航海活动中了，而指南针和罗盘定位技术在郑和的远航中运用得更加成熟。从今天发现的资料可以看出，郑和的船队已经能熟练地运用观察潮汐、洋流和季风的技术，综合运用罗盘指向、物标导航、天文定位和计程计速等复杂的航海技术。

后人发现的《郑和航海图》是世界上现存最早的航海图集，虽然与当今的航海图相比，它还略显粗糙，但已经具有很高的准确度。这册有20页的航海图，载有海图40幅，其中涉及530多个地名，所标地名包括东非海岸的16个城市，图中对一些重要的城市、岛屿、滩、礁、山脉等作了详细的记载。这是那个时代世界上最先进的航海图，正是这套航海图，指引着郑和的船队在惊涛骇浪中驶向一个又一个目标港。

"牵星术"这一天文定位技术的运用，也是郑和船队平安航行的法宝。这种技术是在夜间通过观察星斗的位置，结合水罗盘定向的方法，来保持航向，提高测定船位和航向的精确度。这样的技术在20世纪还有人在采用。

郑和的远洋船队有宝船（船队中的大中型船只）、粮船（以第一次下西洋的人数计算，需要装载一万多吨粮食）、马船（运输马匹和物资）、坐船（军用船只）、战船（护航船只）等。这样庞大的混合船队需要通信联系，尤其在夜晚漆黑的大海上，船只之间保持前后联系，协调航向，这有相当的难度。在没有电子通信技术的情况下，他们也成功地做到了这一点。

郑和的船队不仅在航海技术上体现出高水平，在船只的设计上，也可以看出六百多年前中国的技术和工艺水平。郑和宝船中的大型船只，是当时世界上最大的船只，长150多米，宽60多米，船体深12米，载重量1000吨左右。一共有4层，可容纳上千人。船上有9根桅杆，可挂12张帆。这样的船，就是放到今天，也是大制作。

## 面向海洋的开放心胸

郑和下西洋已经过去约六百年，它给中国人留下一个重要的历史经验和启示，那就是文明的建设需要开放的心胸，没有开放的心胸，也就没有这个民族的未来。郑和下西洋的路线，被称为海上丝绸之路，那是一条通往陌生的海岸线的开放之路。

中国人有很长的航海历史。在公元1世纪时，中国人的航海船队就从广东出发，到过越南南部的湄公河三角洲、泰国、马

| 玉碗　明

来半岛和缅甸，并由此航行印度洋，一直到印度的东南海岸、斯里兰卡等地。唐代以后中国经济中心南移，南方的海洋贸易之路则更为发达。**中国是一个海洋大国，那种将中国文化概括为"内陆型的文化"的说法并不准确。**郑和的航海编队具有如此大的规模，如此先进的技术，绝非一朝一夕之功。它是中国人长期远洋航行经验和智慧的结晶。

明朝建国初期，由于沿海地区时有盗寇骚扰，明太祖朱元璋实行"海禁"政策，严格限制私人海外贸易，这严重影响了中国与海外的商贸往来。

明成祖取得政权后，采取的一个重要政策，就是面向海洋，取消他父亲所实施的"海禁"政策，打开国门，不仅鼓励私人海上贸易，而且着手以国家名义组织大规模的航海活动。在郑和下西洋之前，他就向海外遣使共有18次之多。

明成祖派遣郑和下西洋，继承了中国传统的海洋开放政策。但这样的政策并没有长期延续下去。郑和第六次航行归来，明成祖去世，继承他的仁宗、宣宗在朝臣中一些眼光短浅、观念陈旧的人物的包围下，抛弃了明成祖的开放战略，回到朱元璋的海禁政策上。在勉强同意郑和最后一次海洋远行之后，开放的大门便匆匆关起来了。1474年，反对郑和下西洋的强硬派中一个叫刘大夏的人当上了兵部车驾郎

| 粉青莲花温碗　宋

| 青花葡萄纹盘　明永乐

中，他担心后来的皇帝恢复明成祖的面向海洋的开放战略，就下令把郑和的航海档案《郑和出使水程》烧毁，使人们无法知道郑和七下西洋的详情。

## 共享太平的愿望

永乐皇帝派郑和下西洋，一方面是为了在世人面前显示大明帝国的强盛，另一方面也是为了**实现和顺万邦，与远近各国相安无事，以共享太平之福的外交理想。**

郑和浩浩荡荡的船队，足以证明中国当时的强大，但郑和的船队并没有充当海洋霸主，它以和平的姿态出现在世界各地，满载而归的不仅是与各国交换的物品，还有各国人民的友谊。

20世纪30年代发现的郑和家谱中，记载着郑和出发时，永乐皇帝曾嘱咐他每到一处要向当地国王、酋长宣传自己提倡的国际关系的准则，那就是"信守天道，循理安分，勿得违越，不可欺

青花缠枝莲大盘
明宣德

寡，不可凌弱，庶几共享太平之福"。永乐皇帝的这几句话，就是要在国与国之间反对霸权，反对欺凌弱小，要互相尊重，保持和平的格局，这是永乐皇帝外交的总方针。郑和下西洋是严格按这一方针行事的。

互相尊重，这是郑和与所到国家交朋友的法宝。郑和的船队，抵国问禁，入境问俗，尊重别国的风俗。1911年，人们在锡兰加异勒寺院发现一块碑，碑文记载郑和布施物品、祈祷神灵保佑平安之事，用汉、泰米尔和波斯三种文字镌刻。三种文字的内容不同。汉语碑文内容主要是祈祷航海平安。泰米尔语碑文表示对泰米尔人信奉的婆罗门教保护神毗瑟奴的礼敬之意。波斯语碑文则表达了对伊斯兰教真主的崇敬。三段不同文字的碑文写在一个碑上，表达了郑和船队对所到各国民众宗教信仰的尊重。

郑和下西洋每次都带有数万人的军队，但从不轻易用兵。在七下西洋的28年间，郑和在海外用兵仅有三次。这三次用兵，第一次是清除巨港地区（今苏门答腊港东南部）海盗，恢复地区的安定和船道畅通。后两次都属于自卫性质：一次是锡兰山地区的一个国王对郑和船队发动突然袭击，一次是苏门答腊地区的一伙叛乱分子对郑和船队进行袭击，都被郑和击败。三次用兵，都严格遵循了永乐皇帝以德睦邻、"共享太平"的和平外交的总方针。

今人所造仿古宝船

1406年郑和船队经过爪哇时，当地东西二王正在进行内战，东王被杀。郑和船队不了解这个形势，在原东王辖地进行贸易，西王士兵不分青红皂白，杀害了郑和船队官兵一百七十多人。面对这种情形，郑和并未立即兴兵对西王的军队进行报复。他问明对方是误杀后，把情况向永乐皇帝禀报。永乐皇帝责令西王谢罪，赔偿黄金六万两。西王以国力有限为由只赔了一万两。永乐皇帝也不再追究。他说："对于远邦的人只要他认识错误就可以了，难道我是看重几个钱吗？"（"朕于远人，欲其畏罪而已，宁利其金耶？"）这件事也体现了明王朝和郑和船队的宽容的胸怀。

郑和庞大的船队，七次大规模的航海，没有占领别人一寸土地，没有掠夺别人一丝财产，更没有在别国派驻一兵一卒。郑和船队每到一处，都无偿馈赠当地国王、王室和大小首领以及佛教寺院以各色丝绸、瓷器、衣物、钱币、金银铜铁器皿等物。东南亚一些地区，甚至连建造寺庙的砖瓦、琉璃都是由郑和船队运来的。同时，郑和船队还与各地官方和民间开展互通有无的货物交易。中国输出瓷器、丝绸、茶叶、金属制品等，换回珠宝、香料、药材、珍稀动物等。货物交易，遵循公平的原则。一般是以物易物，最有影响的是击掌定价法。在印度古里国，中国船队到达后，货物带到交易场所，双方在官员主持下当面议价定价，谈好后互相击掌表示成交，决不反悔。

| 青花竹石灵芝纹盘 明洪武

郑和船队还向这些国家传播中国的技术，如历法、农业技术、制造技术、医术、航海和造船技术等。

郑和每次出使回来，都有各国使者随船来华。如永乐二十年九月，郑和下西洋返回时，就有亚非16国的一千二百余名使臣乘郑和宝船来中国参观访问。有四位国王还亲自来华访问。其中苏禄（今菲律宾苏禄群岛）、渤泥（今文莱一带）、古麻剌朗（今菲律宾棉兰老岛）三国国王都长住中国直至病逝。1408年渤泥国王病逝时，永乐皇帝辍朝三日以示哀悼。

至今在东南亚一些国家的民众中，还保留着对郑和下西洋的美好的记忆。在泰国、印尼、马来西亚等国有"三宝庙"、"三宝垄"、"三宝山"、"三宝井"等纪念郑和的建筑。2004年，在庆祝中国和马来西亚建交三十周年的晚会上，吉隆坡皇宫戏剧院隆重上演了华巫双语大型歌舞剧《汉宝丽》，此剧根据马来西亚经典名著《马来纪年》改编，讲述郑和护送明朝汉宝丽公主和五百随员到马六甲，与马六甲苏丹满速沙和亲的故事。这是关于这位伟大航海家的众多温情记忆的一个例证。

| 耀州窑青釉刻花瓶 宋

十
四
、
祈
求
和
平
的
万
里
长
城

说到中国文化，常常要说到长城。从公元前7世纪到公元16世纪，在大约2200年的时间里，先后有19个朝代修建过长城，所修的长城累计有10万公里以上。三次浩大的长城修建工程，是在秦、汉和明代。现今存有遗迹的主要是明长城，从东边入海口的山海关开始，一直到沙漠深处的嘉峪关，全长6700公里，时断时续，其中北京北郊一段数百公里的长城保护得最好。

长城是世界历史上最伟大的工程，参与人数之多、延续时间之长、工程难度之大，在世界上无出其右。长城在英文中写作the Great Wall，意为伟大的城墙，这是恰如其分的。它的万里身躯横跨了大半个中国，见证了中国的漫长历史，也记载着中华民族生生不息的生命力。

## 和平的愿望

中国人为什么要修长城？在秦始皇时代，每二十个人中，就有一个人参与修建过长城。两千多年的时间里，这个古老的东方民族矢志不渝地修长城，一定有它不得不如此的理由。

20世纪初，埃德加·盖洛，一位英国长城研究者、旅行家，在考察长城之后说："许多世纪以来，中国人一直在潜心研究和平的艺术，并从心里鄙视那些穷兵黩武的武夫。"他认为，长城是祈求和平的象征。中国人知道，堆积石块总比抛掷石块伤人好，保护生灵的城墙总比掩埋尸体的壕沟好。**长城是和平的标志，是人们在和平的愿望下修建的。绵延万里的长城，包含着这个东方民族要过安宁生活的强烈愿望。一个热爱和平、厌恶战争的民族，才会投入这么多的人力、物力去修长城。中国人对和平生活的追求，从世世代代修长城这一事实本身，就能得到体现。**

中国人经历了无数次的战争，战争的毁灭性给人留下太深的印象。修建长城有说不尽的艰辛，甚至不少人也因此付出生命。但与惨烈的战争相比，人们还是更愿意选择前者。

长城的修建，与反对战争的愿望是联系在一起的。汉代一位不知名的诗人站在长城下，写道："战城南，死郭北，野死不葬乌可食……水深激激，蒲苇冥冥。枭骑战斗死，驽马徘徊鸣。"一场战争过后，尸横遍野，骁勇的战马都在战斗中被打死，只有一匹劣马在苍凉的芦苇丛中嘶鸣。这首诗流传广远，它表达了人民憎恶战争的心情。元代诗人萨都剌登临北京北郊的居庸关，写道："居庸关，何峥嵘，上天胡不呼六丁，驱之海外消甲兵，男耕女织天下平，千古万古无战争。"他在长城旁，发出了世世代代无战争的祈愿。

蜿蜒于群山之中的长城

　　长城在中国历史上发挥的作用是巨大的。在冷兵器时代，长城在军事防御上起到了不容置疑的作用，尤其在防御北方民族所谓"马背上的进攻"方面，效果是明显的。**同时，我们还要看到，长城给予民族心理上的安全感，和它的实际军事价值比起来有同样重要的意义。**修建长城的人，付出无限的辛劳，他们得到的最大补偿，就是得到一个安宁的许诺。他们相信，长城能保护他们的家园，保护他们的家庭的平安，保护他们的收成。处在惴惴不安中的人，又怎能过好生活！

## 在隔离中融合

　　我们从一道逶迤万里的长城中，不仅看到了隔离，也看到了不同文明之间的生存之道。

| 白云下的长城

　　中国特殊的地理结构和气候特点，使得自古以来，形成了南北不同的发展格局。在长城两边，温暖的南方以农业为主，而寒冷的北方则以畜牧业为主。南方具有相对发达的农业文明，而北方则处于相对落后的状态。农业文明需要稳定，所以厌恶战争。而北方在马背上的民族骁勇善战，游牧生活的流动性很强，畜牧业生产又具有单一性和不稳定性的特点，造成对南方农业的依赖，所以在中国历史上北方游牧民族常常南下，有时并非出于扩张的需要，倒是出于生活的需要。

　　中国自两千多年前的秦代以来，南方居民常常受到北方民族的威胁，秦有猃狁，汉有匈奴，唐有突厥、回纥，宋有契丹、女真、蒙古等等，这些北方民族都曾屡屡南下，南北双方爆发了激烈的冲突。在这种对抗中，南方的军队往往占劣势。北方游牧民族是马背上的民族，他们的组织性和机动性强，骑兵行程一日千里，威胁着南方的生存。长城虽然不是万无一失的保护手段，但毕竟提供了一个具有一定功效的护卫屏障。

一道高墙将两种不同的文化实体隔离开来，限制了交流的自由，古代中国人出关、入关的艰难，令人叹息。长城的隔离，确实使南北文化的交流受到了一定的阻碍。

**但是这样的人为阻隔，又给各自的文化发展保留了一定的空间，将两种不同文明的冲突降到了最低点。**长城的修筑，削弱了游牧民族对中原农业区的威胁，保护了中原地区的农业经济和先进的生产方式。同时，也逼迫北方民族改变自己掠夺性的方式，发展自己的文明，为双方之间的文化交融奠定了基础。

长城的敌楼

没有长城，中国的历史将会重写，中国南北民族融合的进程也会大受影响。孙中山说："由今观之，倘无长城之捍卫，则中国之亡于北狄，不待宋、明而在楚汉时代矣。如是则中国民族必无汉唐之发展昌大而同化南方之种族也。"我们不能不佩服孙中山综观历史的伟大战略眼光。

中国历史上，曾形成过所谓长城经济带，尤其在长城的数十个关口中，形成了南北双方"往来长城下"的格局。虽然交流双方受到了一定的限制，但长城作为一种新的地理因素，重新规定了人们行为的位置，进而进行经济和文化交流。在很长时间里，**长城两边的农、牧两大经济体互相依存，长城之内的农业经济需要长城之外的畜牧业和药业的补充，而长城之外的游牧民族对农业经济的依存则更深，长城成了农、牧经济的汇聚线。长城的存在造成了新的经济发展格局。**

## 长城的"精神"

修建长城的艰苦，是一般人难以想象的。无数人离乡背井，告别了亲人，来到北地，长年累月地辛劳，有的人将生命永远留在了这里。在两千多年的时间中，超过亿万人在这里奉献他们的辛劳甚至生命，创造出这一举世罕见的奇迹。汉语中"众志成城"的成语，说的正是这件事。

在与长城有关的传说中，孟姜女的故事尤其动人。孟姜女是秦始皇时代的一位女子，她的丈夫去修长城，她在家中思念不已，于是千里迢迢去寻夫。到了长城脚下，一位同乡告诉她，她的丈夫已经死了，尸骨就埋在长城下。于是，孟姜女在长城下哭

| 司马台长城

了三天三夜，哭得天昏地暗，一段段长城倒下了。

中国人在修建长城过程中，付出了很大的代价，孟姜女的传说反映了百姓承担的苦难和内心的辛酸。但不能由此推论出，中国人憎恨长城。孟姜女的故事中透露出对暴君秦始皇的憎恨，却没有对长城本身的诅咒。人民没有理由去诅咒一道保护自己的安全屏障。

长期以来，长城还被中国人当作一种精神力量的象征。巍峨的长城，横亘在中国的北方，它的存在就说明，众志可以成城，群体团结的力量可以移山倒海，创造人间奇迹。《中华人民共和国国歌》中就有"把我们的血肉，筑成我们新的长城"的歌词，激励中华儿女为中华民族的复兴而团结奋斗。

长城的建设，显示出中国人难以想象的意志力。看今天北京郊外的明长城，高墙在陡峭的山脊上延伸，人攀登上去尚且困难，而要在薄薄的山脊上建筑巨大的城墙堡垒，需要付出怎样的辛劳！当年的施工没有今天的机械化工具，其艰难程度可以想见，没有坚强的意志是无法完成的。长城的建设者，绝对不是有人说的"将自己封闭起来的懦夫"，而是顶天立地的壮士。

## 长城的美

长城的确是"伟大的城墙"，它是世界上迄今为止最伟大的建筑。长城的美，就体现在它的雄奇博大上，它不仅纵横万里，体量巨大，而且大开大合，如同一位书法家，在无垠的天幕上留下的壮丽墨迹。

两千多年前，中国人就在创造和欣赏长城的独特的美。如长城烽火台的设计可以说极尽奇思妙想。为了传递信息，一有战端，在夜晚就举火示意，在白天就于烽火台上燃起烟火，人们谓之"狼烟"，狼烟四起，在旷野之中缭缭升腾，十分壮观。

长城是防御工事，但它不是简单地建一道单调乏味的城墙，将敌人拦在墙外，它是一个复杂的防御体系，由城墙、敌楼、关城、墩堡、营城、卫所、烽火台等组成。烽火台、敌楼等绵延长城的一个个节点，为无限延伸的城墙注入变化的节奏，造成长城起伏跌宕的气势。长城不是直线的延伸，而是蜿蜒曲折，笔走龙蛇，伏脉万里。**我们今天登上长城远看，总觉得内心有一种回环往复的意味在回荡，无法抑制的情感随着长城的龙脉而宛转，我们感受到一种流动的气韵。**

长城这种跌宕起伏、回旋流动的气势和韵味，在司马台长城体现得最充分。

司马台长城在北京郊外，是一段明长城。有人说，长城之美，尽在司马台；司马台之美，尽在险峻中。

司马台长城建在陡峭的山脊上，山脊委婉曲折，长城的身段也随着山势而起伏，忽而落入深渊之下，忽而跃于山顶之上。它就像一条巨龙，一会儿到一片苍松翠柏的深山中豪饮山泉，一会儿又到高高的天穹上舞动身姿。

| 长城丽影

司马台长城最险处是名为云梯和天桥的两段不长的路段。云梯号称为"万里长城险绝处"，它是单面墙体，有的地方不过半米，人走在其中，两侧为悬崖陡壁，像一个直梯子一样向上直接跃升，势如山立。云梯之上有天桥，长约百米，桥面极窄，真是"猿猱欲度愁攀援"（李白）。

司马台长城的最高处是望京楼，到此处，可以纵目四望，长城尽览眼中，此时你看到的长城如同倒挂在悬崖峭壁之上的一条正在抖动而飘飞的彩带。这里有连绵不断的村落，偎依着群山，轻烟袅袅，一片祥和。再向远处望，北京城隐然在目。有人说，这里才是北京城的至深至美之处，你到了这里就会觉得这并非妄言。这种美，使你真正感到人的创造力的伟大，把你投入一种恍惚与赞叹的愉悦之中。

司马台长城的建筑受到人们广泛称誉。这里有35座敌楼，每一座都绮丽壮观，楼分两层，端坐于绵延的长城之上。楼以大方石块垒成，坚固稳实。经过岁月的洗礼，敌楼的墙面斑驳陆离，一幅饱经沧桑的画面，也记载着长城曾有过的辉煌。

十五、紫禁城的灿烂和威严

北京最辉煌的古代建筑是紫禁城。自15世纪以来，先后有24位君王在这里行使权威。这个地方是中国近五百年明清王朝的权力中心，也是目前世界上保存最完好、体量最大的皇家宫殿。它的建筑艺术举世称奇；它有数不尽的收藏，使得无数人为之流连忘返；它所包含的历史内涵，使人们阅读它时，深深感受到这个国家的岁月沧桑。

## 一条看不见的龙脉

北京旧城是人类建筑史上的杰作，虽然历史上这座奇妙的城池受到过各种各样的破坏，但今天以紫禁城为中心的旧城仍然保

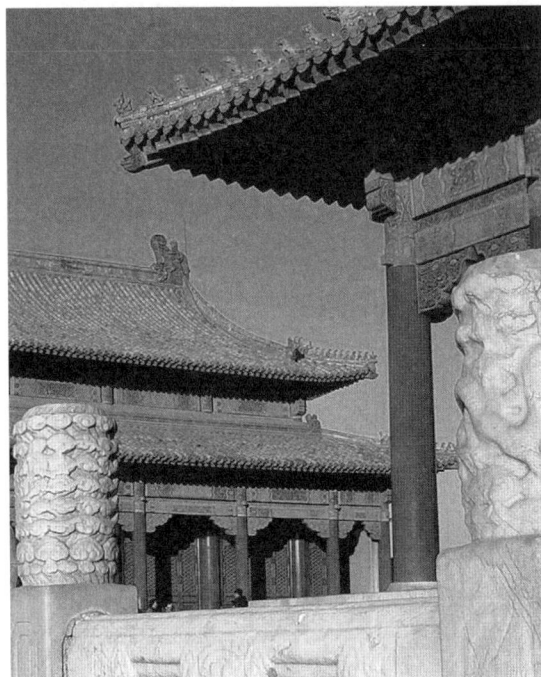
紫禁城宫殿一角

留着它的基本面貌。中国人在这座城市经营了数千年，大致从公元11世纪的辽代开始，就在这里建都，元、明、清三代都以北京为都城。近千年以来，北京几乎一直是中国的行政中心（只是在明代初年和民国时期以南京为首都）。这个近千年以来中国人的国都，是最高权力机关所在的地方，所以能倾全国之力，进行大规模的建设，留下了如此壮丽的城市景观。

为了迎接2008年奥运会，北京城又一次进行了大规模的建设。在这次建设过程中，人们不断提到一个词，就是"中轴线"。北京的中轴线，这条被建筑学家梁思成称为"伟大的秩序"的中轴线，被恢复并且向北延长，延长到奥运村。稍微了解北京历史的人都知道，恢复和延长中轴线对于北京有不寻常的意义。

北京城的面貌在明朝永乐皇帝定都北京时就基本确定。它之所以显得如此壮丽而有气势，就在于它有整体的规划。北京古城建筑是从整体来考虑的，旧城中所有的建筑，几乎都被纳入到一个统一的脉络中。

永乐皇帝决定以北京为首都，吸收了元代大都（元时的北京称大都）的中轴线设计，但作了大规模的调整，经过数十年近百万人的辛勤劳作，一座恢宏的都城浮出地面。

这座新城由一条长八公里的南北中轴线贯穿，建筑和景观布置沿着这条中轴线有秩序地铺开，前后起伏，左右对称，北京独有的壮美秩序也因这条中轴线而得以形成。

这条中轴线是以南城的永定门为开端，自此从容地向北行，

| 正阳门夜景

在中轴线的两侧是天坛和先农坛两个基本对称的大型祭坛。二者一是祭天的，一是祭农的，为这座庄严的城池确立了一个庄严的起点。经过一条笔直而有气势的大街，就到了雄伟的正阳门。正阳门前，原来有一个巨大的牌楼，一个大石桥，烘托着这座不凡的城南要冲。它是南城的第一个高潮。由此再向北，便是中华门，中华门过后，经过一个空阔地带，那便是后来所建天安门广场的地方。

在天安门（明时叫承天门）的两边，对称地建有太庙和社稷坛。太庙在东侧，是祭祀祖先的；社稷坛在西侧，那是祭祀农业的，它与这个国家以农业文明为主的历史有关。这合乎中国古代体制的"左祖右社"的构置。由端门到午门，进入紫禁城的内城之中，最后由紫禁城的神武门出来，向北有一座景山，作为紫禁城的背景。景山中峰的最高处，有一个亭子，这个亭子正在北京古城的中轴线上。从那儿向北望去，出皇城北门地安门，一条大道一直到鼓楼、钟楼，便是这条中轴线的收尾之处。

紫禁城就在这条中轴线上。紫禁城按外朝和内廷来构造，前为皇权机构中心，后为皇室起居区。在外朝部分，先是有紫禁城最重要的主体建筑三大殿：太和殿、中和殿和保和殿。太和殿的顶端是这座宫殿的中心。在三大殿的东侧有文华殿，西侧有武英殿，一文一武，显示文治武功的治国思想。内廷部分沿中轴线上建有乾清、交泰和坤宁三宫。在这三宫两侧，则分别是东六宫和西六宫。紫禁城的近万间建筑，就是这样以一条中轴线统领，虽体量巨大，但井然有序。

这条中轴线，是北京古城的龙脉，是一条像龙一样起伏的地脉。如果没有起伏和呼应，没有内在的节奏变化，只是沿着一条直线向前，两边布置建筑，这样的方式，必然单调而乏味。

北京古城的中轴线布置，左右呼应，前后起伏，建筑在重复

俯瞰紫禁城

中富有变化。午门建筑群有一座正楼，两侧有四座方亭，形成凹字形结构。初看起来显得压抑，但远远看去，如同一只凤凰在飞舞，在封闭中又显出灵动。而在紫禁城的北部，有如一条金龙由神武门跃出，腾空高举，景山就是它跃起的身段。

八公里的中轴线，第一段最长，从南城的永定门到正阳门，节奏舒缓。第二段较短，从正阳门经过紫禁城到景山，这是它的高潮。第三段最短，从景山至钟、鼓二楼，是高潮后的收摄。品味北京古城，就像欣赏音乐的三个乐章。

## 紫禁城的色彩

人们来到紫禁城中，会对这座宫殿在色彩方面的处理赞叹不已。

| 内金水桥

　　紫禁城以黄色和红色为主色。在中国，色彩常常被赋予特定的内涵，一种可称为"色彩政治学"的观念很流行。黄色象征着皇权，所以紫禁城以黄色为主调。红色则是吉祥的颜色，黄色和红色都属暖色调，是向外扩张的颜色，有热烈和令人激动的感觉。

　　紫禁城的近千座单体建筑，都以金黄色的琉璃瓦作顶盖，配之以暗红色的墙壁，绵延不绝的红色立柱，给人强烈的视觉印象。如果是一个上午，遇到一个晴天，在碧蓝的天际之下，金黄色的琉璃世界熠熠闪光，暗红色的建筑群体鲜亮透明，再加上周围的中海、南海、北海碧波荡漾，环绕紫禁城的绿色带绿意盎然，那正是紫禁城显现在世人面前的灿烂的梦幻般的色彩世界。

　　登上天安门城楼或者站在高高的景山之上，看这一片世界，一片迷人的景致便呈现在你眼前。春天来了，坤宁花园里的二月兰开了，紫色的小花，带着露水的鹅黄小草，在红色的墙壁下潜滋暗长，别具风味；冬天来了，如果天下了大雪，大雪落在这片神秘的宫殿中，肃穆里，更增添出妖娆的风致。

在风沙频繁的春天和绵长而干燥的冬天，北京常常是灰蒙蒙的，人们的心情容易压抑，而在这座宫殿前，红黄相间的色彩，鲜亮而透明，对人的心情会有一种舒缓作用。

紫禁城的色彩调配非常讲究。金色琉璃瓦的屋檐下，有冷色调的彩画，彩画一般多取蓝色、白色，接着彩画的是红色的立柱和门窗，立柱和门窗坐落在白色的石料底座之上，底座是多层的汉白玉台阶，体量巨大，如云一样缭绕。站在太和殿东侧的三层汉白玉高台下，看纯净的白色天地里托起一个金碧辉煌的宫殿，给你一种天上宫阙的幻觉。

紫禁城以华丽而有扩张性的红黄色为主体，突出皇权的威严。蓝色、白色等内敛性色彩，又为它增加了几分典雅和柔媚。如一进端门，站在内金水桥旁，但见得灰色方砖砌成的广场和白色的汉白玉栏杆，形成一个灰白世界，五座雕栏玉砌的

夜幕下的角楼

| 太和殿前的云龙雕石

石桥飞跨玉带河，在这灰白的背景上，浮起了一个红黄相间的太和门，显得极为大气。

## 树立皇帝的绝对权威

紫禁城的设计有一个主题，就是要渲染、强调皇帝一人的绝对权威。有一联古诗说："未观皇居壮，安知天子尊。"紫禁城设计的指导思想，就是要用建筑的语言，在人们的心理上造成一种在皇帝绝对权威面前的震慑感、崇拜感、恐惧感。

紫禁城有很多门，午门就有左右五个门，中间的那个门为皇帝专用。紫禁城有很多桥，如太和门前的五道桥，武英殿前的三道桥，都是奇数，中间的那道桥，别人不能走，那是皇帝专用的通道。

紫禁城中有六对石狮子，其中太和门前有一对，巨大的石狮子分布在太和门的两侧，左侧为雄狮，右侧为雌狮，雄狮玩绣球，雌狮逗小狮。无论是雄狮还是雌狮，都极具威严之势。那头雄狮将两眼怒睁，张着大口，须发昂然，一只前脚有力地撑持在座上，一只前脚将绣球摁于脚下，表示将世间一切力量玩弄于股掌之间，极具象征意义。

紫禁城建筑的整体设计更是如此。

我们设想，在明代或清代，一个地方官员到北京要见皇帝，首先他被引到中华门前，他以为进了中华门就会见到皇帝了，谁知进了中华门并没见到皇帝，远远的是壮丽的天安门（承天门）。他精神上感到一种压力，觉得自己变渺小了。他又以为进了天安门该见到皇帝了，谁知又没有，前面是端门。道路两旁排列着仪仗队。他精神上的压力增大了，渺小感增强了。他又以为进了端门该见到皇帝了，谁知又没有，远远是威武的午门。他又以为进了午门该见到皇帝了，谁知又没有，前面是太和门。就这

| 紫禁城的汉白玉台阶

样，他走过一重又一重的门，走过一座又一座的桥，走上一层又一层的台阶，又走下一层又一层的台阶。他精神上压力越来越大，渺小感越来越强。最后他走进太和门，在他前面终于出现了太和殿，这是紫禁城中最高的一座宫殿，皇帝就坐在上面。这时他精神上的压力太大了，实在经受不住了，双膝就自然而然地跪下了。他诚惶诚恐，匍匐在皇帝脚下，感到无限的敬畏，无限的惊恐。这就是紫禁城建筑的设计思想，就是要通过体量极其巨大、色彩极其辉煌的建筑语言，把普天下所有人从精神上压垮，从而在所有人的心理上树立皇帝的绝对权威。

当然，这一切都已过去了。现在的紫禁城，已经成了"故宫博物院"。每天有数以万计的中外游客到这里游览，当年紫禁城设计者试图加给天下百姓的震慑感、压抑感、恐惧感早已荡然无存，游客更多地是为这座宫殿的宏伟气势和壮丽的建筑感到惊叹，在赞美的同时，感受到一种历史的沧桑。

# 艺术与美感

　　中国人创造了很多独特的艺术形式，如华美的青铜器，淡雅的江南园林，空灵的水墨画，纯净的瓷器，千古传诵的唐诗，气韵流荡的书法，以微笑面对世间的佛像，以演员表演为中心的京剧，等等，这些艺术形式呈现了中国人的心灵世界，显现了中国人的独特的美感，成为展示中国人的生命力和创造力的窗口，具有永恒的魅力。中国人将艺术当作提升人生境界、慰藉心灵的媒介，艺术是中国人人生哲学的延伸。中国的艺术传统，是一部记载中国人生活品味和美感世界的活的图画，反映出中国人"用美的方式生活着"的优雅心态。

# 十六、音乐：以乐治国与以琴养心

在中国古代，孔子是个极爱音乐的人，也是很懂得音乐的人。据古书记载，孔子有一次在城门外看到一个婴儿，他看见这婴儿的眼睛里天真圣洁，有神一般的境界，非常感动，赶紧走近这个婴儿，并且说，最美妙的音乐升起来了。这个故事说明，在孔子看来，最美妙的音乐所启示的内容，就像这婴儿的心灵的美，音乐有一种净化人心、提升精神境界的作用。

从很早开始，中国人就有一种重视音乐艺术的传统，这里从两个侧面来看中国音乐的基本特征。

# 以乐治国

编钟是中国早期典型的乐器，在三千多年前的商代就开始使用，到了西周使用就更普遍了。1978年，湖北随州战国曾侯乙墓出土的编钟，是现今知道的最著名的一套。

这套编钟分为三层，共由65件钟器组成：上面第一层的叫钮钟，共有19个，第二、第三层的叫甬钟，共有45个，另有镈1件。钟架由铜制成，并有极为精美的雕刻。编钟的总重量有四百四十多公斤。这样的乐器大制作，在世界上同时代是罕见的。

这套编钟演奏时需要由几个人组成乐队。编钟中的每只钟都可以发出两个不同的乐音，只要准确地敲击钟上标音的位置，它就能发出合乎一定频率的乐音。整套编钟能奏出现代钢琴上的所有黑白键的音响。

这套编钟虽然深埋地下有两千四百多年，但并没有改变它的音质。今天敲击它，它的乐音仍然是那样纯正，发音准确，音域可以跨越五个八度，音色和美。今天的音乐家已经利用它演奏过不少乐曲。

中国有以乐治国的传统，这组豪华编钟所呈现的就是这一传统的缩影。**中国早期文化是一种礼乐文化。礼和乐相互配合，用以治理国家，保持社会的和谐安定，这是中国文化的一大特点。**

在中国古代文化中，礼是外在的行为规范，它的内容是"序"，也就是维护社会秩序、社会规范；"乐"是内在的熏陶和感发，它的内容是"和"，也就是调和性情，使人的精神保持和谐悦乐的状态，生动活泼，充满活力和创造力，进一步达到人际关系和谐以及人与整个大自然的和谐。人与整个大自然的和谐，叫作"大乐与天地同和"，这是中国古代音乐追求的最高境界。

曾侯乙墓出土编钟

　　儒家思想家荀子说："乐"的作用是使人的血气平和，从而
达到家庭、社会的和谐与安定，也就是通过维护每个人的精神的
和谐，来维护整个社会的和谐。他说："乐行而志清，礼修而行
成，耳目聪明，血气平和，移风易俗，天下皆宁，美善相乐。"

　　"乐者，和也"，成为影响中国文化数千年的重要思想，它
所突出的正是中国文化的核心价值：和谐。中国人的礼乐文化传
统，其实就是建立一个和谐世界秩序的传统，音乐被当作达至这
一目标的重要途径。

## 以琴慰藉心灵

　　说到中国音乐，总要说到琴，古代中国文人所说的琴棋书画，
第一就是琴。琴，又称古琴、七弦琴，是中国最古老的丝弦乐器，

几千年来，琴一直受到人们的喜爱。如果说以乐治国，侧重在群体的和谐一面，而琴则具有强烈的个体性，是自我安顿的重要途径。

中国文人有"君子不撤琴瑟"的说法，将琴作为修养心性的工具。琴的美妙的声音，能够帮助人去除躁动，荡涤杂虑，达到心灵的平衡。一张琴，可以营造一个安顿心灵的空间。

两千多年前，有一位音乐家伯牙，随他的老师成连学琴。学了三年，以为自己学到了真本领，老师说："这还不够，不如让我的老师来教你吧。"他将伯牙带到海边，在一棵松树下，成连让伯牙等候，他去请老师。伯牙在这里等了很久，不见成连回转，他看着茫茫大海和绵绵无尽的山林，不由得拿起琴来弹，琴声在山海间飞扬，在天地间飞扬。他忽然明白了老师的意思——成连所介绍的这位老师就是大自然。音乐家要通过对大自然的感应来提升自己心灵的境界。

中国人弹琴重视审美的环境气氛，在这气氛中开阔心灵，荡漾性情。南朝时有一位画家、音乐家宗炳说："抚琴动操，欲令众山皆响。"他拿着一把琴，在山涧的清泉旁，轻轻地拨弄，弹着弹着，便忘记了自己的所在，忽然觉得群山都回响着这悠扬的琴声，自己完全融到天地之间。

雪中弹琴是文人的至爱，因为中国艺术认为，琴为天地第一清物，伴着皑皑白雪，不更

| 大圣遗音伏羲氏琴 唐

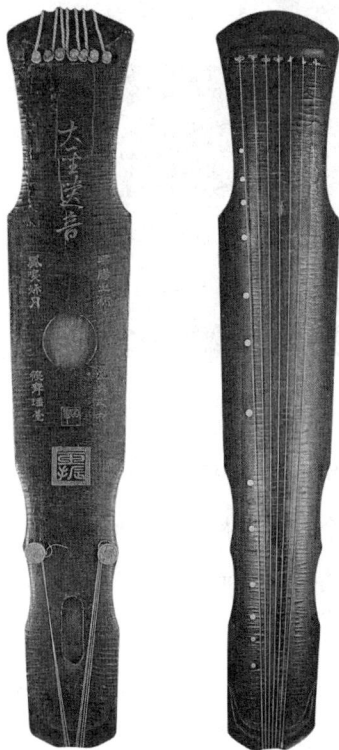

加切当！明代画家吴伟有《踏雪寻梅图》，画一人雪后拖着拐杖，踏着大雪过小桥。小桥下雪水潺潺，乱石参差，后有一童子抱琴随之。雪、梅、琴所创造的审美氛围，可能是中国文人的最高追求了，在雪中，用琴声去伴和幽幽的清香，彰显出艺术家高洁的灵魂。

月下弹琴，也是一个好境界。琴声在清澈的月光下回响，陶冶着人们的情趣。唐代诗人王维酷爱琴，他有诗道："独坐幽篁里，弹琴复长啸。深林人不知，明月来相照。"月光下的夜晚，独自一人在竹林中弹琴，月光下泻，琴声悠扬，琴声穿透幽静的竹林，更衬托这世界的静谧。

中国琴乐最重清幽的境界。名曲《平沙落雁》表现的就是这样的境界。它所描写的是秋天江畔的景色。琴曲分为三部分，第一部分是舒缓轻松的节奏，秋高气爽，江天空阔，为全曲奠定一个基调。第二部分节奏渐快，由舒展变为激越，由宁静转为欢欣，百鸟和鸣，共享一个生机勃勃的境界。第三部分重点表现雁落平沙中的自在和悠然，沙白风清，云飞天远，雁影参差而上下，水流潺潺而清浅，这是自在

元 朱德润 松下鸣琴图

优游的境界。在这首曲子中，长江的浩淼，秋色的高爽，云天的空阔，群雁的飞跃，都在于表现人心境中的怡然、和悦、从容和适意。

中国文人通过琴声来交流心灵。伯牙随成连学琴有成，为人演奏，因为曲高而和寡。有一位叫钟子期的音乐家，有很高的鉴赏水平，伯牙弹一支曲子，表现高山的境界。钟子期听后说道："实在太好了，我从曲子中听出了泰山的巍峨。"又给他弹一支曲子，这次是表现流水的境界。钟子期听后说："我从这支曲子中听出了浩浩的江河流水。"二人引为知音。后来钟子期死了，伯牙就将琴弦扯断，琴槽摔碎，终生不再弹琴。这个故事表明所谓"知音"实际上是一种心灵的沟通。中国古代著名的《高山流水》琴曲，就是由这个故事引出的。

《梅花三弄》是著名的琴曲，这个曲子取自两位艺术家的故事。东晋书法家王子猷有一天出远门，舟行河中，忽听人说岸边有桓伊车过。桓伊的笛子举世闻名，子猷非常想听他的笛子。子猷和桓伊并不相识，而桓伊的官位远在子猷之上，但子猷并不顾及这一点，就要家人去请桓伊吹笛。桓伊知道子猷的美名，二话没说，就下了车，为他吹了三段曲子。子猷也不下船，就在水中静静地倾听。吹毕，桓伊便上车而去，子猷的船也就继续前行。二人自始至终没有交谈一句话。但是在这里有两颗心的沟通。桓伊的笛曲《梅花三弄》就是沟通灵魂的音乐。后来此笛曲被改为琴曲，成为千古名曲，它借物咏怀，通过梅花的洁白、芬芳和耐寒，来歌颂人的超越功利的审美情怀，受到人们的喜爱。

## 十七、青铜器中凝结的精神

在世界文明史上，有所谓青铜时代的说法，它指的是人类社会生活中普遍使用青铜工具和兵器的历史时代。中国的青铜时代开始于距今4000多年前，持续1500多年时间，也就是夏、商、西周到春秋时期。在这一时代里，中国创造了灿烂的青铜文明，在世界上占有重要位置。大量出土的青铜器物，不仅有丰富的政治和宗教内涵，而且还具有很高的艺术价值。

## 神秘的礼器：大盂鼎

大盂鼎是中国青铜时代的代表性作品之一，今藏中国国家博物馆。它是西周康王时期的作品，距今大约有3000年。这是一件祭祀所用的鼎器，鼎呈圆形，立耳，深腹，三足。鼎高一米多，体量巨大，体现出那个时代鼎器威严端庄、浑穆凝重的特点。

商周时期，握有权力的人，热衷于铸造庄严巨大的青铜器，将它作为国家的礼器、权力的象征。那时常常将青铜器和权威等同起来，一个当权者，为了宣示自己的权威，常常要给臣子们派送青铜器，所以，青铜器又是一种荣耀的象征。

大盂鼎也是如此，内侧的铭文正说明这一点。这里一共有291字，为西周青铜器中所少见。内容是周康王告诫要出征的将领盂，让他记住商代灭亡的鉴戒，尤其告诫他不要酗酒。鼎在这里明显起到了传递权威的作用。

正因为把青铜器作为国家礼器和权威象征，所以在制作上，力求端正、庄严、肃穆，体现出不可抗拒的威权。人们一接触大盂鼎，就可感受到它巨大体量所体现出的威严感，以及那种不可违逆的气度。

商代青铜器，为了追求庄严而过于方正，而大盂鼎在浑穆庄严之外，又多了圆润流畅、典雅秀美的特点，使人感到一种妩媚，这是历来人们谈到它时所交口称誉的。

大盂鼎器的口沿下和三只足上都有纹饰，这是一种兽面纹，又称饕餮纹。纹饰只有面部，没有身体，以鼻梁为中线，两

| 大盂鼎 西周

154

侧对称排列。这种纹饰在商周青铜器中非常普遍，是传说中一种怪兽的面形，这种怪兽没有身体，只有头和嘴，十分贪吃，它是贪欲的象征。但为什么将如此凶猛且又贪婪的形象作为青铜礼器的代表性纹饰？现在虽然尚不能知道确切的原因，但有两点是可以肯定的，一是以凶制凶，辟除邪恶，二是强调统治者不可抗拒的权威。

## 飞旋的精神：莲鹤方壶

莲鹤方壶是中国上古青铜艺术的杰作，以其造型独特、制作精工而享有盛誉，被视为春秋中后期中国青铜艺术的代表。莲鹤方壶为一对，二壶体态相似。

这对青铜宝器一改西周之前青铜器的浑穆风格，轻盈而秀美，优雅中不乏亲切。雕刻也非常精工，线条流畅，在繁复的造型中，又不失简淡。壶呈扁方形，体态修长，清秀而雅致。

方壶的颈部稍细，四面雕有龙兽。壶的腹部下方略鼓起，四个角落都刻有一神兽，而圈足下则有两只怪兽，托起方壶。壶盖作莲花形，立雕双层莲瓣，向四周绽放，烘托出全壶的中心——那只翘首展翅的仙鹤。

| 伯各卣 西周早期

| 莲鹤方壶 春秋

　　这只鹤带着整个方壶作飞动之态。壶的笨重与鹤的轻盈，壶全身奇诡的花纹与鹤的清新俊逸，构成了奇妙的关系。壶身力重而下沉，体积很大，而雕刻者力求展示向上飞旋的态势。

　　观察它的细部雕刻，似乎整件宝器都插上了翅膀。壶上纤纤的仙鹤踌躇满志，跃跃欲飞；底座的两只怪兽，身体弯曲，长长的尾巴蜷曲而抖动，将方壶凌空托起；颈部的飞龙和腹部下雕刻的小龙，一个个都作游移攀缘之态；壶身的一些不知名的怪兽，顶端分叉，肩膀处生有翅膀，长尾上卷，如同要飞到云中。最引人注目的是，莲花花瓣作绽开之态，既有烘托飞鹤之意，又有一种张势，如一片天上的祥云，它是带动画面飞旋的根本因素。

西周之前的鼎器多强调沉稳和凝重，即所谓"鼎重"，而这对宝物却突破了这一传统范式，显得轻盈而灵动，反映了展翅欲飞的时代精神。

这件作品的青铜雕刻技术也受到广泛称道。它在制作工艺上，采用了圆雕、浅浮雕、细刻等多种雕刻方法，如壶身的纹饰为浅浮雕，并有阴线刻镂的龙凤纹饰。从方壶的焊接工艺看，它通过在模型中预制零件，再与整体合铸，将这一在商代就已出现的工艺推向了更成熟的境地。如壶盖的莲鹤铸在一块平板上，可以单独取下。二十片莲花瓣先行预铸，再与盖的主体铸在一起。

## 速度的魅力：马踏飞燕

马踏飞燕是中国雕塑史上的不朽之作。这座青铜奔马雕塑，为东汉时期的作品，现藏于甘肃省博物馆。

这是一匹骏马奔驰的雕像。马为中国早期雕塑中的重要题材，秦始皇兵马俑就有千余座马的雕塑。这座雕像的特殊之处，正在于它的重点并不是表现马，马只是它借用的一个道具，它要表现的是飞动之势。

这匹青铜奔马，展示的正是速度的魅力。马奔跑起来，就像腾入半空，所以中国古代有天马行空的说法。按照一般的方法，一匹飞奔的天马，风驰电掣，如果突出它的快，可以在它的脚下衬以云霓，以表示它在空中飞行。但马踏飞燕的创作者突发奇想，携来一只小小的飞鸟，与骏马一道在天上飞行，马硕大的

马踏飞燕 东汉

身躯和飞鸟的体态奇妙地结合在一起。马昂首嘶鸣，鼻翼张开，两耳翘起，双目怒张。身体部分鬃毛竖起，马尾高扬，全身的肌肉圆劲有力，腹部因奔跑而收缩。三足腾空，一只足下有一只飞鸟，矫健的飞鸟回首惊视，翅翼展开，也作疾飞之态。

这只飞鸟，一般称作燕子。经有的古动物学家研究，认为它是隼科中的燕隼，飞行极为疾速。依通常之理，燕隼应该飞在马的上面，现在把燕隼置于马的足下，说明马的速度超过了燕隼。李白《天马歌》写天马的腾空之势时说："回头笑紫燕，但觉尔辈愚。"一语双关，颇合这里的意思。这件艺术品被今人称为"马踏飞燕"，"踏"并非是对燕隼的踩踏，而是对燕隼速度的超越。

如此表现马的速度，并不仅仅在于刻画一匹快马，而是张扬一种精神。速度带来飞旋，在飞旋中产生凌虚入空、激昂踔厉的精神，使人超越实在的世界，产生与天同行、让生命飞舞的意志，是这件艺术品至今受到人们喜爱的根本原因。

158

## 蜀国的祭器：三星堆青铜器

1980年，在四川广汉三星堆遗址出土的文物，引起了世界的轰动。出土文物中包括大量的青铜器。时间至少在三千年以上。这些属于古代蜀国的青铜器，形式多样，其中有人头像、立人像、跪坐人像、兽面具，又有罍、尊、盘、戈等器具，还有大量的装饰品，包括铜鸟、神树、铜鹿和其他动物类头像等。

这些青铜器主要是宗教祭祀用品，反映出三千多年前蜀地浓厚的宗教氛围。其中人像与中原出土的有较大区别，给人印象深刻的是，表现人物眼睛的青铜器很多，有些青铜器就是人物脸部的夸张造型，如同面具，硕大的脸部中，有两只突出的眼睛，眼球呈圆形，几乎要暴出，直愣愣地瞪着。这些特别的图形引起学者们的浓厚兴趣。一般认为，这些眼睛突出的人像面具，正是蜀国开国君主蚕丛的神像。有记载说，蚕丛就长得眼睛突出。

这里出土的高2.62米、重180多公斤的巨型青铜立人像，是中国早期青铜器中罕见的全身青铜人像。人像头上有冠，面部夸张，眼睛突出，耳朵悬垂，穿着左衽长袍，衣服有三层，手臂平抬，脚下佩戴脚镯，显得威武高大，又很神秘。人像比真

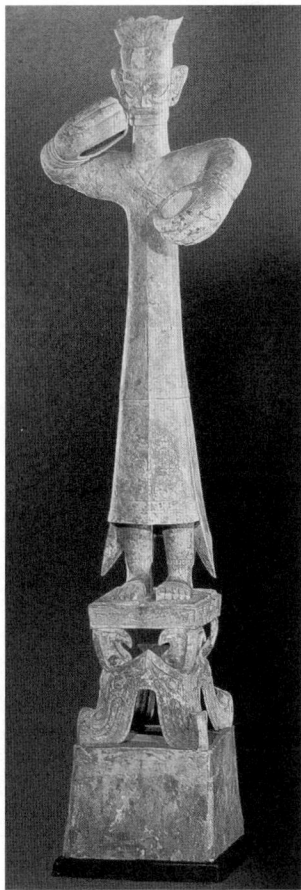

| 三星堆 青铜立人

人高大，夸张的意味浓厚，显然是宗教祭祀的神像，也当是蜀国的开国君主蚕丛。

　　青铜神树是三星堆出土青铜器中最为别致的雕刻。这件艺术品有三簇树枝，每簇三枝，共九枝；树上共有九只鸟儿栖息，鸟儿长喙大眼，张翅欲飞；树枝上悬挂着二十七个果子；树旁有一条宛转的龙，攀附着树枝往下游动。主干直立，树枝宛转曲折。这件精致的雕刻很有艺术感染力，反映了当时蜀地高超的青铜铸造水平。

三星堆　神鸟

# 十八、无声的军阵：秦始皇兵马俑

被称为"世界第八大奇迹"的秦始皇兵马俑，是中华民族的伟大遗产，也从一个侧面展示了中国古老的灿烂文化。

## 兵马俑的发现

1974年春天，陕西临潼的一个乡村，人们挖井的时候，忽然挖出一些陶片，有的像人形，有的像动物，大家惊讶不已。经考古人员发掘，沉睡两千多年的秦始皇兵马俑见了天日，一座巨大的地下军事博物馆呈现在世人面前。

农民发现陶俑的这个地方，是一号坑。此坑面积约一万四千平方米，是四个坑中最大的。经过整理发现，这是一个完整的军

二号坑蹲射俑出土时原状

阵。这里掩埋的陶俑与真人大小差不多。前锋部队有三列，每列有武士俑70个，队列前又有指挥。前锋之后是兵阵的主体，共有38路，每路长约一百八十米，形成一个巨大的方阵，约有六千个陶俑，一个个穿着铠甲，手握青铜兵器，兵器都是实物。两侧各有一列横队，每队约有武士俑180个，是军阵的两翼。在靠西的部分，又有武士俑，似为军阵的后卫。军中又有陶马32匹，四匹一组，拖着木质战车。在四个坑中，这个完全模仿实际军阵的兵马俑队列，规模最大，气势最壮。

二号、三号坑，是考古人员于1976年夏天发现的。

二号坑东边的一组是射击方阵，这里有立式弩兵俑60个，军阵的中心，布置了八路跪蹲式弩兵俑，共有160个，一个个英武有力。人们所赞叹的栩栩如生的射击俑，就出于这个兵阵。右侧是战车方阵，共有八列，每列八乘。战车前驾有四匹大马，与真马大小差不多。在马的后边，又有三个兵俑，平行排列，中间的兵俑拉马辔，两侧的兵俑持长柄兵器。

在二号坑的中部，则是更大的战车方阵，共由19辆战车、264个步兵俑和八个骑士俑组成长方形阵，共分三列。每匹马前立骑士俑一个，一手牵马缰，一手作拉弓状。每乘车后除三名车士外，还配有一些步兵俑。在二号坑的左侧，是骑兵方阵，108个骑士俑和180匹陶鞍马俑排成11列横队，组成长方形骑兵阵。

整个二号坑的四个方阵，共见陶俑陶马一千三百多件，战车八十余辆，青铜兵器数万件。

三号坑在一号坑西端，面积较小，呈凹字形。门前有一乘战车，内有武士俑68个。从三号坑的布局看，当为总指挥部，统帅左、右、中三军，只是没有建成而已。

后来还发现了一个未建成的坑，这就是四号坑，它在二、三号坑之间，未及放兵马俑，就匆匆填死了。面积大约有五千平方米。从整体布局看，这是关键的中军位置。三、四号坑都是未建成的陪葬坑，修建秦始皇陵用了四十多年时间，一直到秦始皇去世之后，由他的儿子秦二世接着修建，工程还没有完成，农民起义军已经打到了骊山周围，不得不中途停止。

立射俑头像（二号坑出土）

## 秦陵地下宫殿

这四个巨大的兵马俑坑，只是秦始皇陵的一组陪葬坑。

在西安附近的临潼，南依骊山，北临渭水，远远地望去，有一座庞大的山丘映入眼帘，这就是神秘的秦始皇陵。这个庞大的土丘是由人工堆积而成，工程之浩大，世所罕见。本来高有五十丈（113米），经过时间的侵蚀，如今大约有七十六米高，土丘

兵马俑一号坑

占地面积有近二十五万平方米。下面就是秦始皇陵。

秦始皇从13岁开始，就在为自己修建陵墓，这是一项浩大的工程，工程前后持续近四十年。工程动员了七十多万人，当时全国只有两千万人，也就是说，全国每十几个成年人中，就有一个参加过这一工程。

秦始皇陵可能是这个地球上有史以来最大的陵墓，它是一座庞大的地下宫殿。秦始皇命令，按照他在世时享有的一切，来建设这座地下宫殿。由此我们也就对兵马俑追求与真实的兵阵相同的做法不难理解了。

那深埋的地下宫殿今天是否存在，考古学家有激烈的争论。种种迹象表明，这一神秘的地下宫殿今天依然存在，而且没有被盗掘。

2002年9月17日，人们通过电视直播，曾经目睹考古学家探测埃及金字塔内部空间的过程。如果打开秦始皇陵地下宫殿，不知道又该吸引世人怎样的注意！我们在等待这一天。

## 驱使天下的帝王气势

秦始皇消灭了六国，一统天下，成了中国历史上的"始皇帝"——第一个皇帝。为了防止有人造反，他命令将天下所有的兵器集中到咸阳，将它们全部熔化，用其中的铜塑造成12个巨人，立于秦宫廷的门前。史书记载，这些铜像，每个重24万斤（12万公斤），高五丈，一只脚就有六尺长。

中国人有做巨型雕塑的传统，这主要是佛像雕刻，如四川乐山大佛、山西云冈石窟的大佛。那些巨型雕像表达的是人对于神佛的一种崇拜，而秦始皇下令制作的大型铜像则相反，他不是要膜拜神，而是要世人膜拜他。在他看来，如果说有神，这个世界的神只有一个，那就是他自己。

汉初文学家贾谊形容秦始皇的统治，是"振长策而御宇内"——挥舞着鞭子，驱赶天下。秦始皇正是要手持鞭子，驱使天下。秦始皇兵马俑所展现的，正是这种驱使天下的帝王的气势。

当你走进秦始皇兵马俑一号坑，眼前呈现的景象不由你不震惊。数百人的前锋部队在指挥的率领下，列队在前，整装待发。后面跟着数千人的部队，一个个身披铠甲，手握兵器，排成整齐的队形，只等待着一声令下，就要出发。而两旁战马昂首，战车森然而列。你似乎听到骏马嘶鸣，战车辚辚，无数将士高声呐喊，此时天低云沉，宇宙间似乎都在回荡着这样的声音。这个军阵确有一种排山倒海的气势。

但是这种以一人而驱使天下的威权和威势并没有保持多久。秦始皇去世不到三年，秦王朝就被推翻了。他本来盼望以他为"始皇帝"的王朝会传至万世，想不到二世就终结了。

## 充满生气的彩绘雕塑

兵马俑引起世人轰动，除了它的不凡气势之外，还在于它的雕塑艺术达到极高的水平。

兵马俑的人俑、陶马都和真人真马一样大小，人俑高约1.85米，陶马高约1.6米，全部绘彩（由于掩埋过久，色彩多已脱落）。所有这些人俑和陶马的雕塑，都非常真实，没有夸张变形。每一个人俑的面部表情，以及头型、发型、眼、眉、鼻、唇、耳、胡须等各有特色，体现了每个军士不同的年岁、身份和性格。同时每个人俑和陶马都富有动感，充满生气。

我们就从二号坑的跪射俑说起。这类武士俑，头绾发髻，身着战袍，外披铠甲，右膝着地，左腿弯曲，身体微微前倾，双目凝视前方，胸前的两手一上一下，作控弓之状。虽然弓箭已不存，但仍可感觉到准备射击的紧张态势。兵马俑中的立俑都突出其身材高大、体格健壮，而这类跪射俑则更突出其矫健灵便之态，突出其伺机而动、蓄势待发的神

跪射俑 二号坑

166

情。他们面部的神情也充满生机，眉低垂，鼻微张，耳朵侧竖，正是静听八方之音、等候出击的样子。人身上铠甲的缝褶，也随着人物的动态而显示出变化。人物蹲跪所形成的力点差异，也惟妙惟肖地表现了出来。这样的雕刻，细致入微，使观看的人，似乎觉得他活了起来。

马俑在三个陪葬坑中占有很大的数量，共有六百多匹，它们的用处各有不同，有的是拉车的，有的是乘骑战马。陶马的造型比陶俑更加逼真。我们看二号坑的一匹乘骑战马，与真马的大小相当。前有一骑兵静立。马的雕刻风格简洁古朴，令人陶醉。马四蹄伫立，鬃毛竖起，尾巴在静垂中又微微翘起，富有力量感。马的身体骨劲而力丰，腹部微微上缩，前脚上提，后脚下沉，马首高高昂起。马的耳朵凛凛有神。头部的造型更是令人称绝，面部如斧头削出，硬朗中显示出洗练。鼻子微张，而唇吻略闭，眼睛突出，十分传神。

秦始皇兵马俑方阵的这些彩绘雕塑，如此写实，如此传神，细节处理如此微妙，整体姿态如此富有动感，使人们对于两千多年前中国雕塑艺术的水平，有了一种全新的认识。

# 十九、佛像：永恒的微笑

佛教于公元1世纪左右传入中国，对中国文化产生了极为深远的影响，中国艺术的发展，也深深打上了佛教的烙印，留下了灿烂的佛教艺术作品，佛像就是其中一个重要方面。在中国的青山绿水之间，有很多佛教造像，如山西大同的云冈石窟造像、甘肃敦煌的莫高窟造像、河南洛阳的龙门石窟造像和重庆的大足石刻佛像，等等。在各地的寺院中，也有各种各样的佛像。佛教造像记载着中国文明发展的历程，显示出中国雕塑艺术的成就，还包含着人们的心灵寄托。

# 莫高窟中观音菩萨的美

敦煌莫高窟，是中国最著名的石窟艺术胜地。敦煌本是丝绸之路上的一个重镇，在甘肃省省会兰州的西侧。莫高窟建在敦煌鸣沙山的断崖上，从公元4世纪开始到14世纪，在近千年的历史中，无数人在此经营，使它成为一个融建筑、彩塑、壁画为一体的综合艺术宝库。现有洞窟735个，壁画4.5万平方米，泥质彩塑2415尊，雕塑和彩绘以佛像为主，所以人们又称这里为"千佛洞"。

敦煌莫高窟的佛像不计其数，其中最有特点的是观音菩萨雕像。在莫高窟中，唐代的观音雕像就有一百三十多窟。

| 敦煌45窟菩萨塑像

观世音菩萨，简称观音菩萨，是仅次于释迦牟尼的一位智者，她以慈悲为怀，救济众生，人们认为，当遭遇灾难危险的时候，只要诵念她的名字，她就会前来拯救。观音崇拜，在中国非常流行，持续有一千多年，至今仍存在于民间。前些年中国残疾人艺术团演出的《千手观音》受到人们的普遍欢迎，就与这一崇拜有关。

莫高窟就反映了这种观音崇拜的风气。这里有很多观音塑像，有千手千眼观音、两身观音、十一面观音、如意轮观音等。在印度佛教中，观音原是一位男性佛，但到了中国，被渐渐女性化，她柔美、善良、慈爱、宽容，几乎所有美的东西都凝聚到她一身。

第45窟两尊观音菩萨像，是唐代的彩塑作品。两尊观音菩萨像很相似，都是头梳高髻，上身裸体，斜披天衣，眉毛弯弯，眼神温柔，略含笑意，面容慈祥鲜朗。颈戴饰物，长臂浑圆，下系长裙，裙上的花纹隐然而见。两像都呈S形站立，一脚实，一脚虚，身体侧倾，动作优雅。

两尊彩塑，慈眉善目，顾盼生情，亭亭玉立，与其说她是天国的神灵，倒不如说是人间的美女。**塑像表现了人们对这位大慈大悲菩萨的崇拜之情，也将人们对母爱、对女性美的赞叹之情融于其中。**

## 麦积山佛像的淡淡笑意

作为中国四大石窟之一的麦积山石窟，佛教造像主要以泥塑为主。麦积山位于甘肃省天水市东南，这座山峰，形似麦垛，所以人们称其为麦积山——像堆积起来的麦堆。在山峰西南的悬崖峭壁间，开凿有数百个洞窟，现存洞窟194个，每个洞窟都有佛教造像或壁画，现存泥塑、石雕作品七千二百余件。泥塑造像工艺精美，表面的彩绘也颇有神采。有学者称此地为"中国雕塑博物馆"。作品创作的时间从公元4世纪的北魏时期开始，一直到19世纪。

麦积山石窟雕塑，除了受到印度风格影响之外，还体现出强

麦积山44窟塑像

烈的世俗化特点。虽然雕塑的主体是佛及其弟子的群像，但在形态上尽量取真人特点，有些雕塑的大小与真人无异。佛像的面容并不是通常所见的高远和渺不可及，而是突出其亲切的一面。佛像大都颔首微笑，姿态轻松，衣服的纹理流畅飘动。

第44窟雕塑，是西魏时代的作品，窟中的雕像是麦积山佛教造像的杰出代表。中间主佛的造像，高160厘米，体形如一个真实的女子，柔美非常。头上是水涡纹的发髻，发际是连绵的云纹。胸前系着一个小结，外披袈裟，结跏趺坐。袈裟长长地垂下，皱褶清晰可见，线条圆转流动，极富美感。衣裙和发髻等处还残留彩绘的痕迹。想当初造成之时，一定更加光艳照人。其面容最为人们所称道，长眉如柳叶，微微颔首，面露淡淡的微笑，神秘而又亲切。

这是一尊微笑的佛。佛经上说，佛祖说法，常常面露微笑。这尊佛像的笑意不仅荡漾在脸上，而且传到全身。微笑的面容和全身柔和的线条呼应，表现佛的大度、从容和飘逸。这组佛像创作的时期，正是中国历史上最惨烈的时期之一，无休止的战争戕害着人类的生命，人们生活在风雨飘摇之中。**这组佛像以大度和微笑面对世间，给人一种生命的信心。**

## 龙门的光明之神

龙门石窟在河南洛阳的南郊，这是中国最著名的石窟群之一。石窟坐落在风景绮丽的龙门，东、西有两座青山对峙，中间有一条名叫伊水的河流。站在远处望去，宛如一座天上的宫门，所以叫龙门。这座石窟开始雕凿至今，大约有一千五百年的历史。今天在伊水两边的山壁上，留下了一千三百多个石窟，有大小佛像十万多尊。

唐代武则天，是中国历史上有名的女皇帝，龙门石窟中最大的一个石窟奉先寺，就是在她的主持下开凿的。寺中有一座卢舍那大佛，大佛凿了三年时间，凿成之时，她还率领大臣们来参加开光仪式，成为唐代重要的文化事件之一。

卢舍那佛像高十七米多，体量巨大，气势磅礴，是整个龙门石窟中最大的一尊佛像。在佛经中，卢舍那是释迦牟尼的化身佛，有光明遍照的意思，他以永恒的光明，破除世间的黑暗，使众生产生信心。卢舍那大佛，就是一座光明之神。

龙门奉先寺卢舍那佛像

这光明之神安详而平和，体态丰盈，姿容饱满，雍容大度地端坐于正中。面对眼前的青山绿水，面对人世的苍茫，从容不迫。他略带微笑，秀目轻启，嘴角微翘，头部稍稍前倾，俯视下方。**佛像透出的安详而平和的气度，不知舒展了多少烦恼压抑的心灵。**

## 青州佛像的会心微笑

1996年10月，山东潍坊青州的一所学校修建操场，推土机巨大的铁铲挖出了一个洞穴，其中露出了类似雕像的雕刻品。经考古人员在这里发掘，四百多件精美的佛教造像被清理出来，这是公元5到6世纪北朝时期的佛像，距今有一千四百多年。这是20世纪中国最激动人心的考古发现之一。自2001年以来，青州佛像先后到德国、法国、美国等地展出，引起人们的极大关注。

出土的佛像灿烂夺目。以前发掘的千年以上的佛像，因为时光的侵蚀，往往显得灰暗而陈旧，表面的色彩一般都会褪去，原作的风采因此丧失不少。而这些佛像，集中埋在一个洞穴内，由于保护良好，重新面世时，稍加洗涤，就焕然如新，佛像脸上的贴金都宛然在目，连眼睛的神情都有飘动的感觉。更不要说佛像的衣纹，线条流转，璎珞飘拂，色彩斑斓。

这批佛像的造型丰富多彩，既有立像，又有坐像；既有背屏式造像，也有单体圆雕造像。雕像的动作各异，在肃穆的雕塑中，平添了一分活泼。其中有一尊佛的坐像，一脚垂于座下，一脚盘于座上，一手已残破，但还可以看到左手抚于右脚上、盘腿而坐的样子，天真活泼，非常可爱。

还有一尊坐佛像，体态轻盈，衣服上没有皱褶，显现出肌肤的轮廓。面部纤秀，上身细而长，一手已损，一手托于颈前，当是作合十之状。一般来说，佛像雕刻都会突出其宁静的神态，但青州佛像却

思维菩萨像 北齐 青州

以细腻的手法刻画其动作，这是它最打动人的方面之一。这样的佛像，不是遥远佛国的意味，而是透出一种乡土气息，没有做作、质朴、热情而又落落大方。

青州佛像最令人难忘的还是佛的微笑。佛的雕刻历来都带有微笑，但青州雕塑又有自己的特点。这里的佛像不是突出微笑的神秘，而是突出其含蓄恬静的一面，细细的眉眼，樱桃般的小口，两腮若隐若现的笑靥，似乎佛的身体中，都荡漾着愉悦。这是一种深层的愉悦感，从心灵一直传至身体、衣服乃至动作上。

**青州那个洞穴的发掘，将千年的微笑引到了人间。**

| 背屏式佛造像 东魏 青州

二十、飞舞的线条：书法

今天，对中国文化稍有了解的人，都或多或少地知道中国有书法这种独特的艺术。书法艺术与写字有关，但不等于说，将字写得好看一些，就是书法艺术了。西方所说的书写学（calligraphy），与书法艺术是完全不同的概念。

汉字书写的形式有很多种。早期刻在龟甲等上面的叫甲骨文，镌刻在青铜器上的铭文叫金文，大篆是春秋战国时秦国的文字。秦始皇统一中国，文字也随之统一，那叫小篆。秦汉时出现了隶书，后来在隶书的基础上产生了楷书、行书、草书。所以书法的体式有篆书、隶书、楷书、行书和草书等。行书和草书是书写的快捷化，实用性强，又有流畅的节奏，是人们平时很喜欢的书法形式。

中国有书法艺术，得力于两方面的因素。一是汉字，汉字是以象形为基础的方块文字，它具有独特的优美形式，为书法艺术的形式感提供了条件。一是毛笔，毛笔的发明是中国文化史上的重要事件，它不仅是书法艺术产生的基础，中国绘画的独特形式在一定程度上也来自于毛笔。由兔毫、羊毫、狼毫等做成的毛笔，柔软而富有弹性，可以产生丰富的变化，为书法艺术的产生提供了可能。

## 舞的节奏

书法是线条的艺术。当代中国台湾舞蹈家林怀民领衔的"云门舞集"舞蹈团，曾创作《行草》组舞，享誉世界。他的灵感来自中国书法。它活化了中国书法的精神，其中《行草贰》最为典型。在舞蹈过程中，舞者如同一个即兴创作的书法家，挥毫泼墨，时而停顿，时而激越，时而流动宛转，时而迟缓柔媚。虽然布景上没有书法，舞台上没有字迹，但使人感受到书法的气脉在流动。

一千多年前的唐代，大书法家张旭整天沉浸在他的行草世界中，他日日临摹前代大师的书迹，但进步不大。一日，他到长安街头，看到人头攒动，凑前一看，见一位女舞蹈家，姿容曼妙，身材纤秀，挥舞着长剑，凌空飞舞，柔美的身躯，飘拂的衣带，随着剑起伏。舞蹈家的身体、长剑和外在的世界几乎合为一体。她就是京城著名的舞蹈家公

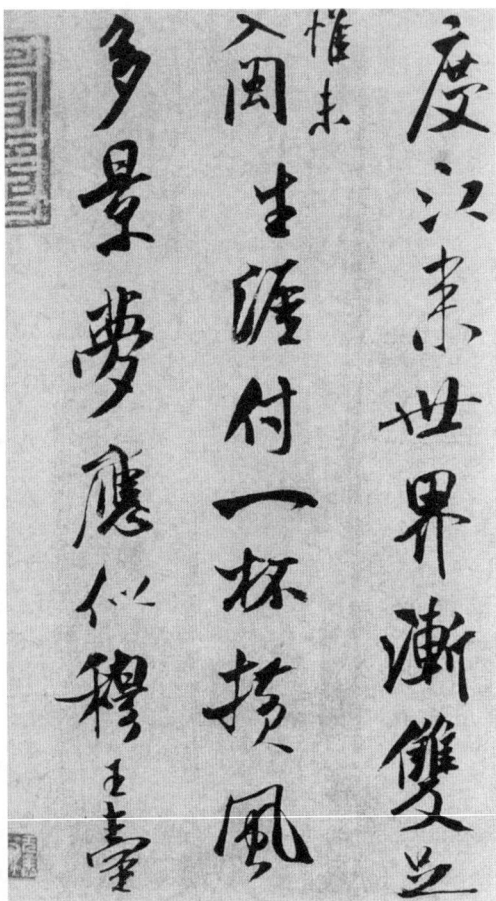

北宋 米芾 秋暑憩多景楼诗帖

孙大娘，大诗人杜甫曾这样赞扬她的舞蹈："昔有佳人公孙氏，一舞剑器动四方。观者如山色沮丧，天地为之久低昂。"张旭看得如醉如痴，从中悟出了书法妙道，从此书艺大进。

一个是当代舞蹈家在书法中得到舞的智慧，一个是古代书法家从舞蹈中得到书法的启发，它说明书法和舞蹈有共通的因素。这共通的因素，就是无影无形又无处不在的内在气脉。书法以流动的气脉为灵魂。

有的人说，看中国书法，就像看太极拳，拳手以优游回环的节奏，在茫茫虚空之中，舞出一条流动的线。

中国书法所说的"一笔书"，就是就这一内在线条（或者叫气脉）而言的。一笔书，不是说一笔写成，笔与笔不间断地连在一起，而是一气相连。外在的笔迹可以是缺断的，但内在的气脉不能断，内在气脉断了，就没有了生机。

"一笔书"的提倡者是王羲之的儿子王献之。他的存世名作《鸭头丸帖》，就是气脉不断之作，一气呵成，气韵流荡，线条之间时断时连。我们读这样的作品，不知不觉中就会被它内在的线条所抓住。

中国书法反对"墨猪"的笔法。所谓"墨猪"，是由于墨太浓，笔力太弱，笔画太肥，臃肿的样子，就像一头肥猪。这就是没有将线条的活力表现出来，内在流动的气脉没有了。


# 书法如兵法

中国人认为，世界万物生生不息，充满了活力，书法应该有活泼的韵味，书法家要尽一切可能创造动感，表现世界万物的生机活趣。

学习书法的人都知道一句格言："书法如兵法。"学书法，就如同学用兵布阵。王羲之教学生的时候，就拿来兵法，一一解说他对笔画的理解。

兵法中有一个概念叫"势"。《孙子兵法》说："激水之疾，至于漂石者，势也。鸷鸟之疾，至于毁折者，节也。是故善战者，其势险，其节短。势如彍弩，节如发机。"湍急的水流向下奔驰，它的力量可以将石头漂起来，这是因为水有势。巨大的猛禽迅速地搏击，以至于能捕杀到飞禽走兽，这是因为蓄了势。所以用兵的人，要善于造成剑拔弩张、一触即发的态势。书法也是如此，也要有剑拔弩张之势，似动而非动，将发而未发，蕴万钧之力，等待最佳时机。

"势"是一种内在的力量。书法在形式上，努力造成内在的不平衡，在不平衡中产生冲突，形式内部厮杀起来，使力量最大化。"势"其实就是一种张力形式。中国书论中有一个比喻很形象，它说书法之妙，要像"狡兔暴骇，将奔未驰"——一只兔子突然被惊吓，正准备奔跑，但还没有奔跑，书法要把这一瞬间的妙处表现出来，因为这样的瞬间，将动未动，是最有张力的空间，具有最大的"势"。

| 南朝宋　爨龙颜

蔡邕是东汉著名书法家，他学书法的过程很苦，久久不得法，白天练习，晚上思索。一天，想着想着就进入了梦乡，梦中遇到一位神人，向他传授一本秘籍，打开一看，上面只有两个字："疾"、"涩"。这个带有神秘色彩的故事，表达了人们对这对概念的重视。疾，形容用笔之畅快；涩，形容用笔之迟慢。疾涩互动，笔有飞动之势，又要有顿挫之功。如骏马从高山飞奔而下，突然打住，马首高昂，嘶鸣不已。又如大河激流直下，忽然前面有巨石挡住去路，湍急的河水冲击巨石，浊浪滔天，声震百里。书法就要有骏马飞奔、激水漂石的气势。

## 风流潇洒的《兰亭集序》

在北京故宫博物院养心殿中，有个三希堂，乾隆皇帝把他最喜欢的三件书法作品藏在这里，认为它们是"稀世珍宝"，所以命名为三希堂。这三件宝贝分别是王羲之的《快雪时晴帖》、王献之的《中秋帖》和王珣的《伯远帖》。其中王羲之和王献之是父子俩，被称为"二王"，他们的书法被视为书法艺术的最高典范。

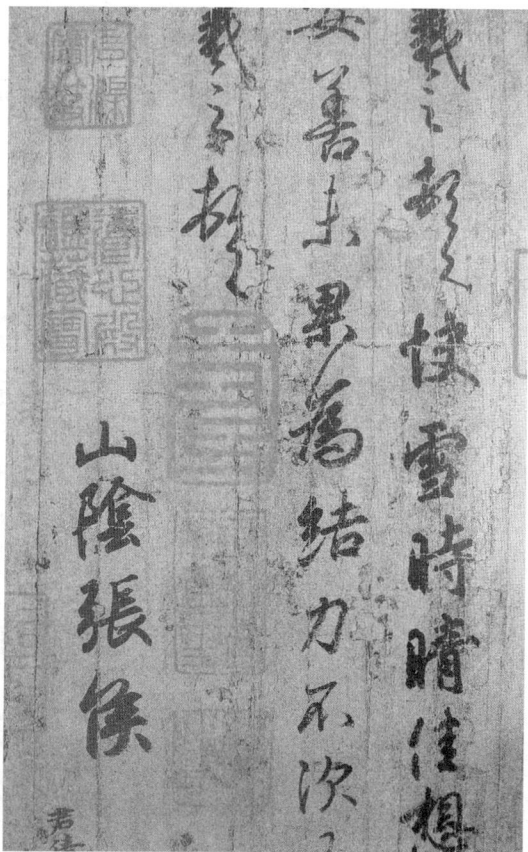

| 晋 王羲之 快雪时晴帖

前人用"矫若游龙"评价王羲之的书法，就像一条矫龙在宛转游动，风流潇洒。王羲之的《兰亭集序》，这件中国书法的无上瑰宝，最能体现这一特点。

这篇《兰亭集序》是王羲之为一个诗集所作的序言。在一个暮春季节，天朗气清，惠风和畅，他和朋友们在河边一个亭子中聚会，玩一种"曲水流觞"的游戏。有一条蜿蜒曲折的水沟，人们将酒杯放在水的上流，酒杯随着水流，停在谁的面前，谁就喝酒作诗。这次欢快的聚会，留下了很多诗篇，人们将它编成诗集，王羲之写了一篇热情洋溢的序言。这件书法作品便由此而来。

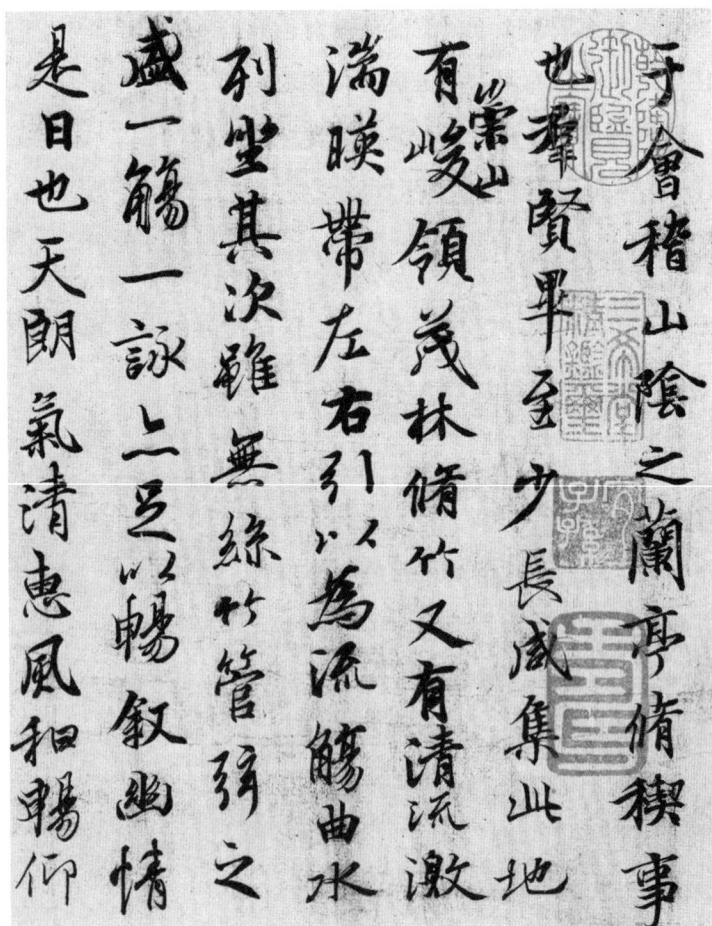

| 唐 冯承素摹 兰亭集序（局部）

这件书法作品透露出活泼的趣味，**字里行间有一种流荡回环、参差错落的美**，显示出飘逸不凡的气质，受到历代书家的喜爱。据说，唐太宗非常喜欢这件宝贝，死后把它作为殉葬品，《兰亭集序》的真迹因此而不传，现在人们所见的都是这件书法作品的摹本。即使如此，也没有减轻人们对这件书作的膜拜之情，它滋育了一代又一代中国书法家。

## 沉着凝重的颜体

中国人认为，做人要含蓄，书法也是一样，不能露锋芒。一个"藏"字，最不可忘。

颜真卿是唐代书法家，他的书法被称为"颜体"，初学书法的人，多由临"颜体"开始。颜真卿早年学书法，曾向草书大师张旭求教，张旭对他说："我学书法，开始时不得其门。一天和友人来到江岸散步，当时水净沙明，白色的沙滩在眼前延伸，我忍不住就想写字，当时没有带毛笔，包里正好有一个铁锥子，就用它在沙上写字。锥子画入沙中，写后，沙子又掩埋了大半，只留下字的一些痕迹。我忽然悟出了写字的方法。书法其实就如同锥画沙，关键在一个'藏'字啊！有了这个'藏'字，才能沉着凝重，才能力透纸背。"

颜真卿对张旭这个故事心领神会，毕生以"藏"作为他书法的最高准则。他发明的"藏头护尾"的颜家书风，影响了中国书法后来的发展。颜真卿是一位儒家学者，刚正不阿，在一场动乱中，为了说服叛逆的敌人，他孤身前往敌营，临危不惧，以身全节。他的书法也端庄雄伟，气势开张。既重书法之"骨"，如人的身体，有骨头才能立得住；又重书法的"筋"，有"筋"才能产生运动感。有"筋"有"骨"还不够，他的字还能做到方正平稳，坚韧厚实不露筋骨。将骨力藏于其中，才是"颜体"的根本特点。

外露的笔法，力量外显，没有内蕴，即为劣品。书品如人品，书法是人格境界的体现，中国人是通过书法修身养性的，儒家美学追求温柔敦厚，要委婉含蓄，外柔而内刚，笔底如有金刚杵，但表面上却不露痕迹。

颜真卿晚年名作《颜家庙碑》充分体现出"藏"的特点，此碑气势博大，又含而不露，庄严肃穆，挟泰山岩岩之气象，反映了颜体的最高成就。

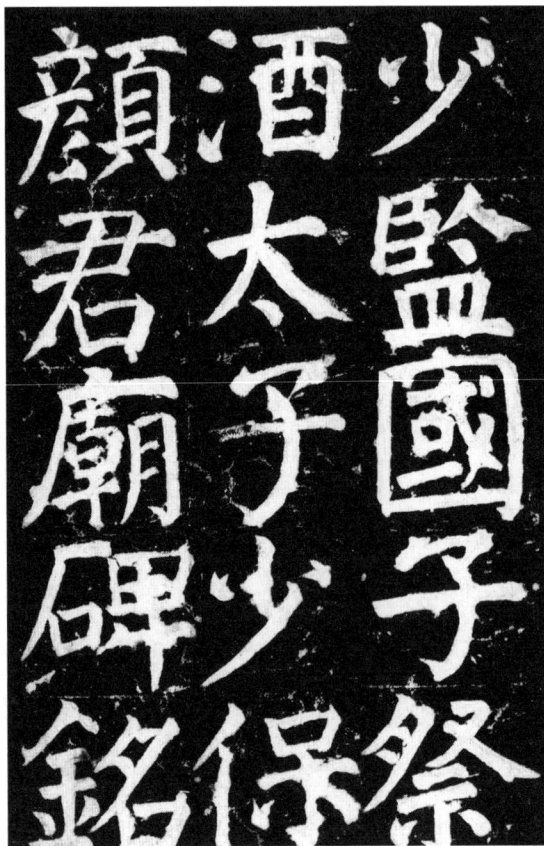

| 唐 颜真卿 颜家庙碑

二一、水墨画的韵味

中国的水墨画，在世界上是很独特的画种。它不用或少用色彩，一般只有浓淡不同的黑色墨水，在白色的纸（或绢）上作画。水墨画之于中国画，就如同油画之于西方绘画，它是中国画的典型面目，也是最能代表中国艺术精神的形式之一。

一般认为，唐代诗人王维是中国第一位水墨画家，在他之前，中国绘画都是着色的。王维受到道家和禅宗哲学的影响，在中国书法的启发下，创造了水墨画。今天我们已经很难见到他的真迹，一幅名为《雪溪图》的作品，是北宋人的摹本，比较接近王维的风格。这幅水墨山水画的是郊外雪中溪流风光，完全不用色彩，用黑色的水墨，居然创造了一个平淡悠远的白雪世界。自他以后，水墨画法渐渐成为风尚，到了唐末五代及北宋初年，水墨画超过了着色画的影响，成为中国画的主要形式。

## 无色的世界

在中国为什么会出现水墨画，这显然有技术材料和艺术传统方面的原因。水墨画一般画在纸或绢上，其中又以纸张为主。中国造纸技术很发达，具有良好质感和丰富渗透功能的纸张为水墨画的出现提供了基础。而中国有书法的传统，书法的创作方式对水墨画有直接的影响。但更主要的原因却来自观念方面。

用黑色的墨水在白色的纸、绢上作画，这是中国画家所钟情的"黑白世界"。黑白世界，对于中国人来说，是无色的世界，不是它完全没有颜色，而是说它没有绚烂富丽的颜色。中国画本来很重视色彩——早期的中国画被称为"丹青"，就是对色彩的强调。中国人色彩感受能力并不差，看一看中国京剧的服饰就可

｜（传）唐 王维 雪溪图

186

以明白这一点。中国画家本来就强调"以色貌色"——世界中有红，有黄，有蓝，有丰富的颜色，绘画应该以变化多样的色彩来表现。这种局面到唐五代发生了变化。

　　唐代书画艺术家在道家思想的影响下，提出了"同自然之妙有"的观点。"同自然之妙有"是说，书画艺术应该具有造化自然一样的性质，造化自然是最朴素的，它排斥人为，排斥文饰。这种"同自然之妙有"的追求，体现在山水画创作中，就是以水墨代替青绿着色。唐代绘画理论家张彦远曾对水墨山水画兴起的思想根源作了说明。他指出，自然万象的本体和生命是"道"，也就是阴阳的气化，它是自然的，不是人为的，所谓"阴阳陶蒸，万象错布，玄化无言，神功独运"。"道"（"气"）是最朴素的，但它蕴含着自然界的五色，产生着自然界的五色。自然万象的五彩，并不是依靠着丹碌、铅粉的着色，而是依靠朴素的"道"（"阴阳陶蒸"），所谓"草木敷荣，不待丹碌之采，云雪飘扬，不待铅粉而白"，"山不待空青而翠，凤不待五色而綷"。而水墨的颜色，正和"道"一样朴素。它最接近"玄化无言"的"道"，最接近自然的本性，因此是最"自然"的颜色。它也和"道"一样，蕴含着自然界的五色，产生着自然界的五色。所以张彦远说"运墨而五色具"。水墨的世界，可以表现出色彩的感觉，同时还能表现出色彩无法传达的内容。画家如果"意在五色"，用"丹碌"的颜色涂草木，用铅粉的颜色涂云雪，就背离了造化自然的本性，用人工破坏了自然，结果就是如张彦远所说"物象乖矣"。张彦远的话说明，水墨山水画的兴起，和画家在道家思想影响下追求"同自然之妙有"的境界有着必然的联系。

　　张彦远的这个思想，也表现在其他一些画论著作中，如托名王维的《画山水诀》一开始就说："夫画道之中，水墨为上。肇自然之性，成造化之功。"这就是说，因为水墨的颜色最符合造化自然的本性，所以水墨山水画在绘画中占有最高的位置。

"画道之中，水墨为上"，从此成为中国绘画的主流观念。

## 超越形似的造型原则

中国绘画没有谨守透视的原则，甚至有意回避透视问题，16世纪以来，很多人对此提出质疑，20世纪房龙的观点就很有代表性。房龙在《人类的艺术》中说："在这个世界上，只有中国人和少数的孩子不理会透视法。"他对中国画的传统很为不屑。

中国在一千五百多年之前就有系统的艺术史著作，南朝谢赫在《古画品录》中提出"六法"说，即绘画的六条基本原则，其中以"气韵生动"为第一。一千五百多年以来，气韵生动一直是中国画的最高原则，主张精神境界的呈现比形象的描摹要重要得多。北宋苏轼说："论画以形似，见与儿童邻。"他的观点正好与房龙相反，房龙认为，中国画不讲透视，不讲形似，还停留在孩子涂鸦的程度。而苏轼认为，如果你画画只知道形似，那真是跟孩子差不多了。从如此对立的观点中可以看出，中国绘画选择的是与欧洲多么不同的道路。

中国曾围绕透视问题展开过激烈的争论。王维就是一位突破固定视点的艺术家。他的画将四季出现的景物放到同一个画面中。他有一幅《袁安卧雪图》，画面上出现了"雪中芭蕉"的构图。巨大的芭蕉叶一到秋天就无影无形了，不可能出现在冰天雪地中。有人对此提出批评，但更多的人则认为，绘画是画意，而不是画形，雪中芭蕉是意念中的事实，完全可以出现在画面上。

北宋 范宽 雪景寒林图

北宋初年的山水画大师李成画画，注意到透视。他从一个固定的点看物象。他画一个建筑，站在一点，仰望屋檐。他画出的画逼肖外物。大科学家沈括对此提出尖锐的批评，他认为画家应该"以大观小"，不能像李成那样"以小观大"。真正的画家不应该停留在具体的视觉上，而应该用"心灵的眼"去观物，画家应画出意念中的世界，而不应局限于视觉中的具体存在。这就是"以大观小"，这里的"大"就是人心灵的统摄力。

中国画画的是想象中的空间，是表现一种精神境界。如南宋马远有一幅《寒江独钓图》，画面的内容很简单，所表现的内涵却很丰富。静谧的夜晚，淡淡的月色，空空荡荡的江面上，有一叶小舟，小舟上一人把竿，身体略略前倾，凝神专注于水面。小舟的尾部微翘，旁边则是几丝柔痕，将小舟随波闲荡的意味传出。这幅画就是着力表现一种超凡脱俗的精神境界：夜深人静，气氛冷寂，只有一弯冷月，一叶扁舟，一个孤独的人，独享这个宁静悠闲的世界。显然，这幅画关心的不在钓，而在生活世界的精神氛围。这正是中国画重要的特色。

## 宋元山水境界

说到中国山水画，人们常常要提到"宋元山水境界"。大约自公元10世纪到14世纪这段时间里，水墨画进入发展的成熟期。画家们利用水墨技法，将中国画推入辉煌的发展阶段，尤其体现在山水画的创作上。这期间出现了很多水墨山水大师，如董源、巨然、范宽、李成、郭熙等。宋元山水传统，强调一片山水就是一片心灵境界，是一个重视呈现人心灵境界的传统。

郭熙的《早春图》，是反映宋代绘画传统的代表性作品。这是一幅全景式山水，作于1072年。画面有薄薄的雾气飘卷，石岗

| 北宋 郭熙 早春图

兀立，碎石幽冷，数株寒柏当风而立，或斜或直，树枝如同鹰爪。这幅画表现早春这一时令特征，虽然寒气未尽，但一切都开始萌动起来了，冰雪开始融化，山间的瀑布又开始流淌，山下那个行者也开始远行了，在永恒的山体中，置入了变化的消息。画面中光影从山下透出，分出明暗，山体显示出层次感。画面有湿漉漉的气氛，山峰从雾气中伸出，如同随着云气飘荡。

这虽然是黑白世界，却有非常丰富的表现力。郭熙论画重"三远"，一是平远，目光向旷远处投去，将人带到遥远的世界。一是高远，目光由下往上看，突出山的高耸气势。一是深远，目光由山前向山后看，突出山的深厚。三远的方法并不合科学透视的要求，但却能突出山水的气势和境界。这幅《早春图》，就是将深远和高远相融合的作品。

元代四位著名的山水画家：倪云林、吴镇、黄公望和王蒙，在画史上被称为"元四家"。这些人都是山林野逸之士，过着卧青山、看白云式的生活，他们的绘画崇尚空灵淡远的趣味，画风每每在冷淡中表现超然物外的情怀。倪云林的画最为典型。

倪云林《容膝斋图》，画的构图是他"一河两岸式"的方式，画面起手处几块顽石，旁有老木枯槎数株，中部为一湾河水，对

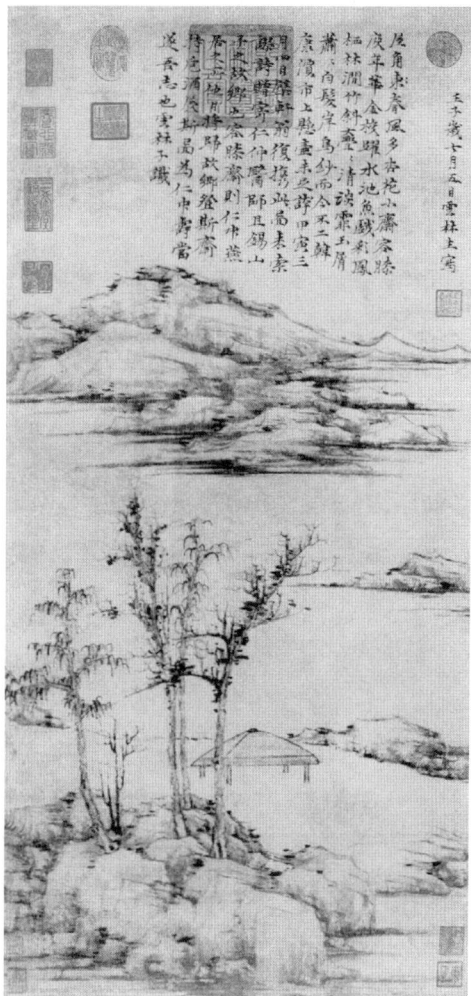

| 元 倪云林 容膝斋图

岸以粗笔勾出淡淡的山影，这里的一切似乎都静止了，水也不流，云也不动，风也不兴，路上绝了行人，水中没有渔舟，寂静的小亭对着沉默的远山，凝滞的秋水环绕着幽渺的古木。是一幅"寒山瘦水"。

在这幅画中，色彩被完全抛弃，用的是"平远"构图方法，突出他所追求的平淡悠远境界。这可以说是画家感觉中的世界：寒山瘦水，表达的是远离世俗的心境；枯木寒林中有画家孤独飘逸的意志；枯树下有一个小亭，那就是画题中所说的"容膝斋"——以只能容纳膝盖来形容小亭之小，人在宇宙中的位置，就是这样的小。但是画面中丝毫不使人感到狭窄，而有一种安宁的气氛。

## 明清以来水墨新创造

明清以来中国水墨画的发展，在宋元绘画传统之外，又开辟了新的境界。画家们用水墨语言表现更丰富的体验和意趣。北宋山水重在气势，元代山水重在空灵淡远的境界。而明清以来像八大山人、石涛这样的大师，却重在自我个性的表现，重在笔墨情趣；像以郑板桥为代表的"扬州八怪"，更重在突破传统范式，表达心中

的宇宙。

八大山人是明末清初一位大书画家，在中国绘画史上，很少有人像他那样将书法笔墨如此巧妙地融入到绘画之中。他出生在一个绘画世家，受过严谨的形式训练，他绘画的造型能力为画史所罕见。如他画一只鸟，往往用笔轻轻一勾，活灵活现的鸟儿就会跃现纸上。他流连于佛门几十年，禅宗思想成为他绘画的基本思想。他的人生经历很坎坷，曾经因患狂疾流浪街头达数年，他以水墨画表现自己独特的人生体验。

《孤鸟图轴》是八大山人一幅感人的作品，画面左侧伸出一根枯枝，枯枝略虬曲，在枯枝的尽头，画一袖珍小鸟，一只细细的小爪，立于枯枝的最末梢之处。似展还收的翼，玲珑沉着的眼，格外引人注目。孤枝，孤鸟，独目，独脚等，这是多么孤独的世界，八大山人用它来表现人独立的精神。《莲房小鸟》是他67岁时的作品。这幅画画一枝欲放未放的莲花，无根的莲枝，从左侧斜斜地伸出，荷塘、荷叶都被删去，一只从远方飞来的小鸟，似落而未落，欲立而未稳，闪烁着欲动又止的翅，睁着迷离恍惚的眼，一只小脚似立非立于莲蕊之上。一切都飘渺无定，画家借此表达一尘不染的思想。

郑板桥是清代中期一位有很高成就的

| 清 郑板桥 竹石图

画家，善画兰、竹、石。如他一幅《墨竹图》，用水墨创造了潇洒的境界，画中有一种卓尔不群的清新气息。

中国古代画家喜欢画梅兰竹菊"四君子"，并非因为这些花木比其他花木美，而是因为它们是人的品格的象征。郑板桥正是这样看他的花鸟画的。他在谈到竹画时说："盖竹之体，瘦劲孤高，枝枝傲雪，节节干霄，有似乎士君子豪气凌云，不为俗屈。故板桥画竹，不特为竹写神，亦为竹写生。瘦劲孤高，是其神也；豪迈凌云，是其生也；依于石而不囿于石，是其节也；落于色相而不滞于梗概，是其品也。"

20世纪中国绘画在吸收传统的基础上，在水墨上又有新的创造，如齐白石就是一位出入古今的大师。他的画深受八大山人、石涛等人的影响，又有自己的味道。如他善于画虾，他的这类画往往画面只有几只虾，其他部分都是空的，但鉴赏者却感到满纸是水，一片通灵。他的水墨画有一种活的趣味。如他的《蛙声十里出山泉》，只是通过山涧中几尾蝌蚪的游动，就传达出了十里山泉的喧腾，展现了一个生机勃勃的世界。

三日不择竟手无狂态矣 白石

|齐白石 虾

194

二二一、唐诗：中国人的千古绝唱

　　中国是诗的国度。尤其在唐代，中国古典诗歌达到全盛时期。唐代三百年间，涌现出大批优秀诗人和杰出的诗歌作品。清代所编《全唐诗》，收录二千三百多位诗人，共四万八千九百多首诗。唐代诗歌数量极大，题材广泛，意象和风格多样化，出现大量思想性和艺术性完美结合的作品，真正是一个百花齐放的黄金时代。唐诗是中国人的千古绝唱。

　　值得我们今天吟诵的唐代诗歌太多。下面我们只介绍三位大诗人。因为这三位大诗人的诗歌所蕴含的中国文化的意味和情趣，最有代表性。

## 杜甫诗的沉郁之美

杜甫诗的美感，用一个词来概括，就是沉郁。

"沉郁"的文化内涵，是儒家的"仁"。

儒家的"仁"是一种普遍的人类同情、人间关爱之情，即孔子所说的"泛爱众"、"爱人"。这种人类同情、人间关爱之情，渗透在杜甫的作品之中，凝结为一种独特的美，就是沉郁。

杜甫诗的沉郁，一个特色是对于人间疾苦的深切体验和同情。这是杜甫的个人命运和国家动乱、人民苦难结合在一起，从而引发的体验和感受。杜甫的《北征》、《自京赴奉先县咏怀五百字》、《兵车行》以及"三吏"（《石壕吏》、《新安吏》、《潼关吏》）、"三别"（《新婚别》、《无家别》、《垂老别》）都是这方面的典型。如《兵车行》一开头就描写战争使老百姓妻离子散："车辚辚，马萧萧，行人弓箭各在腰。爷娘妻子走相送，尘埃不见咸阳桥。牵衣顿足拦道哭，哭声直上干云霄。"结尾对无数士兵在战争中丧失生命发出悲叹："信知生男恶，反是生女好。生女犹得嫁比邻，生男埋没随百草。君不见，青海头，古来白骨无人收。新鬼烦冤旧鬼哭，天阴雨湿声啾啾！""三吏"、"三别"也是写战争带给人民的灾难。《新婚别》是写"暮婚晨告别"的一对一夜夫妻，《垂老别》是写老翁被征去打仗，与老妻惜别，《无家别》是写还乡后无家可归，重又被征去打仗的士兵。如《新安吏》中的诗句：

　　肥男有母送，瘦男独伶俜。 白水暮东流，青山犹哭声。

"有母送"描述出母子生离死别之恨，"独伶俜"又写出茫茫无告的悲哀。水流呜咽，和人们的哭声搅成一片。这种沉郁就来自诗人对人间疾苦的深厚的同情。又如《新婚别》中的诗句：

　　仰视百鸟飞，大小必双翔；人事多错迕，与君永相望。

　　"大小必双翔"、"与君永相望"，都是一字一泪，这种沉郁，也是来自真挚的人间关爱之情。

　　杜甫诗的沉郁，还有一个特色，就是由对人世沧桑的深切体验而引发的一种人生的悲凉感和历史的苍茫感。如写诸葛亮的《蜀相》："丞相祠堂何处寻，锦官城外柏森森。映阶碧草自春色，隔叶黄鹂空好音。三顾频烦天下计，两朝开济老臣心。出师未捷身先死，长使英雄泪满襟！"这首诗就弥漫着一种人生和历史的悲凉感。又如写王昭君的《咏怀古迹》："群山万壑赴荆门，生长明妃尚有村。一去紫台连朔漠，独留青冢向黄昏。"也有一种人生和历史的苍凉感。

　　这就是杜甫诗的沉郁之美，它蕴含着一种对于人间疾苦的深厚的同情，同时弥漫着一种人生、历史的悲凉感和苍茫感。**如果不是有至深的仁心，如果不是对人生有至深的爱，如果对于人生和历史没有至深的体验，是不可能达到这种境界的。**

# 李白诗的飘逸之美

李白诗的美感，用一词来概括，就是"飘逸"。

"飘逸"的文化内涵，是道家的"游"。

道家的"游"有两个内容，一是精神的自由超脱，一是人与大自然的生命融为一体。

读李白的诗，谁都可以强烈感受到一种自由超脱的精神。

| 叶毓中 唐诗诗意图

"大鹏一日同风起，扶摇直上九万里。""长风破浪会有时，直挂云帆济沧海。"这都是挣脱一切束缚的自由超脱的意象世界，也就是庄子的逍遥无羁的"游"的境界。同时，人们从李白诗中又都可以强烈感受到一种人与大自然生命融为一体的情趣，如"众鸟高飞尽，孤云独去闲。相看两不厌，只有敬亭山。""扪天摘匏瓜，恍惚不忆归。举手弄清浅，误攀织女机。""西上太白峰，夕阳穷登攀。太白与我语，为我开天关。愿乘泠风去，直出浮云间。举手可近月，前行若无山。一别武功去，何时更复还？"都是人与大自然的生命融为一体的意象世界。李白最有名的诗篇之一《梦游天姥吟留别》，用丰富的想象力写出了一个缥缈奇幻、色彩缤纷的梦幻的神仙世界，"我欲因之梦吴越，一夜飞度镜湖月。湖月照我影，送我至剡溪。""半壁见海日，空中闻天鸡。千岩万壑路不定，迷花倚石忽已暝。""洞天石扉，訇然中开。青冥浩荡不见底，日月照耀金银台。霓为衣兮风为马，云之君兮纷纷而来下。虎鼓瑟兮鸾回车，仙之人兮列如麻。"这是一个自由的精神世界，又是一个人与大自然生命融为一体的世界，总之是一个体现道家的"游"的意趣的艺术世界。

李白诗的这种飘逸之美，给人一种特殊的美感。

飘逸的美感是雄浑阔大、惊心动魄的美感。这种阔大，不是一般视觉空间的大，而是超越时空、无所不包的大。像李白的《蜀道难》和《梦游天姥吟留别》这两首著名的长诗，有如雄浑阔大的交响乐，不仅有宏大的空间，宏伟的气势，排山倒海，一泻千里，而且神幻瑰丽，天地间一切奇险、荒怪的情景无所不包，令人惊心动魄。如《蜀道难》：

噫吁嚱，危乎高哉！蜀道之难，难于上青天！蚕丛及鱼凫，开国何茫然。尔来四万八千岁，不与秦塞通人烟。西当太白有鸟道，可以横绝峨眉巅。地崩山摧壮士死，然后天梯石栈相钩连。上有六龙回日之高标，下有冲波逆折之回川。黄鹤之飞尚不得过，猿猱欲度愁攀援。青泥何盘盘，百步九折萦岩峦。扪参历井仰胁息，以手抚膺坐长叹。问君西游何时还？畏途巉岩不可攀。但见悲鸟号古木，雄飞雌从绕林间。又闻子规啼夜月，愁空山。蜀道之难，难于上青天，使人听此凋朱颜！连峰去天不盈尺，枯松倒挂倚绝壁。飞湍瀑流争喧豗，砯崖转石万壑雷。其险也如此，嗟尔远道之人，胡为乎来哉！剑阁峥嵘而崔嵬，一夫当关，万夫莫开。所守或匪亲，化为狼与豺。朝避猛虎，夕避长蛇，磨牙吮血，杀人如麻。锦城虽云乐，不如早还家。蜀道之难，难于上青天，侧身西望长咨嗟！

这是一曲雄浑阔大的交响乐。没有神幻瑰丽、奇险荒怪的情景，就不能构成这样惊心动魄的交响乐。所以杜甫说李白："笔落惊风雨，诗成泣鬼神。"

飘逸的美感是意气风发的美感。李白称赞谢朓等人的诗"俱怀逸兴壮思飞，欲上青天揽明月"。李白自己的很多诗都有这种意气风发、放达不羁、逸兴飞扬的美感。

飘逸的美感是清新自然的美感。李白说："清水出芙蓉，天然去雕饰。"李白的诗天真素朴、清新自然，没有丝毫的雕琢。这在李白写的绝句和乐府诗中表现得最突出。如："床前明月光，疑是地上霜。举头望明月，低头思故乡。""玉阶生白露，夜久侵罗袜。却下水晶帘，玲珑望秋月。"这些诗都给人清水出芙蓉的美感。

**李白的诗，给人雄浑阔大、惊心动魄的美感，给人意气风发的美感，给人清新自然的美感，这就是飘逸之美。**

# 王维诗的空灵之美

王维诗的美感，用一个词来概括，就是"空灵"。

"空灵"的文化内涵，是禅宗的"悟"。

禅宗主张在普通的、日常的、富有生命的感性现象中，特别是在大自然的景象中，去领悟那永恒的宇宙本体。这就是禅宗的悟。一旦有了这种领悟和体验，就会得到一种喜悦。这种禅悟和禅悦，表现在诗歌中，形成一种特殊的美，就是空灵。

《五灯会元》记载了天柱崇惠禅师和门徒的对话。门徒

叶毓中 唐诗诗意图

问："如何是禅人当下境界？"禅师回答："万古长空，一朝风月。"这是很有名的两句话。"万古长空"，象征着天地的悠悠，这是无限，是永恒。"一朝风月"，则显出宇宙的生机，大化的流行，这是当下，是瞬间。禅宗就是要人们从现实世界当下的生机去悟那宇宙的无限和永恒。因为只有通过"一朝风月"，才能悟到"万古长空"。反过来，只有领悟到"万古长空"，才能真正珍惜和享受"一朝风月"的美。这就是禅宗的"悟"。禅宗的"悟"就是一种瞬间永恒的形而上的体验。

王维的诗，最充分地体现了禅宗这种"悟"的意蕴。

下面我们看王维的几首诗，这些诗都非常有名。第一首《鹿柴》：

空山不见人，但闻人语响。

返景入深林，复照青苔上。

这一首写的是空山密林中傍晚时分的瞬间感受。"空山不见人"，这是"空"。这时传来了人声。有人声而不见人，似有还无，更显出"空"。只有落日余晖，照在苔藓之上。但这个景色也是暂时的，它将消失在永恒的空寂之中。

第二首《辛夷坞》：

木末芙蓉花，山中发红萼。

涧户寂无人，纷纷开且落。

西湖湖心亭一角

　　这一首写一个无人的境界。在空寂的山中，只有猩红色的木兰花在自开自落。木兰花是"色"，是"有"，而整个环境是"空"，是"无"。

　　第三首《鸟鸣涧》：

　　人闲桂花落，夜静春山空。

　　月出惊山鸟，时鸣春涧中。

这一首也是写一个静夜山空的境界。桂花飘落，着地无声。这个世界实在太静了，月亮出来，竟然使山中的鸟儿受惊，发出鸣叫声。

王维的这几首诗，都呈现出一个色彩明丽而又幽深清远的意象世界，而在这个意象世界中，又传达了诗人对于无限和永恒的宇宙本体的体验。这就是"空灵"。

在唐代诗人中，创造"空灵"的诗歌的不仅是王维。常建、韦应物、柳宗元等人的一些为人传诵的诗句也属于"空灵"的范畴。如常建的《题破山寺后禅院》：

清晨入古寺，初日照高林。

曲径通幽处，禅房花木深。

山光悦鸟性，潭影空人心。

万籁此俱寂，但闻钟磬音。

在初日映照之下，古寺、曲径、花木、山光、飞鸟、深潭，还有时时传来的钟磬声，一切都那么清净、明媚，生机盎然，同时又是那么静谧、幽深，最后心与境都归于空寂。这是一个在瞬间感受永恒的美的世界。

人的生命是有限的，而宇宙是无限的。人们往往想要追求无限和永恒，但那是不可能实现的。所以引来了古今多少悲叹。**禅宗启示人们一种新的觉悟，就是超越有限和无限、瞬间和永恒的对立，把永恒引到当下、瞬间，要人们从当下、瞬间去体验永恒。**

王维诗给人的美感就是这种"空灵"的美感。"空灵"的美感就是使人们在"万古长空"的氛围中欣赏、体验眼前"一朝风月"之美，从眼前的花开花落，体验到宇宙的永恒。永恒就在当下。这时人们的心境不再是焦灼，也不再是忧伤，而是平静、恬淡，有一种解脱感和自由感，"行到水穷处，坐看云起时"，了悟生命的意义，获得一种形而上的愉悦。

王维《竹里馆》插图 明 黄凤池绘

二三、宋词：心灵世界的歌吟

在中国文学史上，历来把宋词与唐诗并称。王国维说"一代有一代之文学"，宋词是宋代最有时代特色的代表性文学。

"词"是"曲子词"的简称，是隋唐之际伴随新的音乐即燕乐而产生的一种新体歌诗。这种新的音乐以胡乐为主体，以琵琶为主要的伴奏乐器。为了配合这种新的乐曲，从隋唐之际到中晚唐时期，发展起了一种长短句形式的新体歌词，到了宋代，形成了高峰。

**宋词（包括之前的唐五代词）的意象和情趣的特色，在于它在很大程度上是当时文人（连同市井百姓）的生命情调的直接呈现，是词人的心灵世界的歌吟。可以说，宋词是一种最心灵化的艺术。**从内容上说，宋词有几个关注点：一是关注日常的生活，在普通的日常生活中寻找诗意，体验生命的情趣；二是关注男女爱情，宋词描写爱情生活的名篇特别多，烛摇红影，月满西楼，所以有"词为艳科"之说；三是关注离别，在亲人、情人的离别中表现生命的情调；四是超越具体的事件和场景，关注整个人生的意义和价值，寻找一种精神的归宿。

宋词的意象和情趣的这种特色，可能是受到宋代社会的时代环境和文化氛围的影响。学者普遍认为宋代都城开启了中国近世的城市模式，宋代都市生活体现出平民化、世俗化、商业化、娱乐化的特点。燕馆歌楼，举之万数，灯火彻夜，歌吹沸天。"金翠耀目，罗绮飘香。新声巧笑于柳陌花衢，按管调弦于茶坊酒肆。"（孟元老《东京梦华录》）在这种城市环境和时代氛围中，宋词就成了当时真正的流行歌曲。大词人柳永的词，受到当时教坊乐工、歌伎的普遍欢迎。十七八岁女郎，执红牙板，歌"杨柳岸晓风残月"，成为当时青楼歌馆的时髦风尚，以至"凡有井水饮处，即能歌柳词"。像欧阳修这样社会地位很高的文人，也写出"泪眼问花花不语，乱红飞过秋千去"、"离愁渐远渐无穷，迢迢不断如春水"这样缠绵悱恻的词。柳永曾经说："忍把浮名，换了浅斟低唱！"宋词作为当时文人的心灵的歌吟，是一种时代的歌吟。

## "且向花间留晚照"

宋词很多名篇是描写日常生活的美感的。词人享受平凡的生活，并从中感受生命的喜悦。我们先看宋祁的《玉楼春》：

东城渐觉风光好，縠皱波纹迎客棹。绿杨烟外晓寒轻，红杏枝头春意闹。　　浮生长恨欢娱少，肯爱千金轻一笑。为君持酒劝斜阳，且向花间留晚照。

这首词写春天来时的一种喜悦的心情。"绿杨烟外晓寒轻，红杏枝头春意闹"是名句。王国维说："着一'闹'字而境界全出。"用"轻"形容晓寒，用"闹"形容春意，**不仅可见宋代词人用"词"之妙，更可看出宋代词人在日常生活中体验生命之美**。词的最后归结为"为君持酒劝斜阳，且向花间留晚照"，词人向自己也向他人发出呼唤，要珍惜生活中短暂的美的瞬间，那是最真实的、最珍贵的。

我们再看晏殊的《踏莎行》：

小径红稀，芳郊绿遍。高台树色阴阴见。春风不解禁杨花，濛濛乱扑行人面。　　翠叶藏莺，朱帘隔燕。炉香静逐游丝转。一场愁梦酒醒时，斜阳却照深深院。

这首词先写郊外的风景、树下的光影，再写珠帘隔燕的室内空间，香炉静静地冒出细烟，这些生活中很小的细节衬托出一种绝对宁静的心境。最后两句，"一场愁梦酒醒时，斜阳却照深深院"，一觉醒来，时光已经慢慢地消逝了。晏殊的词温润秀洁、和婉明丽，在最平淡的日常生活中感受到一种美。

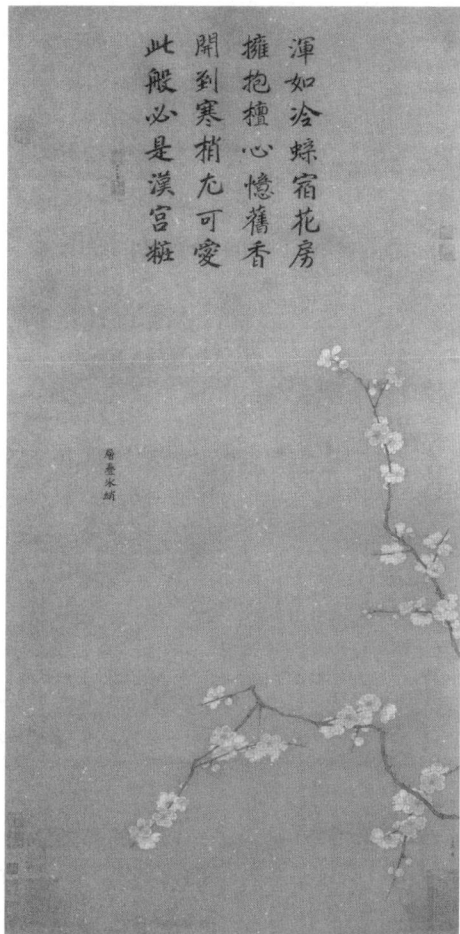

| 宋 马麟 梅花图

再看晏殊的另一首词《浣溪沙》：

一曲新词酒一杯，去年天气旧亭台。夕阳西下几时回？　无可奈何花落去，似曾相识燕归来。小园香径独徘徊。

这首词的"无可奈何花落去，似曾相识燕归来"是名句，写出了日常生活中细腻的生命体验。花朵掉落了，燕子归来了，一面是感伤，一面是喜悦，这几乎是人人都有的体验，词人用很美的句子把它写出来了，所以有人说晏殊的伤感如"秋天红叶"。

我们再看苏轼的《蝶恋花·春景》：

花褪残红青杏小。燕子飞时，绿水人家绕。枝上柳绵吹又少，天涯何处无芳草。　墙里秋千墙外道。墙外行人，墙里佳人笑。笑渐不闻声渐悄，多情却被无情恼。

"花褪残红青杏小"，这是春天的意象，后来被曹雪芹写进了《红楼梦》。"天涯何处无芳草"是广为流传的名句，但

很多人未必知道它是苏轼写的。下片写一个偶然的遭遇，在墙外走路，听到墙里面有位少女一边荡秋千，一边欢笑。一会儿人走了，笑声没有了。生活中很多美好的事情也是这样，偶然遇到，瞬间消失，留下一种莫名的惆怅。这也是一种生命的体验。

我们再看李清照的《如梦令》：

昨夜雨疏风骤，浓睡不消残酒。试问卷帘人，却道海棠依旧。知否？知否？应是绿肥红瘦。

这首小令写女主人公清晨醒来时的一个美好的瞬间，写出了女主人公日常生活中的美与爱，以及生命内部的情调。清人评论说"'绿肥红瘦'无限凄婉，却又妙在含蓄"。"海棠依旧"、"绿肥红瘦"等句都成了千古名句。

## "众里寻他千百度"

宋词（连同唐五代词）中描写男女爱情的名句很多，如"昨

（传）宋 刘松年 十八学士图（局部）

夜西风凋碧树，独上高楼，望尽天涯路"（晏殊《蝶恋花》），
"衣带渐宽终不悔，为伊消得人憔悴"（柳永《蝶恋花》），"换
我心，为你心，始知相忆深"（顾夐《诉衷情》），"两情若是久
长时，又岂在朝朝暮暮"（秦观《鹊桥仙》），等等。名篇也很
多，大多是写男女约会和闺房艳情，从中呈现出男女情人的生命
情调和微妙的心灵活动。

我们先看两首色彩明丽、情调欢快的小词。一首是欧阳修的
《生查子》：

去年元夜时，花市灯如昼。月上柳梢头，人约黄昏后。
今年元夜时，月与灯依旧。不见去年人，泪湿春衫袖。

"月上柳梢头，人约黄昏后"，多么富有诗意！这两句成了
描绘青年恋人约会的名句。虽说今年不见去年的恋人，"泪湿春
衫袖"，好像有点儿伤感，但是伤感之中有热烈，整个人生还是
积极欢快的人生。

再一首是晏几道的《鹧鸪天》：

彩袖殷勤捧玉钟，当年拼却醉颜红。舞低杨柳楼心月，歌尽
桃花扇底风。　　从别后，忆相逢，几回魂梦与君同。今宵剩把
银缸照，犹恐相逢是梦中。

这首词写当年与情人的欢会、别后的相思，以及今宵重逢的
喜悦。"舞低杨柳楼心月，歌尽桃花扇底风"，写尽情人欢会的
美艳和欢乐。

我们再看辛弃疾的《青玉案》：

东风夜放花千树。更吹落，星如雨。
宝马雕车香满路。凤箫声动，玉壶光转，
一夜鱼龙舞。　　蛾儿雪柳黄金缕。笑语
盈盈暗香去。众里寻他千百度。蓦然回
首，那人却在，灯火阑珊处。

这首词先写上元灯节的热闹景象，
火树银花，又写游玩的盛装女子，笑语盈
盈，但是主人公没有找到他的意中人。突
然之间，一个回首，在灯火暗淡的角落里
发现了她。"众里寻他千百度"，这是生
命的追求，"蓦然回首"，这是一个偶然
的瞬间、一个千金难买的瞬间，"那人却
在，灯火阑珊处"，瞬间成了永恒，这是
生命意义的实现。这首词，字面上是写男
女之间的约会，实际上表达的是一种审美
理想和生命体验。

在描写男女爱情的宋代词人中，周邦
彦是一大家。周邦彦善于描写女子的声色
情态之美，更善于写女子的情怀，我们看
这首《月中行》：

蜀丝趁日染干红，微暖面脂融。博山
细篆霭房枕，静看打窗虫。　　愁多胆怯

宋 赵佶 听琴图轴

疑虚幕，声不断，暮景疏钟。团团四壁小屏风，啼尽梦魂中。

这位闺中少妇着盛装，"微暖面脂融"，极其美艳，她点燃了炉香，等待情人。但是情人可能不会来了，只能静静看着碰撞窗纸的小虫。接下去写暮景疏钟，"啼尽梦魂中"。学者说："善言女子之怀，当无如清真（周邦彦自号'清真居士'）矣。"女子的情怀，是一种生命的情调。

我们再看这首《少年游》：

并刀如水，吴盐胜雪，纤手破新橙。锦幄初温，兽烟不断，相对坐调笙。　　低声问向谁行宿，城上已三更。马滑霜浓，不如休去，直是少人行。

这首词，上片写闺房室内情景，纤手切橙，相对吹笙。下片则写人物对话，是女方的口吻，风情如活。周邦彦采用戏剧化的手段，用叙事来抒情，叙事、抒情、写景互相交融，又在紧要处用一句口语点缀雅语，清人说它"意思幽微，篇章奇妙"，"开合动荡，独有千古"。

## "多情自古伤离别"

宋词（连同唐五代词）有很多名篇通过描写离别和思念来表现作者的心灵节奏和生命情调。我们先看晚唐词人温庭筠的几首《菩萨蛮》：

小山重叠金明灭，鬓云欲度香腮雪。懒起画蛾眉，弄妆梳洗迟。　照花前后镜，花面交相映。新贴绣罗襦，双双金鹧鸪。

水精帘里颇黎枕，暖香惹梦鸳鸯锦。江上柳如烟，雁飞残月天。　藕丝秋色浅，人胜参差剪。双鬓隔香红，玉钗头上风。

南园满地堆轻絮，愁闻一霎清明雨。雨后却斜阳，杏花零落香。　无言匀睡脸，枕上屏山掩。时节欲黄昏，无聊独倚门。

第一首描写一位和爱人分别的女子清晨起来梳妆时孤独的心情。词人把这种离愁通过描述这个女子的美来呈现。"小山重叠金明灭，鬓云欲度香腮雪"，已是无比的美，"照花前后镜，花面交相映"，更是加倍的美。而主人公身上绣罗襦上面的"双双金鹧鸪"却映射出主人公心境的孤独、悲凉。这首词色彩艳丽。

| （传）宋 刘松年 十八学士图（局部）

后面两首把镜头转向窗外景色，"江上柳如烟，雁飞残月天"，"雨后却斜阳，杏花零落香"，用明净清丽的景色来渲染寂寞的情思。后人称赞说，温词是"视觉的盛宴"。

我们再看李煜的两首《相见欢》：

无言独上西楼，月如钩。寂寞梧桐深院锁清秋。　　剪不断，理还乱，是离愁。别是一般滋味在心头。

林花谢了春红，太匆匆。无奈朝来寒雨晚来风。　　胭脂泪，留人醉，几时重？自是人生长恨水长东。

这两首词大家都很熟悉，很多句子大家都能背诵。前面一首词现在还重新配了曲被人歌唱。"无言独上西楼，月如钩。寂寞梧桐深院锁清秋"、"胭脂泪，留人醉"都是很美的意象。这些意象传达出一种悲凉辛酸的人生体验，一种"烟水迷离"的生命情调。

我们再看柳永的《雨霖铃》：

寒蝉凄切。对长亭晚，骤雨初歇。都门帐饮无绪，留恋处、兰舟催发。执手相看泪眼，竟无语凝噎。念去去、千里烟波，暮霭沉沉楚天阔。　　多情自古伤离别，更那堪、冷落清秋节。今宵酒醒何处，杨柳岸、晓风残月。此去经年，应是良辰、好景虚设。便纵有、千种风情，更与何人说？

词的上片写秋日黄昏的离别，骤雨过后，寒蝉凄切，相看泪眼，无语凝噎，暮霭沉沉楚天阔，兰舟催发。下片写男主人公的心境。"今宵酒醒何处，杨柳岸、晓风残月"，这两句不但为文人欣赏，而且为市井百姓喜爱，成了千古传诵的名句。最后结句"便纵有、千种风情，更与何人说"，以问句写尽离情，且留有无穷意味，写出了词人的情感心境。

## "何处是归程，长亭连短亭"

宋词（连同唐五代词）中有许多名篇超越了对生活中某个具体事件、场景的感受和体验，而对整个人生发出一种感叹，这种感叹是词人心灵深处对人生意义和精神归宿的追问，是一种带有形而上意味的人生感和历史感。

我们先看被称为"百代词曲之祖"的无名氏的两首词，一首是《菩萨蛮》：


平林漠漠烟如织，寒山一带伤心碧。暝色入高楼，有人楼上愁。　　玉阶空伫立，宿鸟归飞急。何处是归程，长亭连短亭。


再一首是《忆秦娥》：


箫声咽，秦娥梦断秦楼月。秦楼月，年年柳色，灞陵伤别。　　乐游原上清秋节，咸阳古道音尘绝。音尘绝，西风残照，汉家陵阙。


两首词都超越一人一时对具体场景的感受，而上升为对整个人生的感受。"何处是归程，长亭连短亭"，就是对人生终极意义的追问。人们会联想到《红楼梦》里林黛玉的"葬花辞"，"天尽头，何处有香丘"，也是一种对人生终极意义的追问。这就是带有形而上意味的人生感、历史感。

我们再看李煜的《虞美人》，这首词非常有名：

春花秋月何时了，往事知多少。小楼昨夜又东风，故国不堪回首月明中。　　雕栏玉砌应犹在，只是朱颜改。问君能有几多愁，恰似一江春水向东流。

这首词也是把个人的伤感上升为对整个人生的感叹，因此在历史上能引起处于各种不同境遇中的人们的共鸣。

最后我们看苏轼的两首词，一首是《水调歌头》：

明月几时有，把酒问青天。不知天上宫阙，今夕是何年。我欲乘风归去，又恐琼楼玉宇，高处不胜寒。起舞弄清影，何似在人间。　　转朱阁，低绮户，照无眠。不应有恨，何事长向别时圆。人有悲欢离合，月有阴晴圆缺，此事古难全。但愿人长久，千里共婵娟。

一首是《念奴娇·赤壁怀古》：

大江东去，浪淘尽，千古风流人物。故垒西边，人道是，三国周郎赤壁。乱石穿空，惊涛拍岸，卷起千堆雪。江山如画，一时多少豪杰。　　遥想公瑾当年，小乔初嫁了，雄姿英发。羽扇纶巾，谈笑间，樯橹灰飞烟灭。故国神游，多情应笑我，早生华发。人生如梦，一尊还酹江月。

这两首词历来被公认为宋词中的经典，雄健、开阔、空灵、旷达。一首写"起舞弄清影"，"不知天上宫阙，今夕是何年"，一首写"大江东去"，"遥想公瑾当年，小乔初嫁了，雄姿英发"。两首词都是感叹宇宙的无限、时光的流转、人生的短暂，以及万事万物的生生灭灭，但最后归结为"但愿人长久，千里共婵娟"，"人生如梦，一尊还酹江月"，表现出超脱、旷达的人生态度。正如当时人所说，苏轼词"使人登高望远，举首高歌，而逸怀浩气，超然乎尘垢之外"。这种高远的精神境界，是对有限的、世俗的人生的一种超越。陆游说："试取东坡诸词歌之，曲终，觉天风海雨逼人。"这种天风海涛的气势，这种逸怀浩气，出自苏轼广阔、旷达的胸襟，出自苏轼自由超脱的心灵节奏。

| 宋 马远 雕台望云图

## 二四、明清小说：在艺术享受中品味人生

中国古典小说的发展在明清两代达到了成熟的阶段，出现了一大批优秀的长篇章回小说，还有一大批优秀的短篇小说集。

明清长篇小说从题材、内容和创作方法来区分，可以分为历史演义、英雄传奇、神魔小说、世情小说四种主要类型。在这四种类型中，最有名的代表性著作是《三国演义》、《水浒传》、《西游记》、《红楼梦》。这四部小说的许多情节，被搬上京剧舞台，被改编成连环画、动画片、电视剧和电影。这四部小说中的主要人物，如《三国演义》中的诸葛亮、关羽、曹操，《水浒传》中的林冲、鲁智深、武松，《西游记》中的孙悟空、猪八戒，《红楼梦》中的贾宝玉、林黛玉，等等，还有这四部小说中的许多精彩的故事，如赤壁之战、武松打虎、大闹天宫、三打白骨精，等等，在中国几乎家喻户晓，老少皆知。

《三国演义》、《水浒传》、《西游记》、《红楼梦》这四部小说，在小说艺术方面取得了杰出的成就，对中国民众的精神生活产生了广泛而深远的影响。


## 《三国演义》：三国历史的全景画

罗贯中把自己的小说称作"通俗演义"，表明他是根据历史学家的记载加以发挥，"添设敷演"，通过讲述历史故事，塑造生动的历史人物形象，展现历史图景，使广大民众得到历史知识和历史经验。《三国演义》出版以来的事实证明，这样的历史小说非常受广大民众的欢迎。

《三国演义》在读者面前展现了从东汉末年至西晋灭亡东吴这一百多年间的政治、军事、外交斗争的全景画。这一百多年间，出场人物众多（书中写了一千多个人物，突出的人物有一百

| 皮影 斩颜良（三国故事）

多个），政治、军事斗争错综复杂，波澜壮阔，但是《三国演义》写得有声有色，扣人心弦，同时又纵横交错，有条不紊，在艺术上达到了很高的成就。

罗贯中描绘这幅全景画，他的方法是创造一系列具有奇特性格的人物，同时又创造一系列十分精彩的故事情节，并把这两个方面结合起来。也就是说，他是通过故事情节来展现人物的性格和命运，又通过人物的性格和命运来展现这一幅五彩缤纷的历史图景。

在《三国演义》塑造的人物形象中，最突出的是三个人：诸葛亮、关羽、曹操。清初文学批评家毛宗岗称之为"三奇"、"三绝"：诸葛亮是"古今来贤相中第一奇人"，关羽是"古今来名将中第一奇人"，曹操是"古今来奸雄中第一奇人"。

《三国演义》这些奇异人物的性格和命运，都是通过这些人物的十分独特的、甚至是独一无二的行为，通过一系列十分奇特的情节和细节表现出来的。如诸葛亮，就是通过三顾茅庐、舌战群儒、草船借箭、借东风、七擒孟获、空城计、秋风五丈原等奇特的情节，塑造了他谋略过人、"鞠躬尽瘁，死而后已"的光辉形象。如关羽，就是通过温酒斩华雄、过五关斩六将、单刀会、刮骨疗毒等情节，塑造了他武勇神威和坚贞不屈的义士品格。又如曹操，也是通过一系列奇特的情节和细节塑造了他"宁教我负天下人，休教天下人负我"的奸雄的性格。如第十七回，写曹操引兵十七万攻打袁术，粮食接济不及。曹操命仓管王垕以小斛散粮，以救一时之急。兵士都发怨言。于是曹操把王垕秘密找来，说："我想问你借一件东西，以安抚士兵们的情绪，你一定不要吝惜。"王垕问："丞相想借什么东西？"曹操说："我想借你的脑袋用来示众。"王垕大惊失色，说："我没有罪！"曹操说："我也知道你没有罪，但不杀你，军心必变。你死后，你的家人由我照顾，你不必挂虑。"王垕还想说话，曹操早喊刀斧手把王垕推出门外，一刀砍下脑袋，高高挂在竹竿上示众，于是士兵们的怨恨才得到消解。这一回接着写曹操引兵攻打张绣，途中曹操的马踩坏了一大块麦田，曹操当即用长剑割下自己的头发，代替自己的脑袋，用来号令三军。毛宗岗评论说："曹操一生，无所不用其借：借天子以命诸侯；又借诸侯以攻诸侯；至于欲安军心，则他人之头亦可借；欲申军令，则自己之发亦可借。借之谋愈奇，借之术愈幻，是千古第一奸雄。"


## 《水浒传》：英雄人物性格的塑造


《水浒传》是一部英雄传奇，它描写宋代下层社会形形色色的英雄人物，在贪官污吏、土豪劣绅等社会黑暗势力的迫害下，起来造反，"撞破天罗归水浒，掀开地网上梁山"的故事。梁山泊义军的大小头领共有一百零八人，其中最有名的英雄人物有林冲、鲁智深、武松、李逵等人。他们见义勇为、慷慨任侠，在各自不同的"逼上梁山"的经历中，展示出普通人难以企及的生命力和英雄气概。其中如景阳冈武松打虎、鲁智深大闹野猪林、吴用智取生辰纲等故事，都写得笔墨酣畅，兴会淋漓，充满了令人向往的神奇色彩。

《水浒传》在描绘这些英雄人物形象的时候，着重刻画他们每个人不同的性格。明末清初小说评论家金圣叹对于这一点曾作过精彩的分析。他认为，《水浒传》之所以吸引人，感动人，使人百读不厌，主要就在于它把这些英雄人物的独特的性格都写了出来。他说："别一部书，看过一遍即休，独有《水浒传》，只是看不厌。无非为他把一百八人性格都写出来。"又说："《水浒》所叙，叙一百八人，人有其性情，人有其气质，人有其形状，人有其声口。"金圣叹还认为，《水浒传》所写的这些英雄人物的性格可以对读者的精神起一种振奋、鼓舞、净化、升华的作用。例如，阮小七是一个透明人物，"心快口快"，"使人对之，龌龊销尽"。又如，鲁达见义勇为，"一片热血直喷出来"，"令人读之，深愧虚生世上，不曾为人出力。"

《水浒》插图 顺治年间刊

《水浒传》描写这些英雄人物的性格，有两种不同的情况。一种英雄人物的性格特点，自始至终，没有多大变化。如鲁智深，从一出场，就是"遇酒便吃，遇事便做，遇弱便扶，遇硬便打"，从不考虑个人的得失。还有一种英雄人物的性格特点，则是随着他本人的遭遇和命运的变化而逐渐发生变化。林冲就是后面这种情况的一个典型。林冲是一个高级军事教官，"八十万禁军教头"。一开始高俅儿子高衙内调戏他娘子，他采取委曲求全的态度。但是高俅并没有放过他，先是设计陷害他，把他发配沧州，接着又收买押送公人董超和薛霸，要在野猪林中结果他的性命。林冲还是一忍再忍。但是高俅一步步把他推上绝境。林冲到沧州牢城营后，管营分配他看守草料场。谁知这又是高俅的爪牙陆谦的阴谋。林冲到草料场后，在一个大雪天，陆谦一伙放火烧了草料场，要把林冲烧死。林冲长久郁结的一腔怨火终于暴发，他冲出庙门，手拿尖刀，杀死陆谦等人，在大雪纷飞中走上了"逼上梁山"的道路。林冲的故事，把"乱自上作"和"逼上梁山"这两句话表现得最为淋漓透彻。

《水浒传》成功地塑造了一大批性格不同的英雄人物，特别是像林冲这样随着遭遇和命运的变化而性格不断发展的英雄人物，这是《水浒传》在小说史上的重要贡献。

## 《西游记》：孙悟空的英雄主义精神

《西游记》是讲唐僧取经的故事，但《西游记》的第一主人公是孙悟空。

孙悟空的故事分为前后两大板块。前一板块是讲孙悟空大闹天宫的故事，后一板块是讲孙悟空保护唐僧取经，一路上和各种妖魔鬼怪斗争的故事。这两大板块的故事包含有不同的意蕴。

孙悟空的出身是花果山的一个石猴，本是天地日月的精华生成，是大自然的产物。但是他要超脱一切自然规律和社会规范的制约，打破生死阴阳的界限，追求无拘无束、不生不灭的绝对自由，所谓"超出三界外，不在五行中"。他从菩提祖师那里学到了筋斗云和七十二变的本事，就开始他的追求。他闯进龙宫，把一根一万三千五百斤的天河镇底神针铁变成"如意金箍棒"，作为自己的武器。他跑到地府，把掌管人间寿命的生死簿上"孙悟空"和所有猴类的名字一笔勾销。他又大闹天宫，打出"齐天大圣"的旗号，天兵天将被他打得落花流水。但最后他还是失败了，被如来佛压在五行山下。

孙悟空的失败不是偶然的。因为任何人，纵使有天大的本事，想要超脱一切自然规律和社会规范的制约，取得绝对自由，都是不可能的。书中有两个最有趣的例子。一是孙悟空与二郎神斗法，他把自己变成一座土地庙，嘴巴变庙门，牙齿变门扇，舌头变菩萨，眼睛变窗棂。但尾巴不好处理，他就把尾巴变成一根旗杆，变得很巧妙。但旗杆应该竖在庙前，他的旗杆却只能竖在庙后，这就露出破绽，被二郎神看破。这说明任何人都不能绝对超出自然的界限。二是孙悟空与如来佛斗法，孙悟空一个筋斗十万八千里，一直翻到天尽头，那里有五根擎天大柱。孙悟空非常得意，拔下一根毫毛，变成一支毛笔，在中间柱子上写了一行大字："齐天大圣到此一游。"谁知他根本没有跳出如来佛的掌心，那五根擎天大柱不过是如来佛的五根手指。这也说明任何人不能跳出天地的界限，人不可能有绝对的自由。

孙悟空被唐僧从五行山下救出，保护唐僧去西天取经，途中经过九九八十一难，千辛万苦，终于取得真经，成了正果。这一板块故事和前一板块故事的性质改变了。这是讲孙悟空为了达到一个伟大的目标，艰苦奋斗的故事。孙悟空的性格也有变化。"大闹天宫"的孙悟空的性格是天不怕地不怕，藐视一切权威，不守任何规矩，敢打敢冲，而取经路上的孙悟空则机智、勇敢、风趣、乐观，为实现一个理想目标而奋斗，征服一切困难（取经路上共有"九九八十一难"，这"九九八十一"的数字意味着无限），是一个百折不挠的英雄主义的人物形象，在他身上体现了中国古代神话传说中的夸父追日、精卫填海、女娲补天、愚公移山的理想主义和英雄主义精神。

孙悟空为实现理想目标，不仅要与外界的妖魔斗争，而且要和自己内心的妖魔斗争。九九八十一难中的第四十六难，就是写这样一个故事。故事先是写孙悟空打杀了几个拦路抢劫的草寇，触怒了唐僧，唐僧执意赶走了孙悟空。这时，有一个六耳猕猴乘唐僧身边无人，变做孙悟空，把唐僧打倒，抢了行李，宣称："我自己上西方拜佛求经，送上东土，我独成功，教他南赡部洲人立我为祖，万代传名。"这一来就出现了两个孙悟空，一个真孙悟空，

| 皮影 西游记（甘肃平凉）

一个假孙悟空，这两个孙悟空"同像同音"，连观音菩萨都分不清。这个假的孙悟空，其实是孙悟空内心产生的"魔头"，是孙悟空潜意识的外化。所以小说作者一再说："人有二心生祸灾"，"二心搅乱大乾坤"。人要实现崇高理想，不仅要和外界妖魔作斗争，还要与自己的"心魔"作斗争，要"剪断二心"。"剪断二心"，是战胜自我、提升自我的艰苦过程。这显示出《西游记》这部神魔小说在描写人性方面达到了相当的深度。

《西游记》的故事充满了神奇瑰丽的幻想，又充满了幽默和诙谐，无论对大人还是小孩都有极大的吸引力。同时，《西游记》的故事又包含有哲学的意蕴，给人以人生的启示。

## 《红楼梦》："有情之天下"毁灭的悲剧

《红楼梦》是中国古典小说发展的顶峰。

《红楼梦》以前所未有的广度和深度真实地反映了清代前

期的社会面貌和人情世态，深刻揭示了封建贵族制度的腐败。小说描写了贵族之家贾府的内部和外部的社会关系：经济关系、政治关系、家族关系，描绘了各种各样的人物，极为真实，极为深刻，在读者面前展现了社会生活的广阔图景。这在中国小说史上是空前的。如第五十三回写黑山村的乌庄头到贾府交租，那是一个荒年，乌庄头送来米一千担，柴炭三万三千斤，干虾二百斤，熊掌二十对，鹿舌牛舌各五十条，海参五十斤，鸡鸭鹅六百只，各种猪一百只，各种羊八十只……又卖去粱谷牲口各项，折银二千五百两。乌庄头一面叩头，一面哀诉年成不好。而贾府主人贾珍却大为不满，皱眉道："我算定了你至少也有五千两银子来，这够做什么的？""这几年添了许多花钱的事，不和你们要，找谁去？"这段描写非常真实地反映了封建贵族和佃户之间的经济关系。又如，贾府的亲戚、身为"皇商"的薛蟠，打死了人，如"没事人一般"，自谓"花上几个钱没有不了的"。又如贪酷成性的贾雨村，为了结交豪门，想夺取石呆子手中的扇子，就害得他家破人亡。再如凤姐为了三千两银子的贿赂，便拆毁张金哥的姻缘，神不知鬼不觉地害死两条人命。小说中这许许多多描写，都极深刻地揭示了当时社会的种种黑暗现象，揭示出在充满"诗书翰墨之香"的贵族家庭里，隐藏着无数的罪恶。

曹雪芹在《红楼梦》开头说，这本书"大旨谈情"。曹雪芹的人生理想是肯定"情"的价值，追求"情"的解放。曹雪芹要寻求"有情之天下"，要寻求春天。但现实社会没有春天，所以他就创造了一个"有情之天下"，就是大观园。大观园是一个理想世界，是一个春天的世界，那里处处是对青春的赞美，对"情"的赞美，对少女的人生价值的肯定和赞美。大观园这个"有情之天下"，好像是当时社会的一股清泉，一缕阳光。但是这个理想世界，这个"有情之天下"，被周围的恶浊世界所包围，不断受到打击和摧残。林黛玉的两句诗："一年三百六十

| 《红楼梦》插图（海棠诗社）清 孙温绘

日，风刀霜剑严相逼"，不仅是写她个人的遭遇和命运，而且是写所有有情人和整个有情之天下的遭遇和命运。在当时的社会，"情"是一种罪恶。贾宝玉被贾政一顿毒打，差点被打死，大观园的少女也一个一个走向毁灭：金钏投井，晴雯屈死，司棋撞墙，芳官出家，鸳鸯上吊，尤二姐吞金，尤三姐自刎……直到黛玉泪尽而逝，这个"千红一窟（哭）"、"万艳同杯（悲）"的伟大交响曲的音调层层推进，最后形成了排山倒海的气势，震撼人心。"冷月葬花魂"（林黛玉诗句），是这个悲剧的概括。有情之天下被吞噬了。

鲁迅说："悲剧是将人生有价值的东西毁灭给人看。"《红楼梦》正是如此。这是一个带有民主主义和人文主义倾向的人生理想在封建"末世"遭到毁灭的悲剧。

《红楼梦》在艺术上的很多方面都取得了很高的成就。

《红楼梦》塑造了一系列极有典型意义的人物性格和形象，如宝玉、黛玉、宝钗、妙玉、晴雯、鸳鸯、王熙凤、贾母、贾雨村、尤二姐、尤三姐等。曹雪芹除了通过他们的语言、行动来刻画他们外，还特别重视对人物心理的直接刻画，在人物描写方面开辟了一个新的境界。

曹雪芹以他极其丰厚的学识修养，把中国历史上长期积累起来的传统文化，几乎包罗无遗地全部安插在《红楼梦》里：经学、史学、诸子哲学、散文、骈文、诗赋、词曲、平话、戏文、绘画、书法、八股、对联、诗谜、酒令、佛教、道教、星相、医卜、礼节、仪式、饮食、服装以及各种风俗习惯。对所有这一切他都懂得非常透彻，因而描写得细致、生动、准确。所以人们常说，《红楼梦》是一部中国传统文化的百科全书。一个人如果把《红楼梦》细读一遍，必定可以大大提高自己的中国传统文化的修养。

二五、作为中国文化『名片』的瓷器

　　在英文中，"中国"与"瓷器"是一个词，这说明，很早时期欧洲人认识中国是和瓷器联系在一起的。瓷器15世纪时就传入欧洲，在中外交流中占有重要位置。德国卡赛尔郎德博物馆至今还藏有一件中国明代青瓷碗。历史上，中国和亚洲、欧洲许多国家的瓷器交易非常频繁，而且数量巨大。据今人研究，在1602—1682年间，仅荷兰东印度公司贩运的中国瓷器就有一千六百多万件。瓷器以其优雅精致的品质，为中国赢得了好名声。在公元17至18世纪欧洲将中国理想化的思潮中，瓷器扮演着重要角色。我们在当时风行欧洲的洛可可风格中，也多少可以看出以瓷器、园林为代表的"中国风"的影响。

　　瓷器是中国文明史上的重要物品。瓷器的前身是陶器，釉陶是瓷器产生的基础。大约在公元1世纪时，中国就出现了瓷器。到了宋代（960—1279）瓷器进入了成熟期。宋瓷代表中国瓷器

| 斗彩团花鸟茶杯 明成化

| 折枝花卉纹碗 明宣德

| 灰青葵口碗 南宋

的最高水平，当时有钧、定、官、哥、汝五大名窑，各窑的瓷器均具创造性，一直是后代模仿的对象。自元代开始，景德镇开始成为中国的瓷器中心。

中国瓷器莹然可玩，沉静的色彩，透明的胎体，优雅的图案，精巧的形状，都是一代一代瓷器艺人追求的目标。青铜器、陶器、瓷器都是中国人喜爱之物，但风格各有不同。瓷器虽没有陶器的古朴，却多了一些细腻；没有青铜器那样肃穆，却多了一种轻巧和优雅。

瓷器可以说是中国文化的名片，这个名片中凝聚着中国文化的信息，也体现了中国人的审美追求。

## 自然天成之美

熟悉中国瓷器的人都知道，很多瓷器布满了不规则的裂纹，瓷学术语叫"开片"。开片本来是瓷器制作中的缺陷，到了北宋却变成了人们的追求，而且这一传统一直流传至今。它是中国瓷器的典型特征之一。

开片是瓷器釉面的一种自然开裂现象，是由瓷器内部应力作用所产生的，当釉面的伸缩程度超出它的弹性区间极限时，就会出现釉层断裂和位移现象，产生裂痕。瓷坯和釉的膨胀系数不同，瓷器烧焙后，在冷却的过程中，釉层的收缩率比坯料大，内部应力不平衡，这也是导致瓷面裂痕的重要原因。

一种缺陷，竟然变成一种审美追求，其中的内涵很值得玩味。

哥窑（浙江龙泉）是宋代诸窑中追求开片的典范。上海博物馆藏有两件哥窑瓷，开片很美，都是宋代作品，一件是葵口碗，一件是轮花碗。两件藏品碗口自然如花，开片细密，纵横有致。台北故宫博物院藏有一件元代哥窑鱼耳炉，在米色釉上，有细碎的开片，裂纹就像一片树叶上的纹理，渐渐伸展，脉络相连。藏于台北故宫博物院的哥窑米色三足炉，也是一件著名的作品，系南宋时作品。釉质不透明，纹理纵横，古朴天然，如同一件远古时期的法器。

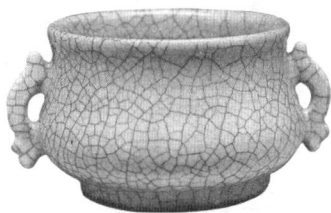

| 哥窑鱼耳炉 元

宋代汝窑也追求裂纹的表现，但纹理与哥窑不同，重视脉络。前人谈汝窑的特点时说："青如天，面如玉，蝉翼纹，晨星稀。"前两句说的是色彩和品相特点，后二句说的就是开片特征。"蝉翼纹"，是说它的开片很薄，如蝉的翅膀，或隐或现。晨星稀，是说汝瓷以玛瑙入釉，釉面的裂痕有不同角度的斜开片，稀稀落落，

| 龙泉窑青瓷束口碗 南宋

寥若晨星，对着光照，产生不同的反射效果，极有意味。

上海博物馆藏有北宋汝窑青瓷盘，器的底盘上有芝麻叶的纹理，由一主脉生出很多支脉，每一支脉又形成很多的支脉，纹理细密，脉络清晰，很耐看。

中国瓷器追求纹理，其中隐藏着深厚的哲学内蕴和美学旨趣。中国文化有重视纹理的习俗。三千多年前中国流行一种占卜方式——龟占，就是通过火烧龟壳所形成的纹理来判断吉凶。中国美学中还有一条重要原理：风行水上，自然成文。如一阵风吹在湖面上，水面形成涟漪纹理，自然而然。中国人将这视为自然天成之美。

中国瓷器追求裂纹，就是追求自然天成的趣味。瓷器是人工的艺术，但最反对人工的痕迹。瓷器上面好的裂纹是自然形成的，它是不可预料的。人工画出的裂纹，显出匠气，也就没有自然的美。冰裂纹和几何线条不同，几何线条是机械的，横来直去，如果瓷器都画成这样的线条，机械的意味就浓了，那也不是自然的美。

追求自然天成的意味，不仅在冰裂纹中有体现，它也是中国瓷器的整体追求。没有自然之美，就没有中国的瓷器。瓷器是人工做成的，但中国人却要做得没有人工痕迹，做得就像天然生成一样。这是中

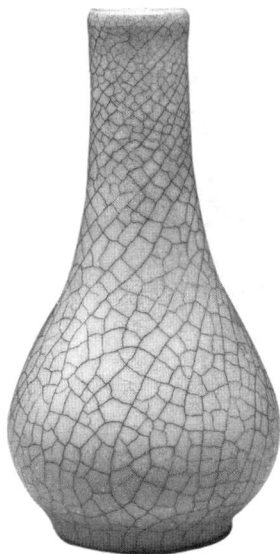

哥窑青瓷胆瓶 元

青瓷龙纹洗 南宋

国瓷器的一条始终不渝的准则。

比如中国瓷器的色彩，就追求自然的意味。宋瓷以天青、天蓝为贵。前人形容天青说："雨过天青云破处，者般颜色作将来。"说的就是自然天成的意味。

## 纯净如青花

瓷器追求纯净优雅的美，这在青花瓷中体现最为充分。

青花瓷是中国瓷器的典型形态，明清两代出口的瓷器中，八成是青花瓷。青花瓷在唐代之前就有了，而真正形成规模并有杰出创造则是在元代，明代是青花瓷的成熟期，中国青花瓷器的大量珍品出自这个时代。青花瓷还与一个地名有关，这就是中国的瓷都景德镇，自元代在景德镇创造出令人心醉的青花之后，明清两代这里一直是中国瓷器的中心，皇家的官窑也设立于此。青花瓷也成了中国瓷器的代表。

青花瓷，在材料上，它的秘诀就是氧化钴，以氧化钴在白色的胎体上作画，然后上釉，经过高温烧制便成了青花。因为氧化钴一经高温，就变成蓝色。乳白色的底子，上面加上清澈的蓝色，外面罩上透明的釉，形成鲜洁光亮、清雅透明的效果。

这些钴料是青花成功的关键。氧化钴是稀缺之物，元青花的一部分和明永乐、宣德官窑所用青料，都是被称为"苏料"的钴料，这公认是最好的钴料。这些材料主要产自波斯或今叙利亚一带，是通过海上丝绸之路传入中国的。明中期以后这类材料少了，便用其他钴料代替，但效果没有氧化钴好。

永乐青花和宣德青花是青花瓷的至上之品，在明永乐、宣德年间由景德镇出产。台北故宫博物院藏有一宣德折枝花卉纹碗，造型古朴淡雅，花卉描写生动，质白细腻，泛淡青色，而青花发色有渗青和晕散现象，形成白与蓝之间的交融。花卉的线条柔和从容，布局不松不紧。

台北故宫博物院还藏有一宣德把莲四季花卉纹盘，内壁有菊、莲、栀子、石榴、芍药、芙蓉、茶花等十三朵花，外壁画花卉若干，盘的中心则画一把莲花——佛教以莲花为圣花，所以中国瓷器中多有此花。白胎晶莹透亮，花纹虽多，但繁而不杂，纯净的白色和优雅的淡青相配，产生极为雅致的效果。

青花何以在中国瓷坛独占鳌头，主要因为它与中国人长期追求的文化和美学精神相契合，这就是平淡天真、自然从容。

中国人认为，最高的美是一种平淡天然的美，任何过于造作、文饰的艺术，都与这种精神相违背。青花作为中国瓷器的代表，以白色和蓝色所构成的简洁清雅世界，表现宁静清洁的美。青花瓷器有一种静气，看这样的瓷器可以平息人心的浮躁，将人的心灵从喧嚣的世界中拉回。青花是一种单色彩绘，色彩上看起来比较单调，这也正是青花的特点。没有过分的装饰，

把莲四季花卉纹盘 明宣德

青花 明永乐

238

没有刻意的夸张，优雅而平静。青花瓷追求透明的感觉，元明时期的官窑青花瓷，白色的胎质非常薄，在透明的白色中，着以蓝色的花纹，干净爽利，给人一种高风绝尘的感觉。

## 含蓄内敛的境界

中国瓷器多体现儒家美学的特点，在它温润细腻的追求中，可以看出儒家温柔敦厚的美学倾向；在它含蓄蕴藉的风格中，也可看出儒家美学内敛的气质。

宋代是中国儒学复兴的时代，也是瓷器成熟的时期，二者之间绝非巧合。儒家思想促使了宋瓷的突出发展，温润而内敛的儒家审美准则给造瓷者很大的启发。宋代瓷器追求内在的质感，这一传统在后代一直被遵循。它的表现方式，不是"放"，而是"藏"。正是这"藏"，使得中国瓷器很耐看，有余味。

元代景德镇始创的釉里红瓷器，就是"藏"的代表。釉里红与青花是元代景德镇创造的两大瓷器品种，釉里红烧制难度大，没有青花那样流行。但釉里红有很高的品位，这种瓷器在明代洪武年间得到进一步发展，今天收藏界对洪武釉里红的痴迷，也说明它的价值。

釉里红的烧制方式与青花大体相同，不同的是，青花作画的材料是氧化钴，而釉里红用的是氧化铜，铜料呈铜红色，以铜红色绘出图案，再罩上透明釉，经高温烧制，形成了别具一格的釉里红风味。白色的胎质上着以红色的图案，既鲜亮又内敛，既温润又不夸张。

藏于台北故宫博物院的洪武釉里红三友玉壶春瓶，以釉下红绘出纹饰，腹下有莲瓣纹一周，肩腹间绘有芭蕉湖石、竹丛等小景，如同一幅元代书斋山水，而且平添了一种优雅内蕴的意味。

儒家美学强调温润细腻，但又推崇一种内在的力的冲荡。外表就像平静的水面，几乎不泛一丝涟漪，里面却含有漩涡，冲突在内部展开。这在瓷器中也有体现。

斗彩瓷器，就是这种思想的反映。斗彩创制于明代的成化期。斗彩，要经过两次彩画过程。烧制之前，在白色的胎质上绘以青花轮廓线，烧制之后，再在第一次所绘的画面上，以红、黄、绿、紫等色填彩。

斗彩是釉下彩和釉上彩的结合。釉下和釉上是彩釉的两种类别，在胎坯上先画好图案，上釉后入窑烧的彩瓷叫釉下彩；在烧后的瓷器上彩绘，经过二次烘烧，这样的彩瓷，叫釉上彩。斗彩使得釉下彩和釉上彩相映相争，益然成趣，内藏和外露造成了一种力的冲荡形式。台北故宫博物院藏成化斗彩团花鸟茶杯，两次上彩，不仅增加了层次感，显然也赋予了它更多的表现力。

釉里红三友玉壶春瓶 明洪武

釉里红缠枝莲纹执壶 明洪武

## 造型和画意

瓷器是综合性的艺术，好的瓷器如雕塑，需要有引人注目的造型，对于瓷器欣赏而言，造型往往能先声夺人。

中国瓷器中，有一种白瓷，乳白色的胎质，再饰以淡淡的花纹，有浮雕的感觉。宋代定窑的白瓷最为出名。后代的白瓷多受到定瓷影响。清道光年间的白釉印花小罐，是白色系的瓷器。它的形状虽然与一般小罐没有多大差别，但内部嵌有五色花瓣的暗花，在简洁素雅之外，又暗藏美艳。以它作放棋子的罐子，实在是精美至极。

中国瓷器还追求画意，瓷器中一般都有图案，这些图案往往取自山水和花鸟画。瓷器艺人多善画。这就像中国的园林，设计者往往是画家。在明清的瓷器上，精美的造型，奇妙的色彩质地，与生动的画面相互引发，别具趣味。

由于受到西方绘画的影响，明末清初以来，瓷器绘制中，还融入了西方绘画的表现方式，如对光影的追求和对阴影的注意，使画面富有立体感。流行于清时的粉彩就是如此。

粉彩被称为软彩，以区别于那些没有

| 郊坛下官窑粉青菊花式盘　南宋

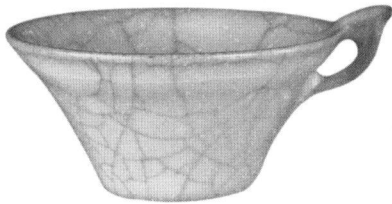

| 哥窑青瓷单把杯　元

注意层次变化的彩画。北京故宫博物院藏有一件乾隆粉彩九桃图天球瓶，其中所用粉彩不同于以前的彩瓷，这里不取繁复出现的五彩，而是注意色彩的层次变化，注意阴影，画面有立体感，写实性强。

# 二六、烟雨迷离中的江南园林

中国人建造园林有两千多年的历史，在漫长的时间里，形成了皇家园林、寺观园林、私家园林三足鼎立的格局。现存的皇家园林如北京颐和园，就是举世闻名的园林。中国的佛教和道教寺院也多建有园林，如杭州灵隐寺就是一个庞大的寺院园林。在这中间，江南私家园林独具风味，今天在苏州及江南其他很多地方所见的园林，多是明清两代留下的，它们如同一幅幅山水画，展现其独特的魅力。

## 曲径通幽

中国人重含蓄。烟雨迷离中的江南园林，月光朦胧中的亭台

沧浪亭 小门

楼阁，别具一种风味。

欧洲传统园林所见到的，多是笔直的林荫大道，而在江南园林中，通常见到的却是蜿蜒曲折的小径。人们走进园林，但见一片丛林，建筑掩映在密林之中，曲折的小路不知通向何方，沿着小路前行，似乎要走到了尽头，但就在路将不通处，突然是一个开阔的天地，亭台楼阁，假山泉水，让人不由得一阵惊喜。

中国园林进门处多不畅通，总是横出障碍，或有巨石障眼，如扬州个园一进园门，有一块巨石堵住，颐和园的东宫门的入口处，有一大殿挡住人的视线，给人们的心理一种抑制。当你转过障碍，眼前豁然开朗，千奇百怪的假山，碧波荡漾的湖面，就横在你的眼前。

来到江南园林，似乎来到一个曲的世界。这里的一切都是委婉曲折的。在苏州拙政园，巨大的芭蕉树后面是白色的墙壁，墙壁上方做出曲折优柔的形状，像云彩飘动，这叫云墙。看这样的云墙，如注视一条蛟龙飞舞，白色的墙壁和黑色的瓦在青山绿水之中勾出一条逶迤的曲线。曲曲折折的回廊沿溪而建，长廊每隔一段便有一亭，小亭伸入水中，亭上方的卷角如鸟翼展翅欲飞，给这静止的画面加入了飞动之势。

在江南园林中，就连园子中的花木也多是曲的，高高的柳树，将它柔美的纤条垂落到水面，数百年的古树，展露出它虬曲的老枝。还有数不清的龙爪树、缠绕的藤蔓、萧疏的寒梅，等等，无不在渲染着曲的世界。

｜沧浪亭一角

## 园林的风神与韵味

在中国人的心目中，园林是一个生机活泼的生命体，亭台楼阁、山水花木只是她的形；山因水而活，石依树而生，亭台连接着细径，云墙牵引着绿植，更有暗香浮动，疏影横斜，这都是她的风神。没有风神，园林就缺少了韵味，仅仅是一个居住的场所罢了。

拙政园的香洲，是一片有韵味的空间。夏日来观，但见粉墙黛瓦，在绿色的天地中勾勒出一道纤纤的丽影，无风竹自动，有意藤轻缠，别有一种潇洒的韵味。尤其是那飞檐，如一只翠鸟，在轻柔地飞旋。冬日来观，若是大雪漫天，雪落溪上，雾笼阁间，茫茫天地中，枝木横斜，老树参差，更有魅力。

苏州同里退思园，是一个以水见长的园子。园中一汪水池，水里有锦鳞若干，红影闪烁，若有若无，若静若动，湖的四边驳岸缀以湖石，参差错落，石上青苔历历，古雅苍润，驳岸边老木枯槎，森列左右，影落水中，藤缠腰上，与园中诸景裹为一体。

拙政园的粉墙

岸边又有水榭亭台。人们到此，虽然空间不大，却感到清新而活泼。

江南园林多在细节中出韵味。如江南人偏重细腻，却喜欢在房前屋后种上又大又绿的芭蕉。走进苏州拙政园香洲旁的一个院落，映入眼帘的是铺天盖地的芭蕉，那伞盖般的大叶，就在一弯粉墙前抖落，与纤巧的香洲飞檐构成奇妙的关系。它硕大的身影映照在一汪静水上，青翠欲滴，微风轻过，沙沙作响，别有一种大开大阖的风韵。真是"纵芭蕉、不雨也飕飕"。这为精巧的南方园林，糅进了一种豪放大气的格调。

## 石头的意味

园林是叠山理水的艺术，其中的叠山，就是假山的堆积。假山虽然不是真山，却将真山的意味凝聚其中，甚至超过真山的美。

没有假山就不能算作真正意义的中式园林。西方的游览者很容易发现，中国传统的园林没有西方庄园别墅常见的雕塑，或许假山就是中国园林的雕塑，它在中式园林中的地位超过西方园林中的雕塑。

苏州留园的冠云峰，是一座独立于清泉旁边的太湖石，造园者围绕着这座假山，作了精心构思。我们看到，冠云峰的瘦影颔首水面，将它的身影伸到深潭中，假山本来是真山的影子，而潭中假山的倒影则是影子的影子，在这种亦真亦幻的转换中，创造一个有意味的世界。假山脚下是或黄或白或红的微花细朵，烘托着一个孤迥特立的山体。山腰一亭翼然而立。再往上，是冠云峰昂首云霄。虽然只是一片假山，但从水底、水面、山脚、山腰，直到天幕，形成了丰富的层次，这正是江南园林于细微处见精神的地方。在这个假山旁边，我们看到了空潭清影、天外云风，领略了宁静中的丰富。

太湖石是江南园林假山常用的珍贵石料，人们用瘦、漏、透、皱四个字评价太湖石的美。瘦，像冠云峰，如一位清癯的老者，拈须而立，超然物表，不落凡尘，它是孤高独立的象征。漏，太湖石多孔穴，通透而活络，使得灵气可以在其中往来。透，是说太湖石玲珑剔透，细腻温润，如玉一样。皱，好的太湖石应该有皱纹，皱纹与水是分不开的。冠云峰峰顶就有皱纹，一峰突起，立于泽畔，这皱纹似

| 留园 冠云峰

乎是波光湖影长期折射而成。瘦、漏、透、皱不光是形式美感，更是对人生境界的体现。

## 空间的美感

宋代大画家郭熙论山水画说："山水有可行者，有可望者，有可游者，有可居者。"可行，可望，可游，可居，这也是中国园林的基本思想。江南园林多是小园，为了小中见大，"望"就特别重要。就是要使游览者可以望出园去，从小空间望到大空间，望到一个新的境界，获得丰富的美的享受。

明代造园学家计成在《园冶》中说："轩楹高爽，窗户虚邻，纳千顷之汪洋，收四时之烂漫。"中国园林中的建筑物，为什么柱子这么高？为什么窗户这么大？就是为了"纳千顷之汪洋，收四时之烂漫"，也就是使游览者把外界无限时间、空间的景色都"收"、"纳"过来。

窗子起很重要的作用。中国园林常常把窗子设计成扇形，称为"便面"。窗外的竹子或青山，经过窗子的框框望去，就是一幅画。颐和园乐寿堂差不多四面都是

| 狮子林漏窗

窗子，周围粉墙开着许多小窗，面向湖景，每个窗子都等于一幅小画，这就是清代李渔说的"尺幅窗，无心画"。造园家称窗户为"漏窗"，就是不同景区的景色相互漏出，整个园林景色就流动了起来。而且同一个窗子，从不同的角度看去，景色都不相同。这样，画的境界就无限地增多了。

江南园林常常在窗外布置一根石笋、几根竹子。明人有首小诗："一琴几上闲，数竹窗外碧。帘户寂无人，春风自吹入。"这个小房间与外部是隔离的，但经过窗户把外边的景色引了进来。没有人出现，突出了这个小房间的空间美。宗白华说：这首诗，可以当作塞尚画的几个苹果的静物画来欣赏。

不但窗子，中国园林里的一切楼、台、亭、阁，都是为了"望"，都是为了丰富游览者对于空间的美的感受。

颐和园有个匾额，叫"山色湖光共一楼"，这是说，这个楼

| 苏州 艺圃

把一个大空间的景致都吸收进来了。苏轼诗："赖有高楼能聚远，一时收拾与闲人。"也是这个意思。

中国的园林都少不了亭子。亭子的作用就是把游览者的目光从小空间引到大空间。人在亭子里，向四面望去，向广远的世界推去，又将世界的无边妙色揽进心中。亭子空空落落，没有一物，但似乎天下的景色都可汇聚到这个亭子当中。元人有诗说："江山无限景，都聚一亭中。"就是这个意思。颐和园有个亭子叫"画中游"，"画中游"并不是说这个亭子就是画，而是说，这亭子外面的大空间好像一幅画，你进了这亭子，也就进入到这幅大画之中。

苏州沧浪亭是一个以亭子著称的园林，高高的沧浪亭据山而立，如揽四面风云。坐在这座亭子里，四面眺望，周边的美景尽收眼底。亭子的廊柱上有一副对联："清风明月本无价，近水远山皆有情。"坐在亭子里，看着"近水远山"的风景，游览者获得了心灵的安慰——这正是中国造园家所追求的境界。

为了丰富游览者对空间的美感，中国造园家往往采取借景、分景、隔景等手法布置空间、组织空间、创造空间。

玉泉山的塔，好像是颐和园的一部分，这是借景。苏州留园的冠云楼可以远望虎丘山景。拙政园在靠墙处堆一假山，上建"宜两亭"，把隔墙的景色都借了过来，突破园墙的限制，这也是借景。借景是中国园林最基本的原则之一。爽借清风明借月，动观流水静观山。一切都可以借，天上的云烟、日月、晨露、雪影，可以借入园中，四时的风物，都可以揽入怀抱。

中国园林中许多建筑物的命名，正体现了这一借景的原则，如"烟雨楼"、"听雨轩"、"月到风来亭"、"荷风四面亭"、"飞泉亭"等等。这都说明这些建筑物的价值在于把大自然的日月风云山水雨雪引到游览者的面前来观赏。

颐和园的长廊，把一片风景隔成两边，一边是自然情调的广大湖面，一边是人工情调的楼台亭阁，游人可以两边眺望，丰富了美的印象，这是"分景"。颐和园中的谐趣园，自成院落，另辟一个空间，另是一种趣味。这种大园林中的小园林，叫作"隔景"。中国造园家善于用"隔"，因为他们懂得一个道理：园林的空间越"隔"越大，园林的空间越"隔"，游人的感觉越丰富。中国造园家还常常对着窗子挂一面大镜，把窗外大空间的景致照入镜中，成为一幅发光的"油画"。"隔窗云雾生衣上，卷幔山泉入镜中。"（王维）"帆影多从窗隙过，溪光合向镜中看。"（叶令仪）这就是"镜借"，"镜借"是凭镜借景，使景映镜中，化实为虚。在园子中凿池映景，也是同样的用意。

无论是借景、分景，还是隔景、镜借，都是通过种种手法，丰富游览者对于空间的美的感受。中国园林艺术在这方面有丰富的独特的创造，这是理解中华民族美感特点的一个重要领域。

# 二七、京剧：『角儿』的艺术

很多外国人对中国文化的了解，最早往往是通过遍布世界各地的中国餐馆，他们知道中国是一个讲究饮食文化的国家。占第二位的大概就是京剧。京剧的脸谱几乎成了中国文化的一个代表性的符号，一种象征。许多国家举办"中国文化年"，招贴画上往往画着一个大大的京剧脸谱。要了解中国文化，确实不能不了解京剧。

## 京剧脸谱的绚烂之美

中国的京剧舞台，呈现的是浓厚的色彩的美，是一种错彩镂金的绚烂之美。制造这种艺术氛围除了京剧舞台的服装之外，脸谱起了很大的作用。京剧脸谱不同于面具。面具是罩在人脸上的，可以摘下来，而脸谱是化妆时画在演员的脸上的。

京剧的脸谱是五彩缤纷的图案，有红、紫、白、黄、黑、蓝、绿、粉红、灰、褐金、银等各种色彩，极其夸张而又极其艳丽。

脸谱主要是用在"净"、"丑"这两种角色的脸上。"净"又称"花脸"，"丑"就是"丑角"。

脸谱有两种用意。一种是表明剧中人的身份和性格。如"红脸"表示这个人忠勇，黑脸表示这个人粗豪，"白脸"表示这个人奸恶，脸上画"豆腐块"表示这个人是小人物，等等。再一种用意是体现人们对这个角色的道德评价和审美评价，如可敬的，可恨的，崇高的，可笑的，等等。

脸谱除了这种含意外，它本身又具有一种色彩美、图案美。这种色彩美、图案美作为形式美，相对独立出来也值得欣赏。如张飞的"蝴蝶脸谱"就是显示性格和图案美高度统一的精品。我们今天很多民间工艺品（如风筝、面人、泥人、地毯、挂毯等）、招贴画、广告画、模特服装的设计中采取京剧脸谱作为设计的元素，就是着眼于这种形式美。同时，京剧脸谱这种色彩美、图案美，又渲染了整个京剧舞台的五彩缤纷的绚烂之美。

京剧《芦花荡》中的张飞

# 唱、念、做、打

中国老百姓把进剧场（戏院）欣赏京剧（以及其他戏曲艺术）说成是"看戏"。什么是"戏"？"戏"并不是剧本所写的故事、情节，而是京剧舞台在观众面前呈现的一个意象世界，一个情景交融的美的世界。

京剧的"戏"（意象世界），当然也要依靠剧本，依靠剧本所提供的故事情节，但更重要的是依靠演员的表演。就京剧舞台意象（"戏"）的构成来说，剧本所提供的故事情节，往往只构成一个框架，一种背景，而意蕴和韵味主要不在这里，意蕴和韵味主要在于演员的表演。所以梅兰芳说京剧舞台艺术的特点是"以演员为中心"。京剧演员是京剧舞台意象创造的主体。就像俗话说的，"戏"在演员身上。

京剧演员的表演，最基本的手段被人们概括为四个字：唱、念、做、打。唱、念、做、打，其实就是歌舞的结合。

京剧中的"唱"占首要地位。京剧首先是一种唱腔艺术。京剧中凡是有名的戏都有若干精彩的唱段，并在观众中广为流传。京剧唱腔的韵味，往往体现了京剧艺术的最高境界。不懂得欣赏京剧唱腔的韵味，就不能在观赏京剧时获得深层次的美感。

京剧《盗御马》中的窦尔敦

京剧《闹天宫》中的二郎神

京剧舞台的镂金错彩之美

　　"念"是指念白，就是人物的说话，在京剧中主要起叙事的作用。念白分韵白和京白两种。韵白是音乐性很强的朗诵，比较文雅。有身份的人一般用韵白。京白是在北京话的基础上加工而成的朗诵语言，具有干净、利落、爽快的特点。一般是身份低的人使用。"唱"要有韵味，"念"也要有韵味。

　　"做"和"打"是演员利用形体动作来表现人物和情境。做，包括身段、眼神、独舞、群舞等，其中有纯粹的舞蹈，但多数是把日常生活里的动作舞蹈化。打，是武术、杂技的舞蹈化，用来表现竞技或战斗的场面。由于京剧艺术的"虚拟"的特点，所以演员的"做"和"打"的表演有极其广阔的空间。在《拾玉镯》中，少女孙玉娇和青年书生互相对视，顿生爱意，两人目光似乎连成一条有形的线。这时，剧中的刘媒婆用烟袋锅去勾这条线，她用力向下一扯，两人的眼光也随之向下垂落，她一放松，两人的视线立刻反弹回来。这种表演就产生了很大的趣味。演员的"做"和"打"，当然是服务于整个"戏"（意象世界），但它本身又往往有一种形式美和技巧美。如梅兰芳在《霸王别姬》

中的一段虞姬舞剑的表演，就有一种形式美，受到观众欢迎。至于技巧美，那就是京剧中一些需要特殊技巧的高难度动作，常被人称为"绝活"。

京剧表演的独特性在于唱、念、做、打集合于一两个主要演员身上。

过去习惯称呼京剧表演的主要演员为"角儿"，称呼著名演员为"名角"。照这种称呼，那么可以说，**京剧的意象世界（"戏"）的生成，主要依赖"角儿"的唱、念、做、打的表演，特别是依赖"名角"的表演。**这就是京剧艺术和其他戏剧艺术形式在美学上最大的区别。莎士比亚的戏剧，不论哪个演员演哈姆雷特，舞台上的意象世界都是莎士比亚的世界。而京剧则不同。梅兰芳演出的《贵妃醉酒》、《霸王别姬》、《宇宙锋》的意象世界乃是梅兰芳的世界。莎士比亚去世了，莎士比亚的世界是永存的。梅兰芳去世了，梅兰芳的意象世界，梅兰芳的美，也就随之消失了。

人们说，**京剧是"角儿"的艺术**，主要就是在这个意义上说的。

京剧艺术二百多年的历史，无数京剧表演艺术家的实践经验，都证明了京剧艺术在美学上的秘密就在于此。

| 京剧演出场面

## "虚拟"之妙

京剧表演艺术的一个显眼的特色是"虚拟"。"虚拟"主要有两方面，一方面是动作的虚拟，一方面是环境的虚拟。动作的虚拟，如骑马，舞台上并没有马，演员并不真的骑马，而是由演员拿一根马鞭，由圆场、转身、挥鞭、勒马等一系列动作来表现他策马疾行。环境的虚拟，如行船，舞台上既没有水也没有船，而是由演员拿一支船桨，通过表演，使观众"看到"他在水上行船。京剧舞台上的布景很简单，只有一桌二椅。这张桌子，可以是一张桌子，但演员上去支着一只胳膊睡觉，就成了一张床，演员站上去向四处眺望，就成了城楼。环境就在演员身上，随着演员的表演，环境就在观众眼前呈现出来了。

**虚拟的妙处在于突出演员的表演，从而使观众感受到丰富的意蕴和无穷的趣味。我们举两个折子戏为例。**

一个是《三岔口》。这出戏描绘二解差押解焦赞住进旅店。任堂惠为保护焦赞也追踪住进旅店。店主怀疑任堂惠要谋害焦赞，夜里摸进任堂惠的房间，任堂惠也怀疑店主是坏人，早有警觉，于是二人发生一场格斗。这场戏的特点是台上灯光极其明亮，但是观众却从演员的表演中看到一个"伸手不见五指"的漆黑的夜。两位演员摸黑战斗，一刀劈下去，距离对方的脸只有几寸，但对方毫无察觉，非常惊险，又非常有趣，有一种幽默感。

再一个是《秋江》。这是从川剧移植过来的。这出戏描绘年轻尼姑陈妙常离开尼姑庵去追赶她的情人潘必正，遇大江挡住去路。陈妙常央求一位老艄翁驾船载她追赶潘必正。舞台上既无水又无船，但通过两位演员的表演，观众明明看到满台是水，二人在不断摇晃的小船上往前追赶，陈妙常十分焦急，老艄翁却不断和她调侃，妙趣横生。

这就是京剧艺术"虚拟"的妙用：为演员的表演提供一个广阔的天地，通过演员的表演显现一个充满情趣的意象世界。我们可以设想，如果《三岔口》的舞台上真的是一团漆黑，如果《秋江》的舞台上真的有一条小船，演员还表演什么？那还有什么趣味？

京剧净角扮相

## "看戏看角儿"

老的京剧观众流传一句话，"**看戏看角儿**"，或者说，"听戏听角儿"。这句话概括了京剧欣赏的主要特点。

京剧欣赏的特点，是由京剧意象生成的特点所决定的。

**京剧观众走进戏院，目的不仅是看"戏"，而且是看"演"戏。**因为他们知道，京剧的"戏"（舞台意象）是"演"出来的，"戏"的意蕴是在演员唱念做打的表演之中。观众看戏时，不仅意识到这是赵艳容，这是武松，这是曹操，而且意识到这是梅兰芳，这是盖叫天，这是袁世海，意识到这是梅兰芳在演赵艳容，这是盖叫天在演武松，这是袁世海在演曹操。他们欣赏的重点是演员（特别是名演员）的表演。这

两位旦角演员

就是所谓"看戏看角儿"。这是京剧欣赏的第一个特点。

京剧观众还有句话："越是熟戏越爱看。"道理就在这里。电影一般看过一遍就不想看了，即使再看，也没有第一次看时那份欣喜和激动了。看京剧，越是熟戏，情节故事的背景越是退到远处，就越能集中心思欣赏演员的表演，就越能感受、领悟和品味演员表演所包含的深层的意蕴。

京剧欣赏的第二个特点，是观众常常把演员表演的技巧美和形式美从舞台整体意象世界中分离出来欣赏，一句唱腔，一个特技，都可以博得观众的掌声。人们看一场电影或一场话剧，看到戏中某个坏人干伤天害理的勾当时，不会有人叫好，因为观众眼中看到的只是角色。但是看京剧演出遇到类似的场合却常常有人叫好，因为京剧观众既注视角色，又注视演员，注视演员表演的技巧和形式。王梦生《梨园佳话》曾描述京剧名净黄润甫的表演："其唱极响脆之能事，确有洪钟之音。扮戏善作老奸，最能险狠。如《捉放》中之曹操，《下河东》中之欧阳方，皆使人见之切齿，恨不生食其肉。及一发声，一作势，又不能不同声叫绝。"观众一方面对曹操切齿，另一方面又为黄润甫的表演叫绝。这就是一种分离。德国著名戏剧家布莱希特说："**当我们观看一个中国演员的表演的时候，至少同时能看见三个人物，即一个表演者和两个被表演者。**"一个表演者即演员，两个被表演者即演员和角色。所以他把京剧的表演称之为"双重的表演"。布莱希特的话抓住了京剧欣赏的一个重要特点。对于这种"双重的表演"，不同的观众欣赏的侧重点可以有所不同。有的侧重于以演员扮演的角色为中心的舞台整体意象，有的侧重于演员表演的技巧美和形式美（例如闭着眼睛听戏），更多的则是在二者之间来回移动，从演员的"双重的表演"中得到双重的乐趣。

# 京剧表演艺术大师梅兰芳

在京剧史上，涌现出一代又一代的著名演员（"名角"），其中有许多卓越的表演艺术大师。梅兰芳（1894—1961）就是最有代表性的一位。

梅兰芳是旦角演员，和程砚秋、尚小云、荀慧生并称"京剧四大名旦"。梅兰芳嗓音清亮圆润，扮相端庄秀丽，做功和身段精美漂亮，台风雍容华贵、自然大方，达到了旦角表演艺术的高峰。梅兰芳在许多方面对京剧艺术进行革新。他设计了大量新的唱腔。他把昆曲中的表情、身段、步法以及载歌载舞的表演方法引入京剧，为京剧表演创造了各式各样的舞蹈，如绸舞、剑舞、盘舞、袖舞、拂尘舞、羽舞等。他以二胡辅助京胡为旦角伴奏，丰富了京剧的音乐。他对人物的面部化妆、头饰、服装也都作了创造性的革新。他的代表性剧目是《贵妃醉酒》、《霸王别姬》、《宇宙锋》和《穆桂英挂帅》。

梅兰芳在舞台上的容貌、服装、舞姿、身段、唱腔，无一处不美。《贵妃醉酒》中的贵妃，是个醉人，但醉的姿态十分曼妙。《宇宙锋》中的赵艳容装疯，但疯的姿态也极其优美。**梅兰芳的表演全面显示了中国古典美的理想境界，具有永恒的魅力。**梅

《贵妃醉酒》剧照

兰芳不愧是京剧表演艺术的大师。

　　梅兰芳曾多次率团赴美、欧、日等地演出，为京剧赢得了国际声誉。

| 社戏戏台

## 二八、绚烂多姿的民间艺术

中国的民间艺术很发达，很多种类的民间艺术早已享誉世界。中国民间艺术一方面表现了民间艺人过人的灵巧和智慧，另一方面则体现了广大老百姓的生活愿望和生活趣味。热闹、喜庆、团圆、富足、平安、吉祥是中国老百姓几千年来始终不变的追求和渴望，正是这些构成了中国各种民间艺术的精神氛围。这里谈其中的几种。

## 景泰蓝：闪着宝石光彩的工艺品

景泰蓝是驰名中外的传统工艺，集青铜艺术、瓷器和雕刻诸种工艺制作技巧于一身，是一门道地的北京绝活。它是收藏家收藏的佳品，又是人们居家使用的精美物品。

如一件清代的景泰蓝寿意天球瓶，为景泰蓝的传世名作，瓶嘴、瓶肚、瓶座三段锤接烧焊成型，釉面上先镶嵌铜丝，再用彩釉填绘，上面有九桃、蝙蝠等图案，都具有福寿平安的象征意义。

这项工艺始创于明代景泰年间（1450—1456），初创时的颜色主要是蓝色，所以称为"景泰蓝"。到了成化年间（1465—1487），景泰蓝技术进一步成熟，此期作品沉稳凝重又透明灵动，它的铜胎极为讲究，一般用的是紫铜，再镶嵌上取自天然矿物质的珐琅彩釉，看起来就像宝石一样。今天流传的明朝景泰蓝遗物，以景泰和成化两个时代为最多。

景泰蓝，又名"铜胎掐丝珐琅"。它的制作过程很复杂，有三十多道工序。先要制作铜胎，用紫色的铜片敲打出要制作的物品形状，并经高温烧制后固定起来；然后在铜胎上作画，一般作画用的是笔，而工匠们用的是镊子，用它夹起头发丝细的铜丝，在铜胎上拼制成各种优美的图案，叫作掐丝；再在图案上填上各种颜色的珐琅釉料，这叫作点蓝。最后经高温烧后而凝结。烧好之后，还要细细打磨，再经镀金，一件景泰蓝制品就完成了。

景泰蓝到了清代又有发展，克服了明代时制作有沙眼的缺点，但在朴实厚重上不及明代。近代以来，由于产量过大，工匠的水平参差不齐，很难与明代相比。


## 年画：渲染过年的热闹气氛

春节是中国最重要的传统节日，一到春节，无论城市农村，家家户户，都要张灯结彩庆贺。张贴年画，是春节的重要节目。

用年画将家庭布置得热热闹闹，增加过年的气氛。

年画在内容上多表现祝福、吉祥和喜庆之意。如一幅广为流传的年画《连年有余》，画一个胖娃娃，天真活泼，怀里抱着一条大鲤鱼，手里拿着一束莲花。"鱼"和"余"在汉字中读音相同，通过谐音，以表示生活富足、年年有余。

中国幅员辽阔，年画的风格也有所不同。北方的年画最著名的要数天津的杨柳青，南方年画最著名的要数苏州的桃花坞。

杨柳青是天津西南郊的一个村镇，三百多年前，这里就以制作年画出名，曾有过"家家点染、户户丹青"

杨柳青年画 仕女婴戏图

的历史。杨柳青年画采用的是木版套印和手工彩绘相结合的方法，人们称之为"半印半画"，这也是它的重要特色。它的制作方法是：先刻出木刻图案版样，然后印出图画，再手工将纸上的轮廓描绘涂彩，最后装裱成画。每一幅画都是由画师手工制作的，而不是批量的印刷品。它将版画中的刀法版味和手画的笔触感觉融合在一起，有一种独特的风味。人们喜欢杨柳青年画，在很大程度上是喜欢它是手工制作的。

年画的喜庆气氛，在杨柳青年画中体现最为充分。这里出品的年画清新活泼，具有浓郁的生活情调。如一幅《母子图》，画湖边的庭院，院子里有湖石假山、花卉，妈妈站在窗前，拿着扇子，招呼着窗外嬉戏的儿子。胖胖的小家伙穿着小肚兜，一只手拿着一个小木棍，木棍的顶端有一只小鸟。一片祥和温暖的气氛，是一幅温情的生活画面。

苏州的桃花坞年画则体现出江南纤巧细柔的特点，它采用传统水印木刻的方法来印制。在选材上，桃花坞年画除了吸收民间故事外，还大量采用文人绘画的内容，其画面多儒雅清淡，风格上不似杨柳青年画那样浓艳，更强调清雅流畅。桃花坞年画曾传到日本，影响了日本浮世绘的绘画。在三百多年前，桃花坞就注意吸收西方铜版的雕刻风格，注意阴影的处理。桃花坞年画中的

杨柳青年画 母子图

266

仕女图以其形象清新美貌而著称，受到人们的喜爱。

传统剪纸之一

## 剪纸：剪刀剪出的世界

剪纸是中国民间一门有着近千年历史的独特艺术。它要求的材料很简单，只要有纸张和一把剪刀（或刻刀）就可以了。熟练的剪纸艺人剪纸的过程如同变魔术，他将一张红纸在手上左叠右叠，然后用剪刀轻轻地剪几下，摊开一看，就是一幅漂亮的图画。有的艺人根本不需要眼睛看，能在袖子里剪出漂亮的图案来。剪纸是一种即兴式的艺术，剪纸艺人无须画稿，就靠手中的一把剪刀，刀起图出，每一次剪出的都有不同，所以它的表现力很强。剪纸艺术在农村地区尤为流行。

在西安附近，旧时人们的窗户多是纸糊的，白白的纸，显得过于单调，也不吉利。于是心灵手巧的女子就剪出红色的四喜娃娃，或者剪一只美丽的蝴蝶，贴在窗上，作为窗花，于是平凡的窗子便有了灵气。

旧时姑娘家们做鞋子或者是做衣服，喜欢在上面绣花，绣花一般要有花样子。这花样子就是通过剪纸得来的。而中国的喷漆艺术，也需要剪纸作为模型。

传统剪纸之二

围绕剪纸，中国古代还形成了很多风俗。如二十四节气中的立春，是春天来到的日子。为了庆祝这一日子，人们举行各种仪式，剪纸在这里就派上了用场，人们用画图来表现对春天到来的喜悦心情。姑娘们将剪纸戴在头上作为饰物，迎春的人们将剪纸贴到了春幡——春天的旗帜之上，有的还将剪纸挂在柳树上，以为迎接春天之礼物。

中国古代有制作灯笼的习俗，每逢节日和喜庆日子，必挂灯笼。有悬挂的大红灯笼，有可以转动的走马灯，有放在水中的莲花灯，有孩子们非常喜欢的狮子灯、金鱼灯，等等。灯笼的制作有时是直接在上面作画，但更多的是粘贴剪纸，各种花样的剪纸，在灯光的衬托之下，越发有趣味。

## 刺绣：十指下的春风

中国是丝绸的故乡，产生了很多与丝绸相关的艺术，刺绣就是其中的一种。从事刺绣的多为女子，所以刺绣又被称为"女红"。刺绣在中国有数千年的历史，受到人们广泛的喜爱。刺绣可用来装饰衣物，如在衣服、被子、枕头等上绣上美丽的图案，也可制作成特别的饰品。

中国宋代就有锦院和绣院，集中了大量的编织和刺绣的专业人才，推进了丝织和刺绣的水平。明代大画家董其昌说：宋人之绣，针线细密，用绒只一二丝，用针如发细者为之，设色精妙，光彩射目。刺绣上的山水、楼阁、人物、花鸟都极为生动。他赞叹说："十指春风，盖至此乎！"董其昌说的"十指春风"这四个字，正是对我国刺绣艺术审美妙境的极好赞扬。

中国有"四大名绣"，即苏州的苏绣、广东的粤绣、湖南的湘绣以及四川的蜀绣，各种绣法不仅风格有差异，所选择的内容也有不同。历史上有"苏绣猫，湘绣虎"的说法。粤绣擅长绣鸟类，以"百鸟朝凤"最有名，而蜀绣则擅长绣山水人物。

在这其中，苏绣最负盛名。上世纪初，苏绣名手沈云芝的作品《意大利皇后爱丽娜像》，曾作为国家礼品赠送给意大利，受到了极高评价。

苏绣主要产生于苏州一带，也包括扬州、无锡、常州等地的刺绣。苏州一带盛产丝绸，民风又以细腻著称，苏绣因而大盛，苏绣有以针作画、巧夺天工的美名。近千年来，苏州一带从事刺绣的人很多，几乎女子长大了，个个都会刺绣，有"家家养蚕，户户刺绣"的说法。据说苏州的高超艺人绣一双猫眼，要用二十多种颜色的丝线，千缠万绕，从而突出炯炯有神的眼色。

| 皮影 狮子旦人物
（河南灵宝）

# 皮影戏：灯和影的艺术

18世纪后半叶，法国曾经出现过一种叫作"法兰西灯影"的戏剧形式，在巴黎、马赛等地演出，一时引起轰动。那是传教士将中国的皮影戏介绍到法国，法国的戏剧家在皮影戏的基础上创造出来的

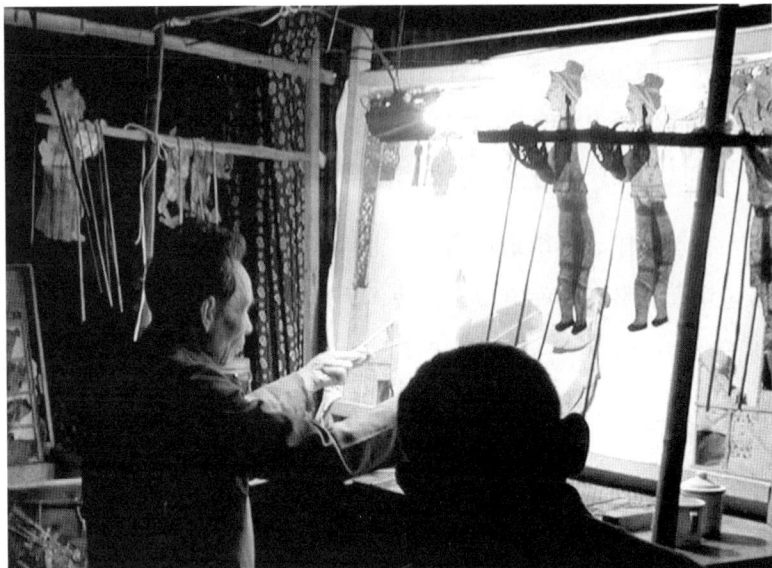

| 皮影戏之演出

艺术形式。有趣的是，在2004年的中法文化年期间，中国的艺术家又把一部新创作的皮影戏《影之舞》送到了法国。皮影戏记载着中外文化交流的历史。

在世界历史上，要说中国文化对世界的影响，皮影戏是不可忽视的。这种创自中国的戏剧形式，在13世纪就传到了中东，到了18世纪便有了世界性的影响。皮影戏曾经受到过歌德的赞扬，到了20世纪，卓别林的无声电影也受到了皮影戏的启发。

皮影戏产生于两千多年之前，到了宋代，皮影戏已十分发达，中国皮影戏的主要形式此时都具备了。当时传统戏剧并没有成熟，但皮影戏已经相当成熟，利用皮影戏，就可以演出完整的三国故事等。当时很多城市都有皮影戏演出，节日的时候，皮影戏更成了重要的娱乐形式。明代仅北京一地，就有皮影戏戏班几十个。至今皮影戏仍然受到人们的广泛喜爱。皮影戏是世界上最早由人配音的活动影画艺术，它的成功给现代电影以很大启发。

皮影人物的制作非常考究。先将准备好的皮革，做成人的头、四肢、躯干等模样，再用绳索将其串起，用连杠连成一体，成为颜色鲜艳的人物形象。在演出时，用灯光照射在皮革做成的人物上，形成活灵活现的剪影，通过他们的动作表演故事，若真若幻，赏心悦目。有一出传统山西皮影戏《含嫣梳妆》，其中有一段描绘一个少女坐在镜子前面化妆的情景。一边是镜子内，一边是镜子外，皮影艺人两面照应，动作要求一致，有相当的难度。成功的表演，能使观众得到很大的满足。

皮影戏的妙处不仅在于皮影的制作，更在于表演。表演时，几个表演者站在一块白布的后面，操纵着各种形状的皮影人，同时演唱着故事，并配有打击乐器或弦乐。陕西华县的皮影戏很有名，他们形象地称皮影戏为"五人忙"，五个人演了一台戏："前声"，是负责唱的，一人要唱生旦净丑几个角色；"签手"，负责操纵皮影进行表演；"坐槽"，是负责敲锣、打碗、打梆子等；"上档"，负责拉二弦琴、吹唢呐；"下档"，负责拉板胡、长号，并配合签手的工作。这样五个人在台后忙得翻了天，共同演出一出戏。

皮影戏表演水平的高低，取决于演员的唱功和"手功"。演员在幕后手提皮影

皮影 戏剧人物（唐山）

人可不是一件简单的事，往往一个皮影，要用五根竹棍操纵，要求演员手指灵活，好的演员常常玩得观众眼花缭乱。

# 民俗与风情

　　中国老百姓的衣食住行、民俗风情，处处体现出中国人的安详、平和、乐观、开阔的内心世界。如《清明上河图》描绘的北宋京城快活热闹的气氛，老北京喧闹的天桥、胡同的吆喝声、蓝天传来的鸽哨声、小酒馆悠然自得的情调，老上海的开放、时尚和活力，以及中国人在喝茶、饮酒、打太极拳、下围棋时着意营造诗意的氛围，等等，都显示出中国人乐观、平和的心态，寄寓着中国人的审美情怀。中国人在饱含酸甜苦辣的世俗生活中追求心灵的愉悦，用各种方法为平淡的人生增添一点情趣和快意。

# 二九、《清明上河图》中的城市风情

《清明上河图》，是北宋时期的一幅绘画，创作时代距今近九百年，今藏于北京故宫博物院。

作者是北宋末年一位名叫张择端的宫廷画家。作品完成之后，由当朝君主宋徽宗题写"清明上河图"五字。有关这件宝物的流传，可以写成长长的故事。这幅作品本为北宋宫廷收藏。金人攻下北宋都城，也洗劫了宫中的一切，《清明上河图》被金人掠去，后流落民间。蒙古人建立元朝政权之后，《清明上河图》被掳进宫中。宫中有一个装裱匠，识得这件宝物，竟然使了调包计，用一个临摹本把真本偷换出宫。从元到明代的百余年时间中，它辗转于收藏家、古董商人和文士之间，一直到明代后期第三次入宫。到宫中不久，又被一个懂书画的太监盗走。经过了多次转手买卖，大致到19世纪的初叶，归清代宫廷收藏。这是它第四次进宫。辛亥革命之后，末代皇帝溥仪将它带出宫。开始存放在天津，后伪满政权成立，就带到长春。伪满政权灭亡后，溥仪正准备将它带到日本时，被截回，后交给北京故宫博物院，这是它第五次进入紫禁城。

五进紫禁城的传奇经历，更增加了这幅作品的吸引力。它在流传过程中，还产生了大量的摹本。至今散落在世界各大博物馆的摹本有三十件之多。其中一件摹本还骗过了酷爱艺术的乾隆皇帝，乾隆将这件摹本定为真本，现藏于台北故宫博物院。大量摹本的出现，也从侧面说明这件宝物的不凡价值。

这是怎样一件作品呢？

## 汴河两岸的风情长卷

这是一幅五米多的长卷，采用的是中国绘画手卷式的形式，自右至左，缓缓打开，如打开一扇历史的闸门，九百年前北宋都城汴梁（今河南开封）的繁华景象尽收眼底。

清明上河图局部（郊外）

画卷的叙述在清明时节汴河两岸展开。此时冰雪融化，告别了料峭的春寒，迎来了春天最重要的节日——清明节。清明节是中国人二十四节气之一，是思念的节日。这一天，人们要祭祀祖先，这种风俗至今还存在。清明又是庆祝春天到来的佳辰，此时阳光妩媚，春风荡漾，绿草如茵。这幅图的开始描绘的就是汴梁郊外的春色，我们可以看到，野地里溪水潺潺，又有屋舍隐现于丛林之中，道路纵横，历历分明。有老树当风而立，染上了初春的淡淡绿意。向远看去，是绵绵无尽的原野，上有薄雾轻笼，正是柳永词写的"艳阳天气，烟细风暖，芳郊澄朗闲凝伫"的景致。林中忽而露出一队人马，几个仆夫引领着驴队，悠然地向城中赶路。向左去，道路上有绵延的人流，有的是到郊外祭扫的香客，有的是由城中归来的游人，骡马嘶鸣，人声鼎沸。这是远景。

手卷再向前打开，中段部分是近景特写。汴河开始进入人们的视域，那是一条连通南北的河流，河中漕运繁忙的景象诠释着这个时代的繁荣。开始时，可看到靠岸的三三两两的船只，再向左，河道渐宽，河水急速流淌，漕运的船只快速往来。

长卷向前，便是中段的高潮处，也是全画的中心，描写的是

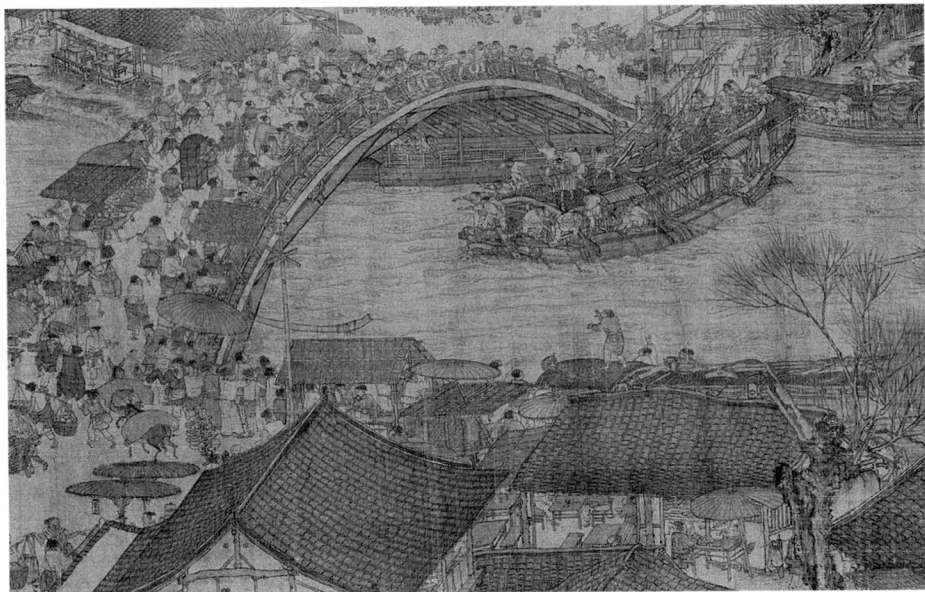
清明上河图局部（虹桥）

汴梁当时的中心虹桥地带。巨大的木桥凌空飞架，如彩虹饮涧。桥上人头攒动，商贾云集，有过路的，嬉戏的。最引人注意的是，桥上很多扶着栏杆向下观望的人，有的指手画脚，有的大声惊呼，有的惊恐不已。而在桥下正有一大船要经过，巨大的船体前低后高，船头有指挥者，大张着口，挥舞着手臂，有人以撑竿顶着桥下的底座，矫正着方向，船工奋力地摇着橹，顶篷上人们快速地摇下帆，大船向桥下驶去，水中还留下船快速向前所激起的漩涡。船将过未过，船上的人紧张，桥上观看的人也紧张，桥上桥下连成一体，人们紧张的心情伴着急速的水流而盘旋。

　　第三段画的是街衢，是平面的叙述。汴河水到此拐了一个弯，向东流去。在河岸边，有通衢大道向前延伸，前面有高大的城楼巍然而立，城墙下人们在休憩、交谈、观望，骆驼从城楼中露出了头，可以看出道路的繁忙。过了城楼是街市，街道星罗棋布，热闹非凡。商店、茶楼、酒肆、棋馆、武场、寺院，等等，无所不有。街上车水马龙，人们三三两两，或行或立，或成群地聚集，神采飞扬地交谈，过路人两边观看，欣赏着街景。商人们在殷勤招揽。大路上忽有四套辕车奔驰而来，在悠然中又多了惊险。这里有贩夫走卒，有文士僧徒，有老翁，有童子，神情各异，栩栩如生。

这幅长卷的三部分分别描画乡野、河流和街衢之景，各部分以一个重点景色为中心，初段着重画杨柳，中段以桥梁为中心，末段则以城门为中心。在重点景色的统领下，画面虽然繁杂，但不显得混乱。三段的气氛也有分别，开始的时候平静悠远，气氛恬淡；中段紧张刺激，如激流回旋；而末段既开阔丰富，又琐屑细致，像是路边行人的娓娓细谈。

三个部分形成起伏回环的节奏。开始时的悠远和虹桥下的紧张、街衢中的热闹，形成鲜明的对比。从长卷的整体看，在绵长的陈述中，有起伏，有高潮，富有内在节奏。开始一段是缓慢的进入，到虹桥而达到全幅的高峰，经过第三段城楼内外街景的描绘之后，在喧闹的街市处戛然而止。中国艺术强调的余音绕梁、三日不绝，这幅画也有体现。

| 清明上河图局部城关一段

# 北宋的城市文明

中国自唐代以来，就有发达的城市文明：唐代的都城长安（今陕西西安）是当时世界上最大的城市。不仅是长安，唐代南北都有大型都市，长安东边的洛阳城、南方的商业都会扬州等，这些城市的人口都在百万左右。长安鼎盛时的人口更达到一百五十多万。

到了北宋时期，市井文化更加发达。北宋都城汴梁虽然没有鼎盛时期的长安规模大，但人口已经达到一百万，是当时世界上最大的城市。而且它的商业繁荣程度更胜过当年长安。五代时，洛阳开始允许临街设店，到了北宋，城市临街设店蔚然成风，而汴梁的临街店铺更多。在唐代的长安和洛阳，店铺被指定在特定的区域开设，称为"坊市"，而在汴梁，这样的限制没有了，城市中的各个区域都可以设店，街道两旁、沿河地带、人们聚居场所都分布着大量的商店，促进了城市生活的繁荣。

孟元老的《东京梦华录》记载了当时北宋京城的繁华景象。大内宣德门外，御街阔二百余步，道两旁有御沟，种植莲荷，岸边种植桃李梨杏，"春夏之交，望之如绣"。京城之内，正宗大酒店（正店）有72家，分号（脚店）及其他小酒店不计其数。酒店门口都搭五彩门楼，一到晚上，"灯烛荧煌，上下相照，浓妆妓女数百，聚于主廊檐面上，以待酒客呼唤，望之宛若神仙"。对常到酒店打酒的客户，酒店用银器送酒，第二天才取还，"其阔略大量，天下无之也"。城里商业买卖活动十分活跃。大相国寺的庙市每月开放五天，里面有珍禽奇兽的宠物市场，有日用品杂货市场，有百货市场，有刺绣、图书、古玩、香料、药材市场，孟元老称之为"万姓交易"，可以想见当时的热闹景象。京城内每个区域都有勾栏瓦舍，是集商贸演艺为一体的娱乐场所，规模很大，有的可容纳数千名观众。汴梁的夜生活也很丰富，所谓"家家帘幕人归晚，处处楼台月上迟"。酒店、歌舞伎馆和很多商店通宵营业，城市的夜空，灯火通明，特别是由州桥往南至朱雀桥一段，夜市热闹非凡，有各种特色小吃，谓之"杂嚼"，一直营业到三更。

汴梁的崛起，与汴河分不开。自6世纪末隋炀帝开掘大运河的北段，联通了南北，一条人工开凿的河流将黄河流域和长江流域两大文明联为一体。汴河当时是北宋国家漕运枢纽，商业交通要道。当时的西安、洛阳仍然保持着相当程度的发达，而南方的扬州等地经济迅速发展，大有超过北方之势。由西而来的船只经过汴河向东，通过大运河向南连接，汴梁不仅是文化、政治中心，还是经济中心。

《清明上河图》描绘的就是北宋都城全盛时期的生活。发达的城市文明，给张择端这位宫廷画家注入了创作热情。作者选择了一个节日的上午，阳光明媚的时分，从绿色的小草、泛滥的河水，到市井中川流不息的人群，似乎一切都流动起来。作者以细致的画笔，赋予这个城市强烈的动感节奏。作品之所以具有震撼人心的力量，是观者实在如作者一样，愿意徜徉在这样的温情、欢快、热烈和沉醉之中。


## 普通人的本真的美


打开《清明上河图》，一个广阔的生活世界展开在我们面前：一个孩子领着几只毛驴，驮着木炭，过一座小桥；五个纤夫拉着一条大船往上游行走；一批搬运工，背着从船上卸下的货物，手上还拿着一根计数的筹码；大船放倒船桅要驶过虹桥，船上人手忙脚乱，四周无数人在观看、呼叫，帮助出主意；桥上挤满了行人、毛驴、轿子，还有两个人拉开架式在吵架；桥头乱糟糟地摆满了货摊、地摊；脚店楼上几个客人在喝酒；木匠师傅在店门口制造车轮；摆地摊卖膏药的人吸引了一圈人听他胡吹；一家大户人家门口，七八个佣人在闲坐，有一个干脆躺在地上睡觉；算命先生的棚子里挂着"神课"、"看命"、"决疑"的招牌；城楼外无数牛车、独轮车、挑夫；几头骆驼正穿过城楼；城楼下有人正在理发，城楼里面堆着一些货物，有人正在报关；紧接着是卖大木桶和弓箭的小店，店中一人正在拉弓，一人口咬绑带正为自己绑上护腕；再接着是"孙羊正店"，这是大酒楼，楼上宾客满座，后院倒叠着无数酒瓮；再接着是一家肉铺，挂着"斤两十足"的牌子；再过去有客栈、香料铺、绸缎铺、药铺、

清明上河图城门一段

当铺，药铺中一位妇女抱一个小孩，另一位妇女捧碗正要给小孩服药；还有一口沿街水井，三个人正在打水；最后是一家大宅院，门前有家丁坐在下马石上闲聊；大街上有各种货摊，卖花的，卖清凉饮料的，卖甘蔗的，骑马的，坐轿的，挑担的，推车的，走路的，还有许多四匹马拉的大车；行人中有拿锯的，有拿扇遮头的，有和尚、道士，还有像玄奘那样背着行李的行脚僧，总之是各式人等，应有尽有。有人数过，画面上出现的一共有七百七十多人。

《清明上河图》用写实的手法，表现真实的人和真实的生活，就像你亲眼在汴梁城看到了这一切：汴河、船只、虹桥、牲口、街道、酒店、货摊、风景。这些最普通的人和最普通的生活场景，用不着美化夸张，用不着改头换面，单凭本色就使人看了

愉快，因为这里渗透着城乡居民对勤俭、安定的汴梁生活的满足和美感，渗透着他们对看来微不足道的事物的爱好，渗透着一种毫无拘束的快活热闹的气氛。画上那些看来是琐碎的生活细节，如大街上一个大人扶着一个小孩走路，肉铺里一个小孩正在帮一个胖胖的掌柜磨刀，一辆辆满载货物的牛车和马车，一大堆大人小孩围着听一个人说书，僧侣们在街上与人交谈，等等，处处透露出市民们满足的、散淡的心态，透露出一片宁静安乐的和谐，令人心旷神怡。街道上四处是休闲的人流，大群的人在桥上观看，前拥后簇，大呼小叫，就连正在过桥的大船上一个小孩也在跟着大人喊叫。有的人在汴河两岸看着急速的流水，有的人在城楼下的空地里悠然地休憩。他们安详的幸福的神态，就像春天里缓缓流淌的河流。观众会觉得画中的生活非常舒服、自在。**这种安乐和谐的气氛，这种毫无拘束的快活热闹的气氛，正是《清明上河图》这幅民俗风情画的无比价值之所在。因为这种对于安乐和谐生活的幸福感和美感，这种自在的生活，正是显现了人之为人的本质。《清明上河图》显示的，就是这样普通人的本真的美。**

# 三十、老北京的风情和韵味

一提起老北京，人们脑中就会浮现出前门城楼下的骆驼队，熙熙攘攘的天桥，一条条胡同以及胡同里的叫卖声，四合院里的春夏秋冬，豆腐脑、炒肝儿、豆汁儿等各种小吃，相声、大鼓、单弦等各种京腔京韵的演唱……种种图景，构成了一曲渐渐远去的古老的歌。

## 老北京的饮食风味

很多人说，老北京最令人经久难忘的，是它的饮食风味。这是一种最平常、最亲切、最具有地方特色的文化。

北京城里有名的全聚德烤鸭店开业于同治三年。创业人叫杨

北京的红墙

全仁。他请来了一位清宫御膳房的有名厨师，创制了与传统的焖炉烤鸭不同的挂炉烤鸭。全聚德的全鸭席是用鸭为原料做成的各种冷盘、热炒、汤菜组成的宴席。

以经营涮羊肉而著称的东来顺是一家清真饭馆。创办人叫丁德山。东来顺的涮羊肉选料精、加工细、佐料全，同时，还经营羊肉馅儿饼、羊杂碎汤、烙饼、米粥、饺子等大众化食品，受到各阶层顾客的欢迎。

砂锅居开业于清乾隆六年。砂锅居的"烧"、"燎"、"白煮肉"最有名。"烧"是指各种油炸的小碟，如炸肥肠、炸卷肝、炸鹿尾；"燎"是用木炭烧猪头、肘子的外皮，燎成金黄色，然后再煮；"白煮肉"即白肉片，可以加酱油、麻油、蒜泥、辣椒油蘸着吃，也可以放入砂锅内与白菜、粉丝、海米、口蘑、肉汤同煮，就是砂锅白肉。砂锅居的名菜还有砂锅三白、砂锅下水、砂锅丸子、烩酸菜等。

烤肉季创办于道光二十八年。创办人为季道彩。这家店经营烤羊肉，燃料是枣木掺上松枝柏木。店内火光熊熊，烟雾腾腾，食客一手拿酒杯或烧饼，一手用一尺多长的筷子，把羊肉在调料中浸过后再在熟铁条制成的肉炙子上烤，边烤边吃，显得十分粗犷。另一家烤肉店名烤肉宛，烤的是小牛肉。

仿膳饭庄开业于1925年，位于北海北岸，由原在清宫内当差的赵仁斋创办。仿膳的菜肴色、香、味、形都极讲究。名菜有扒鲍鱼龙须、扒鹿肉、溜鸡脯、凤凰鱼肚、罗汉大虾、怀胎桂鱼等上百道。他们制作的小点心也很精致，像豌豆黄、芸豆卷、小窝头、肉末烧饼都做得小巧玲珑，讨人喜爱。

北京城内还有一家"官家菜"餐馆，即谭家菜。创办人谭宗浚是清末的一位翰林。谭家菜属于粤菜，以紫鲍、海参等海味为主。餐厅内摆着紫檀家具，挂着名人字画。

老北京的饮食文化构成了一个韵味悠长的生活世界。中国当代作家萧乾回忆北京的小吃时说："回想我漂流在外的那些年月，北京最使我怀念的是什么？是喝豆汁儿，吃扒糕；还有驴打滚儿，从大鼓肚铜壶冲出的茶汤和烟熏火燎的炸灌肠。"好多从北京迁到台湾的文化人，当他们回想起老北京的饮食风味，不免都会涌起难以排遣的怅惘和乡愁："由精益求精的谭家菜，到恩承居的茵陈蒿，到砂锅居的猪全席、全聚德的烤鸭、烤肉宛的烤肉，再到穆家寨的炒疙瘩，还有驴肉、爆肚、驴打滚、糖葫芦、酸梅汤、奶饽饽、奶乌他、萨其马……还有热豆汁、涮羊肉、茯苓饼、豌豆黄、奶酪、灌肠、炒肝儿，冬天夜半叫卖的冻梨、心里美……求之他处，何可复得？"

## 胡同和货声

有一位名叫保罗·巴迪的法国学者说，老北京的魅力来自那些雄伟的城门楼子，也来自那些狭窄的胡同。

北京的胡同形成于元朝。元朝杂剧《张生煮海》中的侍女有一句话："你去兀那羊市角头砖塔儿胡同总铺门前来寻我。"这说明现在西四南大街西侧的砖塔胡同在元朝就有了。

北京的胡同也有独特的风情。光是胡同的名字，就引人遐想，你看：杏花天胡同，花枝胡同，菊儿胡同，小金丝胡同，月光胡同，孔雀胡同，胭脂胡同，……这些胡同的名称多么富于诗意！还有：雨儿胡同，蓑衣胡同，帽儿胡同，茶叶胡同，烧酒胡同，干面胡同，羊肉胡同，茄子胡同，豆芽菜胡同，烧饼胡同，麻花胡同，劈柴胡同，风箱胡同，灯草胡同，蜡烛心胡同，……这些胡同的名字不是把当时北京老百姓的衣、食、住、行以及生活习惯都展现出来了吗？根据老北京人的回忆，最有趣的是不同的胡同还有不同的气味：钱粮胡同是大白菜的气味，帽儿胡同是冰糖葫芦的气味，轿子胡同里有豆汁儿味。

北京胡同里还有独特的吆喝声和响器声，合称货声。吆喝的声儿忽高忽低，声音时远时近，传送出一种悠长的韵味。像春天的吆喝："哎嗨!大小哎，小金鱼儿嘞!"夏天的吆喝："一兜儿水的哎嗨大蜜桃!"秋天的吆喝："大山里红啊：还两挂！"冬天的吆喝："萝卜赛梨哎，辣了换。"清早的吆喝："热的嘞，大油炸鬼，芝麻酱的烧饼！"晚上的吆喝："金橘儿哎，青果哎，开口胃哎！"半夜的吆喝："硬面，饽哎饽。""馄饨喂，开锅

北京民居的门墩

288

啊。"有的小贩不用吆喝，就用手里的响器召唤顾客。人们一听到响铁发出的颤颤巍巍的金属声，就知道理发的来了。一听到打大铜锣声，就知道耍猴儿的来了。一听到木头梆子响，就知道卖油的来了。一听到拨浪鼓响，就知道卖针线香粉小百货的来了。胡同的吆喝在音调和趣味方面都很有讲究。吆喝的气要足，嗓子要脆，口齿要清白，韵味要浓，还要运用花腔、滑腔、甩腔，特别最后一个词的音调转折要有韵味。吆喝用的是北京地方的语言和音调，是地道的京腔、京调、京韵、京味。有的吆喝既有音乐性，又有文学性。你听夏天卖西瓜的吆喝："吃来呗弄一块尝，这冰人儿的西瓜脆沙瓤儿；三角的牙儿，船那么大的块儿，冰糖的瓤儿；八月中秋月饼的馅儿，芭蕉叶轰不走那蜜蜂在这儿错搭

四合院门楼

了窝；沙着你的口甜呐，俩大子儿一牙儿。"这些吆喝，都渗透着民间的、欢乐的、幽默的趣味。世界历史上许多古老的城市都有这种吆喝。1545年有一位名叫特留克的学者编了一本集子《巴黎每天发出的一百零七种吆喝》，实际上巴黎的吆喝远远不止这个数目。著名京剧艺术家翁偶虹根据他自己几十年亲耳所闻，记录整理了北京城里三百六十八种吆喝声，当然实际上北京的吆喝也远远不止这个数目。俄国学者巴赫金认为，"巴黎的吆喝"在民间的露天广场和街头文化中有重要的位置。这些"吆喝声"，一方面显现出一种有血有肉的充满广场喧闹的生活，一方面又渗透着民间节日的、幽默的气氛。翁偶虹说，**北京城里的吆喝，是一种充满感情的生活之歌，能够给心灵短暂的慰藉，又是一闪而逝的美的享受。**


## 喧闹的天桥


老北京的天桥是十分有名的地方，那是一个集中展现老北京民俗风情的游览景区，汇集了表演戏剧、曲艺、杂耍的各种戏园子、游乐场和酒馆、茶馆、小吃摊点、百货摊棚。在清朝末年、民国初年天桥逐渐兴旺起来。戏剧、曲艺不仅有京戏、河北梆子、评戏、木偶戏、皮影戏，还有评书、相声、鼓书、北京竹板书、单弦、数来宝等。杂耍不仅有耍中幡、车技、硬气功、钻刀、火圈、吞宝剑、上刀山，还有马戏、空中秋千、大型古彩戏法、魔术，等等。在饮食方面，天桥的小吃可说是集北京小吃之大全，有豆腐脑，面茶，炸豆腐，烧饼，爆肚，切糕，豆汁儿，炒肝儿，卤煮丸子，馄饨，灌肠，锅贴，驴打滚，豌豆黄，羊肉杂面，等等，一共一百一十多种。除了小吃，还有各种货物，应有尽有。有百货店，布摊，家具店，卖旧鞋、旧轮胎的，卖锅碗瓢盆、废铜烂铁的，卖文物古玩的，卖旧书的，等等，特点是旧货比新货多。此外还有镶牙馆，药店，算卦的，相面的，剃头的，等等。一座天桥，真的是热闹非凡。

在天桥的艺人中，曲艺艺人和杂技艺人占了大多数。此外还有戏曲艺人、马戏艺人、武术艺人。其中，从清朝末年以来还出现了三拨相貌奇特、言行怪异的艺人，他们技艺超群，被人称为"八大怪"。"八大怪"中，有表演相声的，有表演口技的，有表演唱小曲的，有表演拉洋片的，有表演硬气功的。如"傻王"能用手掌把半尺多厚的石块击碎，又能在运足气后用三指（食指、中指、无名指）把石头切断，令观众惊叹不已。

除了这一拨一拨的"八大怪"，还有许多艺人的技艺也令人叫绝，名气也很大。如"人人乐"是一位口技艺人，他用一把折扇挡住脸部，学各种人物对话。最拿手的节目是《五子闹学》，

北京的秋

先学众人睡觉时的鼾声，然后是晨鸡报晓声，女人喊醒丈夫，小孩吃奶，大孩子下地小便，男人打哈欠声，下床到磨房拉驴出门，门扉的开合声，驴蹄声，铃铛声，妇人催孩子上学声，要饽饽钱时的对话声，大儿子上学路上唱歌走路声，学堂里学生们念书声，先生走后学生的议论声，笑声，哭声，口角声，责打声……种种声音，无不模仿得惟妙惟肖。

到天桥游玩的大多数是普通老百姓。那热闹的场面，喧嚣的人群，飞舞的彩幡，喷香的小吃，给他们一种满足，一种享受，一种精神的安慰。


## 老北京的庙会

老北京的庙会（在著名寺庙定期举行的大型集市）也充满了悠远感人的情调和韵味。逛庙会是北京老百姓生活中的一大享受、一大乐趣。据1930年统计，当时北京城区有庙会20处，郊区有16处。最有名的是隆福寺、雍和宫、白云观、蟠桃宫、厂甸等八大庙会。

隆福寺庙会是当时北京城所有庙会中规模最大的。翁偶虹先生常去逛隆福寺庙会。他对隆福寺庙会的盛况作了详细的描述。

隆福寺从庙门前的几条街开始，就聚集着各种商铺和摊贩，有旧货摊、鸟屋子（卖各种珍禽）、狗市（专卖哈巴狗和波斯猫）、花厂子、古书铺（有许多外面不常见的古籍），还有大茶馆。走进庙内，共分三条街。中路进去，最前面是卖箩筐簸箕、鸡毛掸子、笼屉搓板等一类日常用品的，后面几层，是中幡、双簧、评书等五花八门的卖艺场子，以及卖各种小吃的。西路一进门是一个热气腾腾的黏糕摊子，接着是鱼厂子，几个大的古玩摊，卖小金鱼的，卖毽子的，卖胡琴码儿的，卖京戏唱词本子的。东路这条街有卖"鬃人儿"的，卖影戏人的，卖面人的，卖托偶人（杖头木偶）的。其中影戏人的摊子卖的京剧人物皮影戏的头像，都是依据当时京剧名角的容貌制作的，十分传神。

庙会是普通老百姓的游乐场所，庙会的内容与老百姓的日常生活有联系（卖日用品、卖各种吃食），但是它又从日常生活中分离出来，它是一种超出日常生活的游乐，一种精神享受，所以为大人小孩所向往。

## 老北京百姓的休闲生活

老北京百姓的休闲生活也有古都的特色，精致、适度，而又悠然自得，渗透着一种"京韵"和"京味"。

休闲的核心是一个"玩"字。"玩"是自由的、超功利的。用北京人的话说就是"找乐子"。中国当代作家陈建功说，北京人爱找乐子，善找乐子。养只靛颏儿（观赏鸟）是个"乐子"。放放风筝是个"乐子"。一碗酒加一头蒜是个"乐子"。嗜好京剧的北京人，唱这一"嗓子"，听这一"嗓子"，也是一个"乐子"。

喝茶、饮酒是老北京百姓休闲的主要方式。

老北京的茶馆很多，到茶馆喝茶的人五花八门。有记者、作家、文人学者、戏曲演员、棋手、教师、学生、工匠（他们到这里来找雇主）、破落的八旗子弟、办案抓人的侦缉队，等等。手提鸟笼遛鸟的市民也常到茶馆休息。他们把鸟笼挂在棚竿上或者放在桌子上，一边喝茶，一边赏鸟，这时茶馆里各种鸟鸣声就响成一片。茶馆是当时一个社交场所，是一个浓缩的小社会，每天上演着一出出饱含着老百姓酸甜苦辣的喜剧和悲剧，映射出历史的变迁。老舍的著名话剧《茶馆》对此有出色的描绘，已经成了经典。

老北京城里酒馆也很多。大的酒店多集中在东单、西单、东四、西四、前门外、鼓楼前这些繁华商业区，小酒店往往开设在胡同口。小酒店的柜台上摆着许多下酒菜，如煮花生、豆腐干、香椿豆、松花蛋、熏鱼、炸虾，等等，店堂里放几只大酒缸，上面摆着红漆的大缸盖，作为酒客饮酒的桌子，所以这种小酒店俗名叫"大酒缸"。

北京的普通老百姓到了酒店，要上二两白干，一碟豆腐干，一碟花生米，一边和酒店中其他饮酒的顾客聊天，一边慢慢品味酒的滋味。酒和菜很便宜，但饮酒的人都很知足、快乐。整个酒馆散发着一种悠然自得的情调。

北京老百姓的休闲生活花样很多，除了饮酒、品茶，还有玩鸟的、玩金鱼的、玩风筝的、玩蝈蝈的、玩蟋蟀的、玩瓷器的、玩脸谱的、玩盆景的、玩泥人的、玩面人的、玩吆喝的……北京的普通老百姓用各种方法"找乐子"，为平淡的人生增添一点情趣和快意。

北京老百姓喜欢养金鱼。养金鱼的风气从金、元时代就有了。一般平民百姓喜欢在自家庭院摆上鱼缸。金鱼缸和石榴树成了四合院中不可缺少的摆设。

北京老百姓喜欢养鸽子。养鸽子的乐趣在于放飞。有人还喜欢制作精美的鸽哨，系在鸽子的尾羽中间。民俗学家王世襄说，天空中鸽哨的声音已经成为北京的象征。"在北京，不论是风和日丽的春天，阵雨初霁的盛夏，碧空如洗的清秋，天寒欲雪的冬日，都可听到空中传来央央琅琅之音。它时宏时细，忽远忽近，亦低亦昂，倏疾倏徐，悠悠回荡，恍若钧天妙乐，使人心旷神怡。”“它是北京的情趣，不知多少次把人们从梦中唤醒，不知多少次把人们的目光引向遥远的天空，又不知多少次给大人和儿童带来了喜悦。”这是北京的一个美感世界。

随着时代的变化，北京老百姓的休闲生活和休闲习惯也在发生变化。在20世纪末和21世纪初，涌现出了三里屯酒吧街、东直门簋街、什刹海酒吧街这样一些北京的新的休闲景区。例如什刹海，那本来是北京老百姓夏天避暑纳凉的一个去处，一直到20世纪80年代末还比较冷清，谁能想到进入21世纪竟一下子"火"了起来，酒吧、餐吧、食吧、艺吧、茶吧一家挨一家。你看那些吧名："淡泊弯"、"岳麓山屋"、"茶马古道"、"蓝莲花"、

飞在北京老屋上的鸽子

"欲望城市"、"寻东寻西"、"吉他"、"滴水藏海"、"不大厨吧"、"望海怡然"、"胡同写意"、"水色盛开"、"后海红"、"鸟巢"、"云起"、"水岸"、"听月"、"春茶"、"一直以来"、"七月七日晴"、"了无痕"、"你好吧"……这些吧名联在一起，简直是一首绝妙的诗。从这些吧名，人们可以感受到今天什刹海的民俗风情，品尝到新世纪北京的意趣。

有位学者说得好，北京是属于昨天、今天、明天的城，永远的城。

三一、老上海的现代风情

老上海是中国近代最国际化的大都市。1935年上海出版的英文版《上海概览》向西方人介绍上海说："上海，世界第六大都市；上海，东方的巴黎；上海，地球上最世界主义的城市！"

在当时中国人的心目中，上海是最"摩登"的城市。这种看法是对老上海的都市文化感性的一种认识。老上海与"摩登"不可分。老上海是开放的城市，是时尚的城市，是充满活力的城市，是充满现代魅力的城市。

## 最开放的城市

老上海是当时中国最开放的城市、最国际化的城市。它吸收西方现代文明的成果最早、最快。有人说，上海是"滩"，"滩"就是开放的体系，它没有边际和界限。

据资料记载，西方都市的种种现代设施在19世纪中叶就开始传入上海：银行于1848年传入，西式街道于1856年传入，煤气灯于1865年传入，电话于1881年传入，自来水于1884年传入，汽车于1901年传入，电车于1908年传入。1895年，法国鲁米埃尔兄弟发明了电影，仅仅过了八个月，上海虹口乍浦路上就出现了一家电影院。到20世纪30年代，上海已经和世界最先进的都市同步了。

老上海作为一个大都市的都市性格就是面向海外，所以上海成为西方文化输入中国的最大门户。在中国近代史上，除了刚才提到的银行、煤气灯、电话、自来水、电影、汽车、电车之外，西方其他种种物质文化和精神文化，如报纸、音乐、绘画、话剧、舞蹈、马戏、魔术、唱片、照相、电报、电风扇、缝纫机、洒水车、西装、西餐、啤酒、咖啡，以及公历、星期作息制度、文明结婚、妇女参加社交、图书馆、博物馆、警察制度、法庭辩护制度、公司制度、经纪人制度、董事会制度、道路行车规划、垃圾倾倒规定等，都是先传到上海，然后逐步传播到其他地方的。严复翻译的西方学术名著，林纾翻译的西方小说，也都是在上海出版发行的。

老上海的开放和国际化的都市性格，在外滩的建筑中表现得最鲜明。当时外滩一共矗立着10层以上的高楼28幢，汇集了英国、俄罗斯、德国、奥地利等17种最有代表性的欧洲古典建筑风格，被称为"万国建筑博览会"。如外滩20号沙逊大楼（今和平饭店北楼）高13层，它的客房分别装修成中、英、法、德、印度、日本、意大利、西班牙等九国的式样和风格，极尽豪华，号称"远东第一楼"。又如外滩2号英国总会（后称上海总会，即今东风饭店），它的西餐厅三百多平方米，但没有一根柱子，它

的酒吧纵深36米，号称"远东最长的酒吧"。又如外滩12号的上海汇丰银行大厦（今浦东发展银行），仿照希腊风格，用爱奥尼克式廊柱，门口放着从英国运来的一对铜狮子，大厅柱子、护墙壁和地面全部采用欧洲华贵的大理石，大厅的上层壁面和穹顶有200平方米的彩色壁画，是由英国画师出稿，由意大利工匠用彩色马赛克拼接而成。这座大楼当时被一些人称为"从苏伊士运河到远东白令海峡最豪华的建筑"。

上海是当时中国最开放的城市，因而也是侨居外国人最多的城市，到1942年超过15万人，分别来自英、美、法、德、俄、印、日等58个国家。他们不仅有富人，也有穷人。对那些在自己家乡混得不得意的西方人来说，上海是一个提供梦想的城市。到上海去，是西方人的一种经典的冒险。对于上海的国际气息，1909年一位西方传教士曾有一个报告，他在报告中对当时上海中心区的街景作了非常有趣的描绘：

走在南京路上的时候，你会觉得好像在参加世界各族大聚会。路上走的有高高的大胡子俄国人、胖胖的德国佬。没准你一头撞上一个瘦小的日本军官，……一个法国人在上海狭窄的人行道上向人脱帽致敬，帽子正好打在一名穿着精美黄色丝绸外套的印度人脸上。耳中听到的是卷舌头的德语夹杂着伦敦俚语。穿巴黎新款时髦衣衫的人旁边站着近乎半裸的穷苦小工。一对水手踏着双人自行车飞驰而过，两名穿和服、跋拖鞋的日本仕女转身避让，显得有点恼怒。着一身灰袍的和尚手肘碰到了一名大胡子的罗马传教士。出于对祖国的热爱而不是商人那种唯利是图的本性，一位俄国店主店里的商品标价牌一律用俄文书写，使人看了茫然。对面是一家日本人开的理发店，店主用生硬的英语写了些广告词，保证大家在此理发价格低廉。

上海作为一个国际化的大都市，当时吸引了许多世界文化名人到这里访问讲学，如美国哲学家杜威，英国哲学家罗素，大物理学家爱因斯坦，印度大诗人泰戈尔，美国电影喜剧明星卓别林，等等，他们把世界文化艺术的最新思潮带到上海。

上海的开放在犹太人身上表现得特别明显。第二次世界大战期间，上海接纳了三万多名犹太难民。这个数字，超过当时加拿大、澳大利亚、印度、南非、新西兰接纳欧洲犹太难民数字的总和。这些犹太人历尽艰险，逃离纳粹的魔掌，来到上海，因为进入上海不需要任何签证或证明。这些犹太人大多数在上海一直生活到战争结束。上海成了犹太难民逃离地狱的一叶方舟。

外国人到了上海，不论他来自哪个国家，他的感觉都会是："上海像家一样接待我们，而不像一个客栈。"一个英国人在1937年日本进攻上海前的那个晚上写道："对我们大多数人来说，上海是永久的家。"这句话说明，上海作为一个国际化大都市，不仅表现在外表的物质技术的层面，而且已经深入到人的内在的文化心理层面。

# 追求时尚

老上海人追求时尚。这是老上海的都市感性。这种文化上的感性，首先体现在生活习俗的层面，当然也体现在精神文化的层面。

老上海人追求时尚，在当时的主要内容就是追求洋派，即追求西方风味，因为在当时西方风味被认为是最时尚的东西。咖啡馆、舞厅就是代表。咖啡馆是欧洲人体验现代生活的重要空间，在老上海十分流行。最有名的如南京东路上的新雅，纯粹外国风味的沙利文，静安寺路口的德式"番丹拉尔"，俄式咖啡馆"君士坦丁"和"巴尔干"，国泰戏院对面的"小男人"，等等。当时上海的作家一到黄昏都会不约而同地走进这些咖啡馆，一边喝着浓厚香醇的咖啡，一边和朋友长谈。可以说，在20世纪30年代，上海的文学界整个都沉浸在咖啡馆的香味之中。上海的舞厅也很多。1946年全上海在政府登记的舞女有3300人，可见舞厅数量之多。老上海被称为"东方不夜城"，指的是霓虹灯照耀下的夜生活，其中舞厅占了重要的位置。有名的舞厅有百乐门舞厅、大都会花园舞厅、丽都、圣安娜、仙乐斯、洛克塞、维娜斯咖啡馆、维也纳花园舞厅、小俱乐部，等等。百乐门舞厅的乐队是俄国乐师，但奏的都是最新的美国爵士乐。这个舞厅因为当代作家白先勇在小说《金大班的最后一夜》以及《永远的尹雪艳》中提到它，因而直到今天还广为人知。

上海人追求时尚，追求洋派，但并非全盘西化，特别在生活习俗方面，上海老百姓始终保持着自己的本土文化即江浙文化的特色和个性。

拿饮食来说，上海有许多西餐馆，如一品香、万年春、海天春、江南春、一枝香、醉和春等。这一品香很有名，里面陈

老上海月份牌

设非常气派，甚至摆放金钱豹笼子供客人观赏。清末作家曾朴的小说《孽海花》中就写到薛大人请金状元到一品香第八号吃"大餐"。"大餐"就是西餐。很多经济收入比较高的上海人对吃西餐很有兴趣，就是收入比较低的家庭，过年过节也往往全家人出去吃一顿西餐。吃西餐成为一种时尚，称为"吃大菜"或"吃大餐"。当时从外地到上海来游玩的人，也把吃西餐和坐马车作为体验上海生活不可缺少的两项活动。

但是在上海人的饮食文化中，吃西餐终究只是一种点缀，上海人的饮食始终保持着自己本土传统的风味特色。

上海自古以来就是一个稻作区，所以上海人一日三餐以米饭为主，称为"白米饭"。有时也在米饭中加入青菜、咸肉、香肠、猪肉之类原料，做成菜饭、蛋炒饭、盖浇饭、腊味饭等。街上的大众餐馆，多数也是米食。上海人的家常菜也有江南特色，他们把猪肉、鸡鸭、蛋等荤菜，加上笋干、毛豆、面筋、香菇等素菜，搭配成"笋干烧肉"、"肉丝炒毛豆"、"油豆腐烧肉"、"火腿冬瓜汤"等家常菜，味道好，又实惠。上海的风味小吃也极有特色，如南翔小笼馒头，美新点心店的宁波汤团，沧浪亭点心店的葱油开洋面，五芳斋的肉粽，等等。这些小吃都很精巧、味美、便宜，显示出很浓的江南风味。1998年美国总统克林顿访沪，在豫园吃了南翔小笼馒头，赞不绝口。


## 石库门与弄堂风情

石库门是伴随上海的都市化而产生的一种民居建筑。多少年的时间里，石库门一直是大多数上海市民生活起居、繁衍生息的主要场所。

上海的石库门建筑最早产生于19世纪五六十年代。这是一种占地少、用料省、造价低的房型。这种房型大多为"三上三下"式，楼下正中为客堂，两旁各有一厢房。楼上形式也与楼下相似。后来又出现一些规模更小的建筑，为"二上二下"式和"一上一下"式。石库门的建筑用黑色厚木板做成大门，门四周是花岗石或宁波红石做的石条框，所以称为"石库门"。后来为适应比较有钱的中产阶级的需要，出现一种新式里弄住宅，去掉高墙和乌漆大门，增添卫生间和煤气灶，小天井改为小花圃，称为改良式石库门。

由于房租昂贵，所以一幢石库门房子中一般都要住进六七户人家，多的达到十几户。这些居民的职业、籍贯、生活方式、趣味等等很不相同，但都住在同一个屋檐下，形成非常独特的景观。夏衍的经典话剧《上海屋檐下》就形象地展示了20世纪30年代沪东一幢石库门建筑中一群小人物的悲喜剧。当时还有一位教师写了题为《阁楼十景》的文章，描绘了一幢石库门里十个家庭的生活：前客堂住着一名警察和他的妻子，以及两个十几岁的女

上海石库门

儿，这个警察向附近的小贩放高利贷；后客堂住一对夫妻带着三个孩子，夫妻两人都在弄堂小学教书；二楼卧室住两名舞女，她们上午休息，只在下午和晚上出去工作，有时要到后半夜或者黎明才回家；二层阁住着一名皮匠和他妻子，皮匠每天挑着家当到附近弄堂做鞋、补鞋，他妻子在家，和邻居打打麻将；三楼卧室住一个三十出头的少妇带着女佣；厨房住着五十多岁的二房东和他不到三十岁的妻子，妻子当家，丈夫每天去书场听评弹；屋顶平台住着一个为报纸做校对工作的单身男子；三楼亭子间住着一个二十多岁的苏州女人，曾演过文明戏；二楼亭子间住了四个在西餐厅当侍者的小伙子；三层阁住的就是这篇文章的作者自己，他任教的小学被日本人炸了，他随之失业，现在当一名自由撰稿人养家糊口。这一幢石库门房子，是当时上海下层社会的一个缩影。

石库门房子的二楼，有一间房子称为"亭子间"，它位于厨房顶上，面积十平方米左右。亭子间常年见不到太阳，冬冷夏热，租金低廉，一个月不到四元钱。亭子间的住户五花八门，办公室职员、产业工人、店铺学徒、大学生、高中生、自由撰稿人、自由艺术家、剧作家、音乐家等等各种身份的人都有。有时两三个作家挤住在一间亭子间。20世纪20年代最著名的作家、艺

上海弄堂

上海石库门

术家如鲁迅、茅盾、巴金、瞿秋白、郁达夫、梁实秋、邹韬奋、沈从文、沈尹默、徐悲鸿、刘海粟、赵丹、阮玲玉等都住过石库门，其中不少人都曾经在亭子间里写过作品。

石库门连排就构成里弄。里弄又称弄堂，宽的四米左右，窄的不到三米。弄堂是上海老百姓生活的天地。老百姓在弄堂中吃饭、洗衣、拣菜、倒马桶。一到夏天，家家门口放着餐桌，一家人围着餐桌吃饭。晚上，很多人把躺椅、竹榻搬到弄堂口，用凉水冲洗一阵，然后坐那里乘凉。

弄堂生活习俗的一个特点是开放性。在弄堂中，每个家庭的生活和弄堂的社会生活常常混在一起，几乎没有隐私。不但每个家庭吃什么饭菜，家里有几件衣服，全弄堂的人都知道，而且每个家庭的经济状况，有什么亲戚，弄堂的人也都知道。有人说，上海人开放的心态可能和弄堂生活的这种开放性有关。

弄堂里有多种小商店，弄堂口和外面街道上的小商店更多，如布店、肉店、米店、药店、裁缝店、理发店，等等。弄堂里还有流动商贩，卖小吃点心，从清晨一直到晚上，弄堂里回荡着各种叫卖声。就这一点说，上海的弄堂和北京的胡同是相像的。不过上海弄堂叫卖的小吃完全是南方风味，如热腾腾的馄饨、火腿粽子、白糖莲心粥、五香豆、冰激凌、梨膏糖，等等。最有特色的是油炸臭豆腐干。住在楼上的居民听到弄堂里"笃笃"的声音，就用绳子吊着竹篮从窗口放下来，篮子里放着锅子和钱款，没几分钟小贩就把煮好的热腾腾的馄饨盛在锅里。有的是买火腿粽子。居民和小贩很熟因而不需要任何语言。

上海老百姓生活在石库门的弄堂里，但他们和外面的世界保持着密切的联系。他们感受着大量新传入的西方现代文明。特别对于中产阶层和知识阶层的人来说更是如此。作家们经常光顾洋人区的外文书店，在那里可以买到西方国家最新出版的书籍。作家叶灵凤回忆，有一次他就在一家书店里看到一本巴黎莎士比亚书店出版的乔伊斯的《尤里西斯》，当时他的身子一阵发热，接下来他居然以七毛钱的价格买下了这本值十美元的书。所以知识阶层的人都感到自己和外面的整个世界是相联的，他们住在石库门里，但从他们的作品看，他们的思想、趣味受到西方文化很深的影响。

20世纪末至21世纪初上海出现的有名

| 丰子恺 馄饨担

| 丰子恺 买粽子

休闲景区"新天地"就是在石库门弄堂的基础上改造而成的。依然是青砖的步行道，依然是清水砖墙，但是室内的装饰已经完全现代化，成了咖啡馆、餐厅、音乐酒吧、时装专卖店、时尚饰品店、电影院。游客来到这里，感到既优雅，又摩登，既安静，又富有动感，"老年人觉得怀旧，年轻人觉得时尚，外国人觉得很中国，中国人觉得很洋气"。有人称这里为上海的"渔人码头"。这又一次显现了上海人在传统和现代的融合中创造新的时尚的天赋。

上海是一个充满时尚感和活力的城市。上海城市的魅力就在于作为一个现代城市的开放、时尚和充满活力。

中国在服装上有独特的创造。中国在四千多年前就发明了丝绸。18世纪前后欧洲掀起洛可可思潮，贵族在舞会中穿着中国式的服装，成为当时的时尚。今天，我们在日本正仓院看到的中国唐代衣服的实物，色彩鲜艳，质地轻柔，款式流畅而动人，具有很高的艺术价值，可见那时的中国服饰在世界上就占有重要位置。

## 典雅的唐装

APEC会议的重要一幕，是出席会议的各国家和地区领导人穿着主办方提供的民族服装，集中亮相合影，这是采访会议的记

明代比甲复原图

者最喜欢捕捉的场面。每次主办方提供的服装需要能反映自己本国的审美趣味和文化传统。2001年在上海召开的APEC会议上，主办方中国提供给会议各成员领导人的服装是唐装。它一出现，便吸引了全球的目光，那种充满浓郁民族特点的样式，给人留下深刻的印象。

唐装，与唐代有关，因为唐代是中国历史上的盛世，以这样的朝代为这种服装命名，说明对中国古老文化的认同。但这并不表明唐装就是唐代流行的服装样式。今天人们使用的"唐装"一词，其实是对中式服装中一种特殊样式的称呼。

唐装是20世纪形成的服装样式。它是在清代满人服装（主要是马褂）的基础上发展而来的，并融入了一些西方服装的元素，男女款式都有。中国导演李少红执导的电视剧《橘子红了》曾经对女式唐装有集中展示，剧中女主人公秀禾前后穿有几十套唐装，它以清代宫廷的格格服为基础，结合现代服装的小立领形式，运用上等的真丝面料，在衣服上手工绣上体现中国风格的各式花朵，显得典雅细腻，有很高的欣赏价值，受到人们的普遍喜爱。

一般谈到唐装，总要提到它的四大要素：一是对襟，女式唐装多是斜襟，这样的处理既有民俗化的特征，又不失优雅的风韵；二是立领，唐装从上衣前面的中心开口，立式处理，突出人颈项的美感，又有落落不凡的气度；三是连袖，衣服的主要块面与袖子没有接缝，如女式唐装采用格格服的马蹄袖，宽宽大大，显得飘逸洒脱；四是盘扣，扣子不用机械制作，而用布匹纽结而成，手工制作，显得很有品位。

唐装一般都有花卉文字图案装饰，这可以说是唐装的生命。这些花卉文字图案，具有浓郁的民族特点。今天在中国，每逢节日或喜庆的日子，人们都喜欢穿上唐装，因为唐装有吉祥和祝福的意思。唐装上一般绣有团花，花朵呈四周放射或旋转样式，花卉有牡丹、梅、兰、竹、菊等，这些花卉在中国都有象征意义，如牡丹象征富贵，梅花象征高洁。也有的服装绣上福、禄、寿、双喜等文字图案，给穿这种服装的人带来好心情。

| 明 唐寅 孟蜀宫妓图

## 旗袍的惊艳

中国导演王家卫执导的电影《花样年华》中，影星张曼玉的26款旗袍造型，色彩优雅细腻，风格温婉清丽，让世界各地的电影观众又一次欣赏到身穿旗袍的东方女性的美。

在20世纪20年代开始流行的女子旗袍是上海人的创造。旗袍本是满族妇女的传统服装和中国南方服饰以及西洋晚礼服的融合，高领，紧身，无袖，两边高开叉，加上烫发、高跟鞋、玻璃丝袜、胸花，充分显示女性的体态美和曲线美，同时有一种端庄、稳重、雅致的风格。

在20世纪上半叶，旗袍和外来的西式大衣、西式短大衣、西式马甲的组合，成为中国电影女明星最时髦的服装，全国无数电

| 清 乾隆妃梳妆图

312

影女观众竞相仿效。

旗袍的美，含蓄细腻，活泼又不流于张狂，优雅大方而合于自然天性，充分考虑东方女子身材的特点，突出了女子身材的曲线美。同时，旗袍又利用中国服装面料多样化的特点，注意色彩和款式的变化。旗袍的流行，一改世人对中国服装单调保守的印

敦煌130窟　都督夫人礼佛图

象。这种具有东方神韵的服装样式，像一缕清风，吹到了世界上的很多角落。一直到今天，旗袍仍然受到国际社会的赞誉。

## 自然本色的蜡染

大约在两千多年前，中国就出现了蜡染。汉代丝绸之路的交流物品中，就有蜡染。新疆出土的北朝文物中，有蜡染衣物。到了唐代，蜡染技术已经成熟。敦煌莫高窟130窟的壁画上，还有表现唐代蜡染的画面。

贵州 苗族蜡染背扇

唐 周昉 簪花仕
女图（局部）

　　在中国服饰史上，蜡染是一种流传时间长、流行范围大、使用领域广的服装工艺。从新疆到东北，从西南边陲到江南水乡，蜡染工艺都有流传。贵州是蜡染最普及的地方，贵州女子特别喜爱这种服装形式，至今在贵州有些地方，女子们穿戴的衣服、头巾、围腰、裙子等，大多都是蜡染制成的。

　　蜡染至今还有其活力，这是因为它具有本色自然的美。

　　蜡染是在布匹着色的过程中，以蜂蜡作为防止染色的材料，从而形成特殊的效果。蜡染的制作过程是：先熔化好蜂蜡，用铜制的蜡刀蘸着熔化的蜂蜡，在白布上画出纹理。等到蜂蜡干了之后，将布匹放到事先准备的蓝靛缸内染色。染好之后，用沸水煮去蜂蜡，再用水冲净。这样就会在蓝色的底布上显现出白色的纹理——因为蜂蜡是防染的。

　　在染色的过程中，会出现奇特的冰纹现象。因为蜂蜡干了之后，会产生一些裂纹，这些裂纹在染色的过程中渗透进色彩，于是形成了如冰花式样的美妙纹理。这样的纹理不是人工的，是自然天成的，它对于蜡染就像开片之于瓷器一样，可以说是蜡染的灵魂。

明 唐寅 红叶题诗仕女图轴

## 绚烂的戏剧服饰

戏剧服饰是中国传统服饰的重要组成部分。戏剧服饰是从人们平时服饰的基础上发展而来的，中国传统服饰很多重要特点凝固在戏剧服饰中。

戏剧服饰又称"行头"。戏剧中的角色行当，都有自己的行头。在舞台上，一般通过行头，就能判别出角色的身份。如旦角，因为服饰的不同，又有青衣、花旦等分别。青衣旦，又称正旦，是戏剧旦角的主要角色，她们一般是端庄正派的人物，以青年和中年女性为主（老年女性则为老旦），如《孟姜女哭长城》的孟姜女、《祭江》里的孙尚香、《三击掌》里的王宝钏等。在服饰上，青衣旦穿戴素雅，一般穿青褶子，所以人们又称青衣为青衫。花旦在服饰上与青衣明显不同，她们一般是天真活泼的少女，戏服也极尽妖娆曼丽之态。花旦多穿着短衣或裙袄，配上坎肩、围裙等，并在腰前系有饰物（又称四喜带），这形成了戏剧服饰中最美丽的行头。

中国戏剧的服饰注意与人物性格、身份甚至心情相配合，如青衣的角色多是生活坎坷，性格抑郁，她们的服饰相对以冷色调为主。而花旦与之完全不同，她们的性格多开朗活泼，这与其花枝招展的服饰正相合。

中国戏剧服饰体现出传统美学追求的镂金错彩的美。如京剧《长坂坡》中的赵云形象就给人这样的感觉。这出著名的戏剧写刘备在当阳长坂坡被曹操大军所追，妻儿也在乱军中失散。赵云单枪匹马，闯入乱军之中要救出刘备的妻儿。戏剧中写赵云威不可挡的气势，一人纵横，万人难敌。既写出他的大将气度、他的赤胆忠心，更突出了他的英武之气。赵云的服饰体现出中国戏剧武生的特征，脸上涂红色，象征赤胆忠心、英勇无畏。身穿华丽袍服，披龙纹披肩，背后插着四面三角形缎质小旗，随着人物舞动，小旗翻飞，身上的服饰如流光闪动，凛凛有生气的人物形象跃然台上。

中国戏剧服饰中旦角的水袖极有魅力。宽宽大大的袖子，在人物的舞动下，如行云流水一般，所以叫水袖。学习戏剧的人要学甩水袖，这可不是轻易掌握的本领。水袖甩得好，与女子曼妙的身躯相互辉映，会产生特殊的戏剧效果。伴着咿咿呀呀的唱腔，旦角轻展水袖，在空中飞舞，将观众带入缠绵悱恻的境地。

# 三三、中国的美食

饮食是中国文化的一大亮点。民以食为天，中国人自古以来就重视饮食。《礼记》上就说："礼之初，始诸饮食。"饮食中凝聚着中国人的风俗习惯、审美趣味、生活态度等丰富的文化内涵。

## 中国饮食的地方风味

说起中国的饮食，明清以来，公认的有八大菜系，这八大菜系是：鲁、川、粤、闽、苏、浙、湘、徽。在今天，中国的美食地图发生了很大变化，几乎全国各地都有自己的拿手菜，各地的菜系又处于大的融合之中。到北京、上海、广州等大城市，你可以在这里吃到全中国几乎所有地方的名菜。

上海城隍庙

号称天府之国的四川，也是饮食的天国。在四川，几乎走进任何一家小饭馆，都可吃到一顿味道鲜美而又价格便宜的饭菜。四川菜使用的原料并不特别，但它的调味品却很别致。四川菜口味偏辣，但辣并不是它的特点，湖南菜、贵州菜也辣，四川菜是辣中带麻，麻才是川菜独有的风味。四川有被称为"三椒"的花椒、胡椒、辣椒的配料，还有风味独特的豆瓣酱，又有一套独特的制作功夫，这才使川菜风靡天下。四川火锅举世闻名，近年来，又涌现了像谭鱼头这样的著名品牌。

广东由于独特的地理环境，常年气候温和，物产丰富，而且很早就是中国的通商口岸，所以饮食很有特点，形成了在中国有长远影响的粤菜。粤菜追求新奇，好生猛海鲜，在烹制上手段也很讲究，它所烹制的煲汤，历来为人们所喜爱。

浙江菜风味清淡，精致玲珑，是南方菜的代表之一。如杭州的西湖醋鱼，鱼质细嫩，清雅美观，有自然本色之美。世界各地的中餐馆大多有这道菜，但往往不及在杭州吃到的正宗，因为难有西湖的鱼和水。

## 每个菜名都有一段故事

中国饮食的名称，五花八门，每个著名的名称得以流传下来，都有一段美妙的故事，说明它如何博得人们的喜爱。菜名叫得好，菜也因此提高了身价。但很多菜名听起来让人一头雾水，不要说外国人难以理解，就是中国人往往也不是很清楚。你要是望文生义，准得闹出笑话来。

就拿天津著名的"狗不理"来说，这是一种人见人爱的肉包子。包子都是手工做成，刚出屉的包子热腾腾端上来，柔柔白白的，几乎一般大小，在淡淡的雾气里，这些整齐排列的包子，如同一个个含苞待放的菊花，皮薄馅嫩，口感柔软，香而不腻。

为什么这么好吃的包子，却叫"狗不理"——难道连狗都懒得搭理？原来这里有一段故事。狗不理包子诞生于150年前，那时当地有一位小名叫狗子的年轻人，在一家包子店做伙计。学了三年后，自己单独开了一家包子店。由于他的包子做得好吃，

| 天津狗不理

生意兴隆，来吃包子的人越来越多，狗子再忙也满足不了大家的需要，有人等的时间长了，就喊他，他因为忙着做包子，无法答应。后来人们就称他的包子叫"狗不理"，这把他的包子名声弄得更大，这个名称一直叫到如今，成了天津的老字号。

浙江菜中有一道菜叫"东坡肉"，它是很多喜欢吃肉的食客的至爱。这道菜选上等的五花肉，切成四方大块，用葱、姜垫锅底，加上酒、糖等，在文火上炖。烹制出的美味薄皮嫩肉，色泽红亮，味醇汁浓，酥烂而形不碎，香糯而不腻口。这道菜是约一千年前北宋诗人苏东坡在杭州做官时创制的。据说在杭州疏浚西湖时，苏东坡做了红烧肉犒劳大家，后人就用他的名字来命名这道菜，借以纪念这位才华横溢、性格豁达的诗人。

福建有一道菜叫佛跳墙，被推为福建菜之首。这道菜是用鸡、鸭、海参、干贝、蹄筋、鱼唇、鱼肚、火腿等二十多种主料和花菇、冬笋、鸽蛋等十多种配料，放在坛子里，加上绍兴酒和鸡汤，用文火炖制，炖出的菜汤味浑厚，肉汁鲜美，柔润细腻，余香满口。这道菜为何叫"佛跳墙"？原来这道菜本是光绪年间福州"聚春园"所创制，初名"坛烧八宝"，后改名"福寿全"。一天，几个秀才到聚春园聚饮，当端上这道菜时，香气飘逸，一秀才当场作诗道："坛启荤香飘四邻，佛闻弃禅跳墙来。"后来，"佛跳墙"的名字就流传开来。

如今在世界各地的中餐馆中，麻婆豆腐可能是最普遍的一道菜了。它的特点是又麻又辣，是川菜的代表之一。做这道菜要把豆腐弄烂，以便使麻辣味浸透，所以称为麻破豆腐，但"破"字不吉祥，所以称为"麻婆豆腐"。"麻婆豆腐"的"麻"字是指麻辣而言，与创制"麻辣豆腐"的女老板的长相并无关系。

仅看中餐的菜名，就能产生好心情。如有道菜叫"四喜丸子"，是一道扬州的名菜，就是四个肉丸子，这个菜名给人增添喜悦。又如最近几年比较流行的一个菜名叫"大丰收"，这是一道东北菜，将萝卜、黄瓜、西红柿等削成条，放在一个柳条筐里，颜色有红、白、绿等，显得非常娇艳，就像秋天果实累累的样子。

## 进餐时的温情气氛

在西方，从古到今流传的是分餐制，即使是招待来客，也是每人一套菜点，各取所需。近几十年来，随着中国的开放，西方的饮食方式也对中国产生了影响，但这并未从根本上改变中国人的饮食习惯。在中国人看来，吃饭重要的是吃出气氛，吃出感情。一家人在一起吃饭，尤其是在节日，应该围坐一起，那是团圆的象征。吃饭过程中，长幼有序，有说有笑，长辈给晚辈夹菜，晚辈给长辈敬酒，热气腾腾，营造出一种温情和谐的气氛。

在中国，为了款待客人，主人常常会亲自分菜。如上了一道清蒸鲈鱼，主人拿起竹筷，夹起鱼最好的部分，分给最重要的客人。这样的分餐习惯在今天的老一辈中国人中还很流行。这种习惯包含着一种尊重和关怀，人们借此来表达感情。

这种进餐习惯，对中国人的性格也有影

空泉青釉双耳炉 元

洒兰釉菊瓣盘 清雍正

响。热热闹闹的饮食习俗，在一定程度上增强了中国人的群体意识。在聚会宴饮中，每个人首先要考虑群体的需要，吃饭的过程也是谦让和照顾别人的过程，这与西方饮食习俗中的个体性的特征有所不同。

西方人使用刀叉，中国人使用筷子。16世纪以来，西方传教士来到中国，他们对这种"用两个小木棍夹食物"的方式很好奇。到了20世纪，中国人中有人觉得用筷子太土，主张废除，改用刀叉。其实，筷子是中国四千多年前的重要发明之一。世界上进餐方式主要有刀叉、筷子和手抓三种，筷子在今天仍然是很多亚洲国家使用的进餐工具，虽然就两个小竹棍，却以简驭繁，使用起来十分灵活。

在中国，节日里选用食物很讲究，不同的节日吃不同的食物。如北方除夕的夜晚要吃饺子，既有团圆的意思，又有辞旧迎新的意思，"饺"和"交"谐音。正月十五元宵节，是狂欢的节日，这个节日因为所吃的食物而得名，元宵象征团圆、圆满。端午节要吃粽子，两千多年前，一位深受人们爱戴的诗人屈原被人陷害，在这一天投江自尽，传说人们往江中投掷粽子，是希望水里的龙王不要带走他，后来人们就形成了吃粽子的习俗。

## 厨师的高超技艺

中国餐饮的品质，重视手工的制作。有时候你吃饭，好像在看杂技表演。山西的刀削面，是喜欢吃面食的山西人的一绝，面吃到嘴里，有劲道，柔中带有一种韧劲。刀削面的制作更是一绝。到了山西的面店，看大锅里的水开了，削面师傅站在离锅大

约一米远的地方，将揉好的面盘在胳膊上，拿着一把快刀，噌噌地就削了起来，刀起面落，薄薄的面皮滚入开水之中，活像鱼跳入水，锅里水开的声音和面落的声音混和在一起，如同美妙的音乐。你要是第一次吃这样的面，可能你会忘记了吃，而被削面师傅的高超技艺所吸引。要在从前，山西人做刀削面更绝，不是将面盘在胳膊上，而是盘在头上，不是用一把刀，而是两把，两把刀在头上唰唰唰地削，简直就是杂技。

四川的担担面与山西刀削面一样，都是普通百姓享用的家常食物。所谓担担面，其实就是一碗光头面，但就是这光头面，却做得极有意思。担担面旧时是挑在担子上卖的。卖面的师傅走村串户，敲着笃笃笃的梆子，人们一听到梆子熟悉的声音，就会聚集过来。担担面据说要放七种不同的油，有芝麻油、辣椒油、花椒油、芥子油、大蒜油、茴香油和鸡油等，再加上豌豆尖、葱花、豆芽菜等佐料，还有特殊的汤料。人们吃了这样的面，没有不点头称赞的。有人说，四川人吃的智慧，都凝聚在一碗担担面上，这是一点都不假的。

中国各种拿手的食品，往往都有它的绝活，就像上面所说的"狗不理"，没有绝活，不可能在遍地做包子的中国闹出大名声。"狗不理"的绝活除了皮、馅之外，那包包子的技术就堪称一绝，据说包子上的面褶必须在15个以上，不能少于这个数，而且褶皱要均匀，这样包子的外观才能像菊花一样。上海的生煎馒头（上海人称包子为馒头）远近闻名，它是老上海的一种风味名吃，一般做法是先在扁平锅中放油煎，加水后再煎，做出的包子金黄脆软，馅嫩卤多，一口咬下，又香又可口，令人一食难忘。一步马虎，都做不出地道的生煎馒头。

中国的饮食讲究色、香、味、形俱佳。单就北京全聚德烤鸭看，可以说将这几点都体现出来了。这个有一百五十多年历史的北京名吃，如今已成为世界闻名的食品。很多到北京来的外国游客，当被问到在北京最想做什么时，一般总会回答："一想看长城，二想吃北京烤鸭。"

全聚德烤鸭，从鸭子的选料到加工，每一道工序莫不精心完成。烤出的鸭子，外形油光发亮，呈枣红色，丰满鲜艳，有淡淡的热气，更有扑鼻的香味。一般在全聚德吃烤鸭，都是现点现烤现吃，鸭子烤好之后，由车子推出来，当着客人的面，师傅熟练地削皮片肉。全聚德的鸭子皮脆肉嫩，蘸上特别调制的甜面酱，配上甜甜的葱丝，裹上薄薄的荷叶饼卷着吃。师傅还会将剩下的鸭骨做上一份乳白色的鸭汤，就着鸭饼吃，极为鲜美。如果是朋友相聚，还想喝点酒，可以点上鸭膀、鸭掌、鸭心、鸭肝、鸭胗、水晶鸭蛋等，吃一顿全鸭喜宴，当会令人终生难忘。

三四、茶香四溢的人生

茶，这一美妙的饮品原产地在中国。四千多年前，中国人就开始有饮茶的习惯了。自唐代始，日本的僧人从中国引入茶种，与同时引入的禅宗思想相结合，形成了闻名世界的日本茶道。17世纪时，荷兰人将中国人饮茶的习惯带到欧洲，进而形成了欧洲人喝茶的传统。尤其在英国，下午茶的习俗由此而生。在19世纪之前，世界各地饮用的茶叶基本都来自中国，英文中茶叶译为tea，就是根据中文的音译（福建读音）。茶，是中国人对世界的重要贡献。

在茶叶的故乡中国，饮茶是一种普遍的习惯。几千年来，茶一直是中国人最喜爱的饮品。中国幅员辽阔，南北都有饮茶的习惯。因为饮茶的风习不同，甚至影响了各地不同的民风。茶与普通百姓的生活密切相关。《红楼梦》中大量写茶，第八十九回写林黛玉从外面回来了，连她房里的鹦鹉都会叫道："姑娘回来了，快倒茶来！"

在西方，很多重要的事情是在咖啡馆中发生的，而在中国，很多事情是在茶馆中发生的。茶馆是中国人生活中的重要场地。

## 喝茶的妙用

茶叶传到欧洲，开始受到人们热捧，有的人甚至以它为上帝的恩赐，庆幸自己能活在有茶叶的时代里。而在茶叶的故乡中国，人们对茶叶的衷爱之情更是浓重。

唐代的茶学大师刘贞亮曾提出茶有"十德"的说法：茶可尝滋味，可以养身体，可以驱腥气，可以防疾病，可以聚生气，可以散闷气，可以促礼节，可以表敬意，可以顺心意，还可以助行道。可见，茶的用处有多大！

| 清 黄易印 茶熟香温且自看

文人最好茶。他们在案头放上茶，既可解渴，又可助读书之兴。"可以三日无书，不可一日无茶"，这样的话，常常为他们所标榜。唐代诗人皎然和卢仝都曾有诗描绘过饮茶的妙处。皎然诗说："一饮涤昏寐，情思爽朗满天地；再饮清我神，忽如飞雨洒轻尘；三饮便得道，何须苦心费烦恼。"卢仝诗说："一碗喉吻润；两碗破孤闷；三碗搜枯肠，惟有文字五千卷；四碗发轻汗，平生不平事，尽向毛孔散；五碗肌骨清；六碗通仙灵；七碗吃不得也，惟觉两腋习习清风生。"喝茶竟然喝到了飘飘欲仙的境界。唐代的陆羽喝茶更是喝出了大学问，写出了《茶经》一书，对喝茶的相关事理讲得很通透，他因而被奉为"茶圣"。

喝茶，是身体的需要，也是精神的需要。口干舌燥之时，饮一杯清茗，自然透脱痛快。中医说，喝茶能医身体多种疾病，苦涩的茶中，包括对身体极有益的成分，这已得到现代医学的证明。中国人嗜茶，在身体需要的同时，更关心精神的渴求。中国人是以茶来表达敬意，以茶来净化心灵，以茶来体会生命的意义的。

喝茶人，首先在取一个"清"字。茶是清洁心灵之物。旧时茶馆有对联说："身健却缘餐饭少，诗清每为饮茶多。"**茶为至清之品，为天地间清气凝聚而成，是大自然的馈赠。茶偏爱清洁之所，越是清洁的地方，茶的品质越高。好茶来自高山，高山之中，云雾蒸腾，清气舒卷，酝酿成透明的叶片，带着露水摘下，大自然的清新气息也随之而来。一杯清茶，汤色清澈，清香馥**

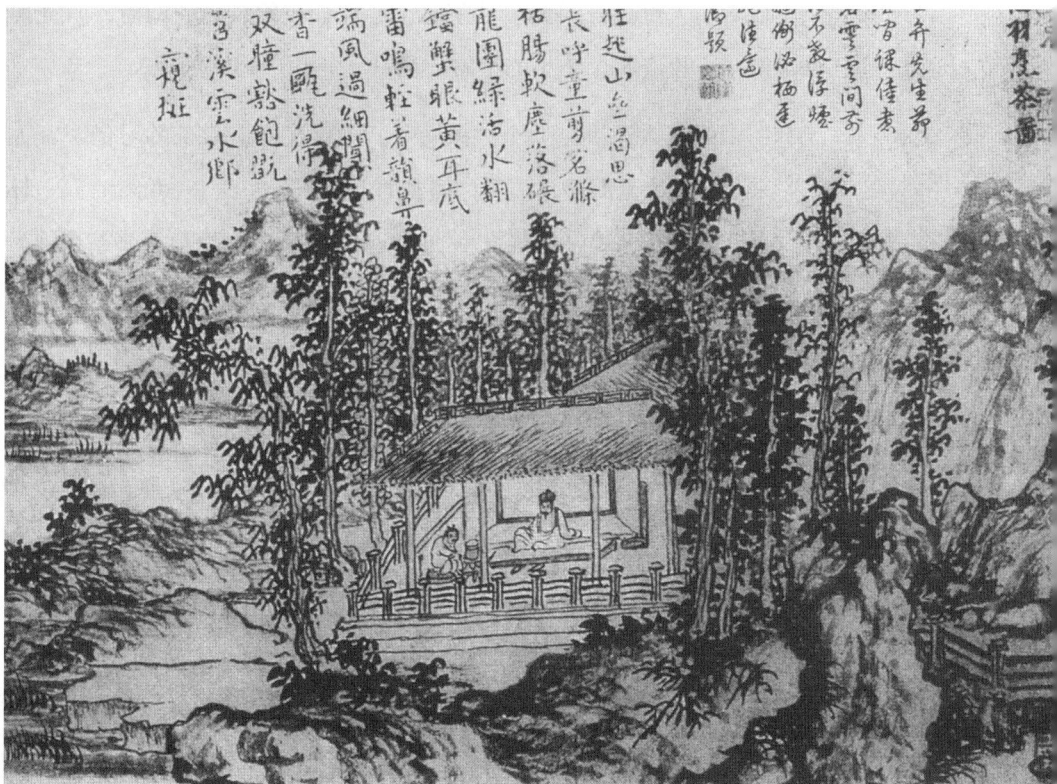

| 元 赵原 陆羽烹茶图

宜兴窑端把壶 清雍正

郁，可以致清导和。老子说："清净为天下正。"茶所具有的这一特点，与中国哲学思想正相合。

喝茶人在茶中追求"闲"。熙熙攘攘的人世，纷纷扰扰的争执，疲惫不堪的劳累，戕害人的精神和身体。一杯清茗，与外在喧嚣的人世拉开距离。品茶时，心灵如夜阑风静的湖面，月光照彻，一片澄明。小小的茶碗，荡开了一片广阔的天地。

喝茶人还讲究一个"敬"字，中国民间有敬茶的习俗。客人来了，无论是渴还是不渴，都要泡上一杯茶，表达一份敬心。一杯香茗暂留客，喝着这盏茶，神清气爽。文人们以寒夜客来茶当酒为胜境，有的地方还流行迎客、留客、祝福三道茶的习俗。在敬茶中，既体现出中国人好客的传统，也体现出待客敬心的精神。

## 品茶的门道

中国人将饮茶当作一门艺术，里面的学问很大，茶味虽淡，意思却很浓。

中国人喝茶，一看水，二看茶，三看茶具，四看火。

喝茶，却将水放到第一，这里自有讲究。好茶须要好水。古人说，茶要新，水要活。所谓活水，就是流水。陆羽说，茶中山水为上、江水为中、井水为下。山林深处，云雾遮挡，泉水滑落，水自然为上等。溪涧之水，清澈见底，也是煮茶的好水，但含有土味，往往不纯，故列为二等。三等是井水，井水是人工泉，取自地下，有咸气，不流动，比不上山泉的幽静无染。今人饮茶，怕连井水也用不上，多用自来水煮茶，或者是以纯净水代之，水这一条就有所缺憾。

中国人还有以雪水煮茶的风习。"冬窗里，烹茶扫雪，一碗读书灯"，成了读书人追求的境界。然而，雪虽白，却易污染，所以烹茶人又喜欢取新雪。《红楼梦》中就记载以雪水烹茶的事，贾宝玉有诗说："却喜侍儿知试茗，扫将新雪及时烹。"刚刚下的雪，成了烹茶的原料。大观园中栊翠庵的妙玉请宝玉、黛玉、宝钗吃茶，黛玉随口问："这水也是旧年的雨水？"却引出了妙玉的一大段议论："这是五年前我在玄墓蟠香寺住着，收

碧山深处绝纤埃，面轩窗
对坐闲谈而午过茶事
好鼎汤初沸而明来
暮清章卯山中茶事方盛
陆子傅过访遂汲泉者
而品之真一段佳话也
徵明制

的梅花上的雪，共得了那一鬼脸青的花瓮一瓮，总舍不得吃，埋在地下，今年夏天才开了。我只吃过一回，这是第二回了。你怎么尝不出来？隔年蠲的雨水哪有这样轻淳，如何吃得？"可见这位妙玉对茶水何等讲究。梅花上的雪水烹茶，那梅花的清香也会溶进茶香中去了。

饮茶须要好水，所以中国人形成了爱泉的传统，泉因人好茶而得名。相传陆羽行遍天下，尝各地之水，后来以济南趵突泉为天下第一泉，以无锡惠山泉为天下第二泉，以杭州龙井的虎跑泉为天下第三泉。

论完了水，才看茶叶本身。中国种茶的历史悠长，茶叶的种类很多，从制作方法上，可分为绿茶、红茶、乌龙茶、黑茶、花茶等。绿茶是中国茶的主要种类，占产量的七成左右。著名的绿茶有杭州的龙井茶、江苏的碧螺春和安徽的黄山毛峰、六安瓜片等。红茶是经过发酵的茶，以安徽的祁门红茶、云南的滇红茶最为著名。乌龙茶属青茶，主要产于福建武夷山和台湾。黑茶以云南的普洱茶为代表，在已制好的晒青绿毛茶上浇上水，再经过发酵制成黑茶。花茶的种类很多，是北方人喜欢饮用的茶饮，如菊花茶、茉莉花茶。

三看茶具。中国人对茶具很讲究，茶具有瓷器的，有陶制的，又有玻璃茶具、木制茶具等。中国是瓷器的故乡，瓷器的发达，也为茶

| 明 文征明 品茶图轴

具的讲究提供了基础。但中国人的茶具并不总是用瓷器，陶具往往成为饮茶人的至爱，南方太湖之畔宜兴的紫砂陶器茶具受到人们的普遍喜欢，至今仍然有很大的影响力。

四看火候。中国饮茶讲究火候。一要活。苏轼有诗说："活水须得活火煎。"煎茶的活火，指的是炭火。二要慢，炭火正好符合这一要求。木炭起火缓慢，有山林野逸之态，而无烟火气，喝茶人忌讳烟火气。茶水烧沸之后，一煮如蟹眼，水面生泡，还不宜用来冲茶。这被称为嫩水，嫩水水气未消，不能急着泡。二煮如松涛，水开，水声大。这时的水略歇片刻，方可泡茶。中国人喝茶有候茶的习俗，因为过开的水，势太旺，会败掉茶香。水煮数开之后，被称为老水，老水泡茶便无味。

| 宜兴窑瓜式壶 清宣统

中国茶道中，有四观的说法，即观色、香、味、形。

一观色，不同的茶有不同的色。红茶、绿茶、青茶（主要指乌龙茶）、白茶（有白色茸毛的茶叶）、黑茶（如普洱茶），颜色不同，在煮茶中，对色又有不同的要求。

如绿茶讲究新鲜，以春茶为佳，明前茶（清明之前采摘）、雨前茶（谷雨之前采摘）最受宠爱。这些早春的茶叶鲜嫩可人，青绿中透出茸茸的黄意，用透明的玻璃杯冲泡最佳。乌龙茶色泽凝重深幽，茶汤厚，用茶壶冲泡，倒出的茶水颜色金黄。

| 宜兴窑提梁壶 清中期

二观香，好茶应有特殊的清香。中国人喝茶有三受的说法：一是鼻受，茶一入盅，凑前一嗅，溢出的香味扑鼻，未饮即领其香气；二是舌受，茶一入口即合唇，香味如从口中溢出；三是心受，好的茶叶余香满口，清气拂拂，如入心中，使人久久难忘。

三观味。说到茶味，懂茶的人最重苦味。茶本来就有淡淡涩涩的苦味，喝了茶，品着苦味，慢慢喝去，尝出甜来，正所谓苦后甘来。

四观形，喝茶要看形。尤其是绿茶。雨前的龙井茶，嫩嫩的叶子，从云雾中摘来，在白色的茶盏中，水一冲泡，朵朵直立，然后芽尖又慢慢展开，待舒展之后，又徐徐下沉，摇曳生姿。又如六安瓜片，叶的外缘，弯中微翘，就像一片瓜子，色泽宝绿润亮，冲泡杯中，形如金色莲花，形状很美，历来受到人们的推崇。

好的茶叶是色香味形的合一，需要人们慢慢地品尝，所以中国人说喝茶叫品茶，慢慢地享用，急不得。

| 老舍茶馆的赏茶会

# 茶与民俗

中国人喝茶是长期风行的习惯，喝茶与中国人的人生有千丝万缕的联系，所以，喝茶不仅可以清心悦神，而且可以使人感受到一种人生的诗意。

中国当代作家汪曾祺回忆他在西南联大读书时，曾在学校旁边一家茶馆的墙上读到一首诗：

记得旧时好，
跟随爹爹去吃茶。
门前磨螺壳，
巷口弄泥沙。

汪曾祺说这是"一首真正的诗"。诗的作者回忆儿时跟着父亲去吃茶，又在门前巷口玩弄螺壳泥沙，那是人生中多么美好的时光。一种轻柔的惆怅，弥漫着浓浓的诗意。

中国民间有很多风俗与茶有关，婚俗中就有不少。茶树是种下种子而长成的，不能移栽，由此象征婚姻的忠贞不移，所以结婚时要种茶树，比喻今后双方不变心。又把订婚礼称为"茶礼"，南北都有这样的风俗，至今在不少地方流行。女子受聘称"吃茶"，订婚、结婚被称为"受茶"，订婚的定金被称为"茶金"。

很多地方的情歌也和吃茶有关。据宋代诗人陆游记载，当时一些地区的未婚青年男女常常相聚踏唱："小娘子，叶底花，无事出来吃盏茶。"歌中用叶底花来形容少女的美貌，而用相邀吃茶传达相互的爱意。

因为有了这层含义，所以吃茶就可以营造出很浓的审美氛围。《红楼梦》第二十五回写凤姐送了两瓶暹罗国进贡的茶叶给黛玉，黛玉喝了觉得好，凤姐道："我那里还多着呢。"黛玉道："我叫丫头取去。"凤姐道："不用，我打发人送来。我明日还有一事求你，一同叫人送来罢。"黛玉听了，笑道："你们听听，才吃了他们家一点子茶叶，就使唤起人来了。"凤姐笑道："你既吃了我们家的茶，怎么还不给我们家作媳妇儿？"众人都大笑起来。黛玉涨红了脸，回过头去，一声儿不言语。这就是一个很有情趣的生活场景。另一本清代小说集《聊斋志异》中有《王桂庵》一篇，写王桂庵和芸娘的恋爱故事。王桂庵梦中找到芸娘的家，眼前出现的是"门前一树马缨花"的景象。"门前一树马缨花"出于当时一首民歌。那首民歌是这样的：

盘陀江上是侬家，

郎若闲时来吃茶。

黄土筑墙茅盖屋，

门前一树马缨花。

马缨花（合欢）和吃茶在这里都是爱情和婚姻的象征。这首民歌使这个爱情故事的诗意更加浓郁了。

中国人喜欢吃茶，他们在茶的清香中体验到一种诗意的人生。

# 三五、酒中有深味

中国人有几千年饮酒的历史，中国是世界上酿酒最早的国家之一。三千多年前，黄酒就成为人们普遍的饮料。约在一千多年前的宋代，就有了白酒。白酒和黄酒是中国两种最主要的酒类。

中国的名酒非常多，白酒有贵州的茅台，四川的五粮液、泸州老窖、水井坊，山西的汾酒，陕西的西凤酒，安徽的古井贡酒，台湾的金门高粱，北京的莲花白、二锅头，黄酒有浙江的女儿红、竹叶青、花雕，啤酒有青岛啤酒、燕京啤酒，等等。

对于中国人来说，酒并非仅仅是美妙的饮料，它还和人的心灵密切相关。人们饮酒，不仅是身体之需，在一定程度上，还是一种心灵的需要。中国人用饮酒来表现一种生活态度和人生情调；在酡然沉醉的境界中，体验世界的妙趣；用酒来安慰自己的精神世界。正如陶渊明所说：“酒中有深味。”

## 酒以成礼

"酒以成礼"是《左传》中的一句话。几千年前，酒便成为中国人祭祀必备之物，在人们交际宴饮中也是不可缺少的。酒与中国的礼仪文化产生了千丝万缕的联系。

传统中国是个农业社会，酒是对在土地上辛勤耕种的人们的馈赠。人们利用收获的稻谷、高粱等酿成美酒，用醇浓的美酒装点生活。《诗经》中就描写了三千年前人们借酒来敬老安民的内容。在一篇表现庄稼人生活的著名诗篇《七月》中，描写农民经过漫长的辛苦劳作，有了好收成，"八月剥枣，十月获稻。为此春酒，以介眉寿"，用刚刚收获上来的稻谷，酿造成好酒，以这样的好酒给长辈们祝寿。

《诗经》中的《鹿鸣》写道："呦呦鹿鸣，食野之芩。我有嘉宾，鼓瑟鼓琴。鼓瑟鼓琴，和乐且湛。我有旨酒，以燕乐嘉宾之心。"鹿是吉祥之兽，它在野外悠闲地吃着草，发出和美的叫声，为宴饮宾客的场面创造了一个背景。屋子里热闹非常，宾客盈门，主人以最美的音乐、最美的酒来款待他心仪的客人。在淡淡的酒香和优美的音乐旋律中，主宾心情和悦。浓厚的宗法观念和亲友间的脉脉温情在酒中得到了加强，酒成了礼仪秩序的强化物。

中国古人强调喝酒时要循礼自制，反对

父辛爵 西周中期

纵酒失德。《诗经》中说："饮酒孔嘉，维其令仪。"意思是说，饮酒是件好事，但一定要保持好的形象。《诗经》又说："人之齐圣，饮酒温克。彼昏不知，壹醉日富。"意思是说，聪明的人，喝酒只喝到微醺，情意舒畅，又不失礼节。愚笨的人，烂醉如泥，举止失当，这便违反了礼法。孔子非常重视饮酒时的礼节。他说："乡人饮酒，杖者出，斯出矣。"和同乡人在一起饮酒，仪式结束后，要等拄着拐杖的老者离席，才能离席。孔子谈到君子比武的礼节时又说："君子无所争，必也射乎！揖让而升，下而饮。其争也君子。"有德行的人最好不要争夺，如果要说有争夺的事，那就是射礼。即使这类比赛，也要先互相行礼，然后登堂，比赛结束后还要互相敬酒。

## 酒融进人的灵魂

酒和中国古人的日常生活有密切的关系。"桑柘影斜春社散，家家扶得醉人归。"这是节日聚饮的情景。"劝君更尽一杯酒，西出阳关无故人。"这是亲友送别的情景。"醉卧沙场君莫笑，古来征战几人回？"这是边塞生活的情景。"今宵酒醒何处？杨柳岸，晓风残月。"这是羁旅生活的情景。酒成了构筑中国古人的生活情景的重要因素。

古代很多仁人志士，他们本是忧国忧民，饮酒又更加激起他们的万丈豪情。南宋志士王质有《何处难忘酒》诗四首，其中说："何处难忘酒，生民太困穷。百无一人饱，十有九家空。"所以他高喊："此时无一盏，拍碎石栏杆。"北宋诗人苏洵有"壮心时傍醉中来"的名句，南宋词人辛弃疾有"醉里挑灯看剑"的名句，都是抒发他们的壮志豪情。

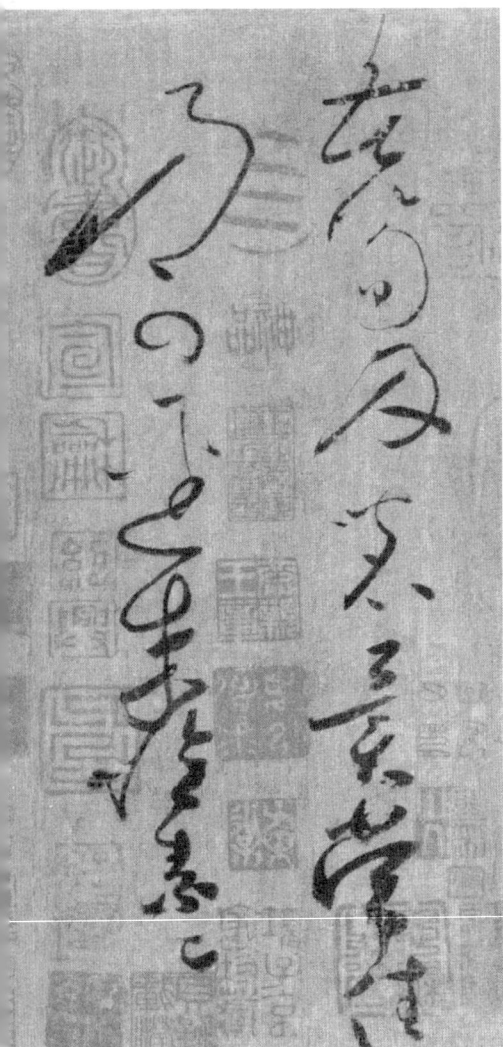

唐　怀素　苦笋帖

楚汉相争，项羽被刘邦的军队困于垓下。夜晚，项羽听到四面楚歌，大惊失色，起身在帐中饮酒。有美人虞姬侍候在侧。项羽于是慷慨悲歌："力拔山兮气盖世，时不利兮骓不逝。骓不逝兮可奈何，虞兮虞兮奈若何！"歌数阕，美人和之。项羽泣数行下，左右皆泣，莫能仰视。在这里，酒、美人和项羽的悲歌，都加浓了英雄末路的悲凉、悲壮和悲哀。

小说中多有这类故事。《三国演义》中的"曹操煮酒论英雄"，曹操的"乱世奸雄"的性格就是在酒所创造的精神氛围中显示出来的。小说写曹操请刘备饮酒，这时阴云漠漠，骤雨将至。曹操要刘备指出当世英雄有哪些人。刘备首先提袁术，曹操不屑说："冢中枯骨。"刘备接着提袁绍，曹操笑笑说："色厉胆薄，好谋无断，干大事而惜身，见小利而忘命，非英雄也。"刘备接着又提了几个人，曹操鼓掌大笑："此等碌碌小人，何足挂齿！"接着曹操说了他为英雄下的定义："夫英雄者，胸怀大志，腹有良谋，有包藏宇宙之机，吞吐天地之志者也。"刘备问："谁能当之？"曹操先以手指刘备，后又指自己说："今天下英雄，惟使君与操耳！"曹操借着酒兴，把他的不可一世的王霸之心淋漓尽致地抒发了出来。

《水浒传》中的"景阳冈武松打

340

虎"，武松打虎的神威，也是在酒所创造的精神氛围中显示出来的。小说写武松走进一家挂着"三碗不过冈"的招牌的酒店。这家酒店的酒气力大，三碗就醉，名叫"透瓶香"，又叫"出门倒"。所以武松吃了三碗再要吃时，店家不给筛了。武松哪里肯依。结果吃了三碗又要三碗，前后一共吃了十八碗。这十八碗"透瓶香"创造了一个浓郁的酒香的氛围，武松就在这浓浓的酒香中，乘着酒兴，走上景阳冈，在暮色苍茫中空手打死了一只吊睛白额大老虎。

《聊斋志异》写花仙、狐仙的故事，很多花仙、狐仙的性格和命运也同样离不开酒。如《黄英》篇中的黄英，是菊花幻化成的"二十许绝世美人"，和世代喜好种菊的马子才结为夫妇。黄英哥哥陶某喜欢喝酒。马子才的友人曾生带来酒与陶共饮，陶喝过了量，大醉卧地，化为菊。黄英闻讯赶来，已经晚了，她哥哥化成的菊花的根和叶都枯萎了，不能复活了。黄英十分悲痛。她把这株菊花的梗埋在盆中，每日灌溉，九月开花，闻之有酒香，名之"醉陶"，成了一个新品种。最有趣的是种这种菊花，不是浇水，而要浇酒，给它浇酒就能长得很茂盛。饮酒赏菊，本是中国人的习俗。《聊斋志异》作者蒲松龄的妙处在于他让菊花和人一样，也爱饮酒，菊花化成的陶某爱饮酒，陶某醉倒还原为菊花，仍然爱饮酒，而且散发酒香，名为"醉陶"。酒融进了菊花的灵魂，菊花和酒合为一体，菊仙成了酒仙。蒲松龄可以说把酒与中国人的性格及命运的关联写到了极致。

葫芦摆件 清

## 抚慰人生

古人说："雨后飞花知底数，醉来赢得自由身。"在酒酣耳热之际，心灵的门随着醉意而渐渐打开，种种难以解除的结一一松去，平时为利害得失观念和习惯势力束缚的心灵得到超脱和解放，平时喜欢板着脸孔的人，这时绽开了笑脸，平时沉默寡言的人，这时变得谈笑风生，这就是所谓"醉来赢得自由身"。

魏晋文人喜欢饮酒。他们说："酒正使人人自远。"所谓"自远"，就是远离世俗，超然物外，精神放旷高举。他们又说："三日不饮酒，觉形神不复相亲。"所谓"形神不复相亲"，就是精神为世俗观念所束缚，得不到解放和自由。

中国古人在酒意中追求独特的生命情调。或于盎然春色中，长亭烟柳，酒旗飘飘，酒馆中独自把盏，看窗外风色，一种闲适之意油然而生。或于萧瑟秋风下，小舟泊岸，沽酒自酌，极目苍天，群雁高飞，心胸为之开阔。

| 元 钱选 扶醉图卷

中国古人在酒香中创造一种美的氛围，人在这种氛围中，诗意地栖居。

唐代诗人白居易有一首小诗："绿蚁新醅酒，红泥小火炉。晚来天欲雪，能饮一杯无？"在一个将要下雪的黄昏，诗人邀请他的朋友在雪花飞舞中一起饮酒，度过生命中这诗意弥漫的美妙时刻。

宋代诗人陈与义有一首《临江仙》词，其中说："忆昔午桥桥上饮，座中多是豪英。长沟流月去无声。杏花疏影里，吹笛到天明。"诗人和他的朋友在酒意中得到无边春色的美的享受。

对于中国人来说，酒可以抚慰人生。

玉杯 明

## 醉来把笔猛如虎

在中国文学史和中国艺术史上，很多大文学家、大艺术家都喜欢在酣醉中创作。酒推动他们的艺术生命走向高潮。

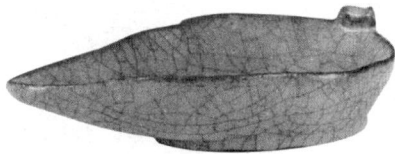
天青叶式水洗 南宋

"李白斗酒诗百篇"，这在中国差不多是人人都知道的一句话，是杜甫的名句。酒后的李白，情思飘逸，意绪飞扬，酒给了他巨大的创造力。其实杜甫自己也好酒，曾发出过"酒渴思吞海，诗狂欲上天"这样的豪语。

唐代大书法家张旭被称为"草圣"，杜甫

在《饮中八仙歌》中描绘他的创作："张旭三杯草圣传，脱帽露顶王公前，挥毫落纸如云烟。"《新唐书》说张旭"每大醉，呼叫狂走，乃下笔，或以头濡墨而书"。最有趣的是《新唐书》接下去的话："既醒自视，以为神，不可复得也。"（醒过来自己一看，啊呀神了，再也写不到这么好了。）酒使张旭的生命力和创造力达到了炽热的高潮。这时候，世俗的利害得失的观念所给予他的束缚全部解脱了。

唐代书法家怀素和张旭齐名，被后人誉为"颠张醉素"。怀素是僧人，他喜欢在芭蕉叶上写字，同时也喜欢饮酒。他的得意书法多在醉后得来。李白《赠怀素草书歌》描绘说："吾师醉后倚绳床，须臾扫尽数千张。飘风骤雨惊飒飒，落花飞雪何茫茫。起来向壁不停手，一行数字大如斗。怳怳如闻神鬼惊，时时只见龙蛇走。"任华《怀素上人草书歌》描绘说："十杯五杯不解意，百杯以后始颠狂。一颠一狂多意气，大叫一声起攘臂。"酒使他神融笔畅、自由洒脱，酒催动了他的创造力。正如当时人评论他说："醉来把笔猛如虎"，"醒来却书书不得"。

画家也是如此。唐代画家吴道子，作画前要喝得大醉，才动笔。唐代水墨画家王墨，"性多疏野，好酒，凡欲画图障，先饮，醺酣之后，即以墨泼，或笑或吟"，到了醒时，反而不能画。元代画家黄公望也是"酒不醉，不能画"。

酒帮助人们超越世俗的利害得失，摆脱对创造力的种种束缚，使人们的艺术创造力喷涌而出。正如当代学者熊秉明所说："酒不是消极地'浇愁'、'麻醉'，而是积极地使人的精神获得大解放、大活跃，在清醒的时候不愿说、不敢说的，都唱着、笑着、喊着说出来。清醒时候所畏惧的，诚惶诚恐崇敬的、听命的都踏倒、推翻，正是杜甫在《饮中八仙歌》赞美张旭的'脱帽露顶王公前'。"

# 酒与民俗

中国人在漫长的岁月中，产生了大量与酒有关的民俗形式。

中国人举行婚礼要喝"喜酒"，说去喝"喜酒"，也就等于说去参加婚礼。在婚礼上，新郎新娘要向父母和来宾敬酒，双方还要喝"交杯酒"。

中国人一年中的几个重大节日，都有饮酒的习俗。如除夕夜要喝"年酒"，祝福新的一年合家安康。农历五月初五端午节喝雄黄酒。雄黄，是一种中药药材，颜色橘红，磨成粉末，加在白酒或黄酒内，就成了雄黄酒。作为一种中药，雄黄有去湿解毒的功效。在端午节喝这样的酒，就有祛病消灾的用意。在这一天，家中大人常常将雄黄酒涂在孩子的面部和手足等处，希望孩子能避免毒虫的侵扰。旧时人们还习惯以雄黄酒在孩子的额上画出一个"王"字，据说这可以消百灾。农历八月十五中秋节，人们有饮酒赏月的习俗，这时要喝桂花酒。农历九月初九重阳节，自古有登高饮酒的习俗，这时喝的是菊花酒。

酒令是一种至今还在流行的民俗形式。喝酒行酒令，用以增浓喝酒的气氛。酒令有俗令和雅令两种。猜拳就是俗令，唐诗中有"城头击鼓传花枝，席上抟拳握松子"，说的就是酒席猜拳之事，说明当时就流行猜拳了。雅令有多种形式，有作诗的，有对对联的，有猜字谜的，通过这些文雅的游戏来佐酒取乐，酒令于是成了中国人智慧游戏的一种形式。

雅令中比较简单的是筹令，即用抽筹签的方式决定谁来饮酒。唐人传奇小说中有"春来无计遣春愁，醉折花枝当令筹"的诗句，就是说筹令。用花枝当酒筹是最简单的，一般在令筹上要写令辞。这可以分好多种。如果令筹上写的令辞都来自《论语》，称为《论语》酒令筹，如果令筹上写的令辞都来自唐诗，称为《唐诗》酒令筹。以唐诗酒令筹为例，如果抽到"人面不知何处去"，就由胡须多的人饮酒，如果抽到"停车坐爱枫林晚"，就由脸色红的人饮酒，如果抽到"千呼万唤始出来"，就由迟到的人饮酒，等等。行这种酒令比较简便，行令的人不必有多大学问，但多少能使酒席上增添一点文化气氛。

但行有些雅令就要有相当的文学修养。宋代有一个故事很有趣。故事说，苏东坡、晁补之、秦少游去访问佛印法师，这都是当时有名的文人，他们在一起饮酒行令。这个酒令的开头要落地无声之物，中间要有古人名，最后要用诗句。苏东坡第一个说："雪花落地无声，抬头见白起，白起问廉颇：'如何爱养鹅？'廉颇曰：'白毛浮绿水，红掌拨清波。'"接着晁补之说："笔花落地无声，抬头见管仲，管仲问鲍叔：'如何爱种竹？'鲍叔曰：'只须两三竿，清风自然足。'"接着秦少游说："蛀屑落地无声，抬头见孔子，孔子问颜回：'如何爱种梅？'颜回曰：'前村风雪里，昨夜一枝开。'"最后佛印说："天花落地无声，抬头见宝光，宝光问维摩：'僧行近如何？'维摩曰：'对客头如鳖，逢斋颈似鹅。'"这四位文士行的酒令显出他们的才气和风趣。行这种酒令就不容易了。

三六、深巷中的民居

　　中国国土面积大，民族多，各地风俗不同，形成了极为丰富的民间建筑形式。各种形态的民居如璀璨的明珠点缀在青山绿水之间，令人眼花缭乱。这里所选的北京四合院、丽江古城、皖南民居、西塘古镇和永定客家土楼五种民居类型，一个是北方城市民居，一个是少数民族民居，一个是山地村落民居，一个是江南水乡民居，还有一个是客家人特别的建筑形式，这些民居各具特点，显现出中国民居多姿多彩的风格。

浙江乌镇民居 木雕

# 北京四合院

说起四合院，中国南北都有。南方如云南的四合院就很出名：庭院清雅，白墙青瓦，并有彩画、石雕、砖雕等，加上大量的绿色植物，很适合人居。北方四合院以北京四合院为代表。北京四合院与北京的胡同一样，早已成为北京的象征。

北京四合院的突出特点在"院"上体现出来。北京四合院是一个封闭性的院落：四合院的四面围起高墙，中间是封闭的空间，只有大门向外界开放，即使开窗也只有在南房离地面很高的地方开个小窗。四合院关上大门，里面就是一个独立的小空间。

四合院作为北京民居的主要形式，自元代定都北京开始，就已经出现。在元大都的城市规划中，民居一般都要求采用四合院形式。将一个个四合院连在一起的是胡同和街坊，由此形成互相关联的世界。四合院不是与世隔绝的小空间，而是城市景观的有机组成部分。

北京四合院平面图

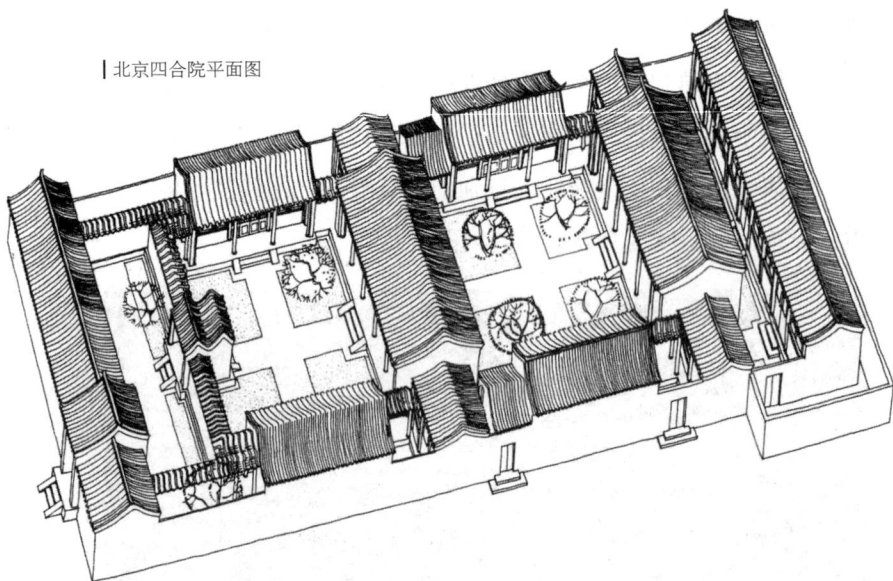

北京四合院 垂花门

封闭的四合院形式被承继下来，说明它比较符合北京的地域特点。北京古城本来的规模就很大，人员流动性强，南北交汇，在这八方通衢的世界里居住，安全是必须考虑的。四合院院墙坚固、大门紧锁以及高高吊在上面的窗户都说明，这里面有安全方面的考虑。

北京春季风沙多，四合院的外围尽可能少设门窗，其中一个原因就是为了减少风沙侵扰。北京的冬天十分寒冷，经常是寒风大作，四面高墙也起到御寒和挡风的作用。现在很多四合院被拆了，居民们搬到了高楼上住。在寒风呼啸的夜晚，人们常常怀念四合院中的安宁，那里就像一个宁静的港湾。

别看外在封闭，四合院里却是一个大世界。一般四合院在经过正门后，有一个照壁，它是进门之后的第一道景观。转过照壁，就到了前院正中的垂花门，这是进入院子的大门。跨入垂花门，你就会进入一个开阔疏朗的院落，这是四合院的中心位置，迎着垂花门的正房以及东西两侧厢房的门都朝院子中开，形成一个向外封闭、向内开放的格局。院子中总是栽着各种花木，春天看花，夏天乘荫，秋天结果，"一年四季，无一日不好"（中国现代作家郁达夫语）。这里有李树，有枣树，有海棠、石榴、夹竹桃等等，有紫藤缠绕，还有金鱼缸，可以说尽得大自然的恩赐。

四合院中不仅"围"出了花香鸟语，更"围"出了人气。本来四合院是一门一户，一大家人，几代同堂，按照长幼的秩序，各住其房，各守其位，尊老爱幼，互相照顾，一家人在一起，如沐浴着春天的阳光，暖洋洋，热腾腾，不管外面世界如何动荡，四合院里却是一个宁静的家园。

到后来，四合院不是一家一户所住，但它的优越性并没有丧失，四合院所烘托的"家"的感觉，互相关照的亲情、友情、邻里情，会对每个住在这里的人有所触动。在四合院中守望相助，

| 中国古民居 室内陈设

几乎成为住过四合院的人的普遍回忆。

北京四合院有很高的艺术价值。四合院的大门一般都非常讲究，从雕梁画栋，到门口的一对门墩，都可以看出中国人对空间和色彩的独特把握。垂花门的门口两根柱子悬在上面，下面拱以雕花的石墩，端正中有绚烂。一进大门的照壁是发挥艺术想象的地方，这里常常有很多新奇的砖雕。人们喜欢四合院，因为四合院是一个艺术世界，人们以艺术的心灵来塑造生活。

四合院最令人称道的，是它与自然的融合，四合院中一点一滴都显现出与自然和谐相处的观念。面南坐北，可以在冬天里得到充分的阳光，在夏日得到透心的清凉。院中的北房是这个院落最重要的地方，享受着这个院落中最好的气场。大门开在东南角，并没有开在四合院的中轴线上，要进垂花门，须要经过照壁的折转，这样既使外人不直接看到院中的活动，又使开门时大风不直接卷入，起到遮蔽作用，也在严谨中增加了变化。院内连接各房的抄手游廊，将众屋连成一体，又可在雨天雪天起到遮蔽作用。北京朝南的一面夏天西晒情况很严重，所以四合院多设计成南北窄长的样子，尽量减少曝晒的影响。而靠西北一面在冬春两季易受到风沙的影响，所以四合院一般多是高院墙。


## 消散的丽江古城

"太阳最早照耀的地方，是东方的建塘，人间最美的地方，是奶子河畔的香格里拉。"这是英国人詹姆斯·希尔顿的小说《失去的地平线》中对香格里拉的描写。如今香格里拉成了世外桃源的代称。这是一片宁静的土地，雪峰包裹着它的腹地，森林

静谧的丽江

绵绵无尽地延伸，湖泊点缀其中，牛羊在无际的草原上嬉戏，还有那白雪中熠熠闪光的金色庙宇。

就在这个宁静神秘的理想天国不远处，在玉龙雪山脚下，有一座丽江古城。这座古城建于13世纪后半叶，七百多年过去了，如今基本保存完好。这里世世代代为多民族聚集地，以纳西族为主体，又有汉、藏、白、彝等民族。

丽江古城就像它身边的玉龙雪山那样清澈秀丽，像香格里拉那样神秘安详。香格里拉，是藏语"心中的日月"的意思。这座古城，其实就是纳西人心目中的日月。

人与自然的和谐同样是丽江古城追求的最高境界。这座古城三面环山，一面是开阔的沃野。几千户人家就建在群山的环抱之中。纳西人很善于利用大自然的恩泽，所建民居，都背北朝南，有"户户朝阳"的格局。这里有极好的植被，但纳西人还不以为足，在街道上广植树木，形成四面青山环户绕、条条道路拂弱柳的景观。在中国，云南是花卉的天堂，丽江古城也是如此。这里的大多数人家都种有花卉，很多人家还有盆栽植物。如果你在一个夏日的清晨来到这里，你会觉得这座安静的古城，处处散发出沁人的香气。

丽江古城没有一般市井的通衢大道，没有谨严的布局，一切似乎都得之于自然，使这座古城无处不散发出一种自由的格调。没有刻意追求的秩序，就像向上攀爬的藤蔓，自由地延伸，想到哪儿就到哪儿。

丽江的水系，也在渲染这消散的格调。这座古城是城依水存，水随城在，城东北有黑龙潭，从雪山上流下的水汇集到这里，又流入古城，走巷穿户，沿街分流，常年都有清流水，形成主街傍河、小巷临水、跨水筑楼、家家门口有流水的景象。这里有上千座桥，各具特色。光是在玉河水系上，就有354座桥梁。

丽江 小桥

有的是石拱桥，有的是平桥；大的石桥可过车马，上有雕刻，造型美观，小石桥下河面很窄，几乎人能跨过去，虽然不一定有实用之需，但在合适的地方临溪而建，也平添风味。

四方街是丽江的核心地带，在并不大的广场四周，便是四通八达的街道，道路随意延伸，从四方街伸出数条街道，由这数条街道又岔出众多的街道，条条街道都有水流穿过，纵横如网，鲜活流动。像一个巨大的树叶脉络自然延伸，绵绵不断。由四方街出来的条条街道，都以彩石铺地，令人回味不已。

人们用"三房一照壁"来概括丽江古城纳西民居的特点。进门一般有照壁。方向朝南、面对照壁的建筑，则是这里的主房，主房一般都是给长辈居住。东西厢略低，由晚辈居住。中间有一个院子，多用砖石铺成，并栽有花木。房屋有纤秀的飞檐，有的出檐很长，屋顶是具有相当曲度的坡面，使得这样的建筑在方正中有曲折，谨严中显示出活泼的趣味。纳西人追求灵秀和古朴相结合，这正是它的体现。建筑充分注意到防震功能，在1996年的

丽江 建筑剪影

354

大地震中，有的建筑墙壁倒塌了，但是主体梁柱部分还基本保存完好。

　　丽江民居一般都有前后院，一进多院，院院相连，显得很空阔。院子就是它的中心，也是一种四合院的形式，只是没有北京四合院那样复杂罢了。丽江民居一般都有厦子，也就是外廊，是一个开放的空间，这里有四季如春的宜人气候，纳西人常在厦子里休息、吃饭或会客。

徽州民居的厅堂

# 粉墙黛瓦的皖南民居

在安徽的南部，有一片被称为民间艺术博物馆的徽州民居群，是中国江南村落民居的杰出代表。星罗棋布的徽州民居，大都是粉墙黛瓦，偎依在绵延的群山间。初看似乎显得有些单调，但当你身临其境，慢慢地融入这个世界时，你会发现其中有一种独特的美：黑白世界在随意延伸中，质朴而纯净；粉墙黛瓦在青山绿水之中，勾出淡淡的素影；汀渚边的白沙裹着远方的绿色；一痕远山的淡影又戏荡着烟云。民居和山水田园构成一个活泼灵动的世界。

今天皖南所存留的明清两代的民居，建筑考究，风格独特，规划严谨，有大量的艺术雕刻。保存较好的古村落有四五十座，有七千多处有价值的古民居建筑。其中如西递、宏村、呈坎等民居，构成了一个庞大的徽州民间艺术博物馆。

被称为徽州民居第一村的西递，是胡姓聚居的古村落。村中重要的建筑之一，是建于 1691 年的履福堂。这里有浓厚的书香气氛，雕刻精细，建筑色调朴素淡雅，室内陈设也温润细腻，厅堂中悬有"诗书经世文章，孝悌传家根本"的对联，显示出主人的儒家意识。

"小楼一夜听春雨，深巷明朝卖杏花。"这是宋代诗人陆游的诗句，它本是描写浙江民居的，这样的风味在皖南民居中也

有。走在徽州民居幽深的小巷，实在是一种美的享受。石板路，小巷两边直立着白色的山墙，这就是被称为马头墙的独特构置，也是徽州民居的特色之一。徽州民居村落多是同族聚居，世代沿传，民居建筑密度大，房屋又多是木制，所以有火灾之患，如果出现火灾，成片房屋相连，扑救极为困难。高高的马头墙，将相邻的房屋隔开，能起到防火的作用。马头墙高出屋顶很多，高低不等，参差错落，并呈现出飞动之势，为拥挤而封闭的空间带来了动态的美感。如果站在高处，一眼望去，在白色墙壁烘托下的马头墙，一个个凌空飞扬，极有生机。

天井，也是徽州民居的特色之一。徽州民居一般有两个院落，一个是室外的院落，一个是室内的院落，室内的院落就是天井。在徽州人看来，天井既可聚水，也可聚气，所以人们常常说它是聚集财富的象征。所以有钱的人家造房，一定要将天井做

徽州民居 小天井

好。天井是由屋顶四周坡屋面围成的一个敞顶式空间，就像是天的"井"，所以叫天井。因为这种漏斗式的设计，四周房顶的雨雪水，就会落到内院中。人们在这里建有鱼池，放上盆栽。在一个避风的地方，养花，观鱼，听雨，以增添生活的乐趣。

但凡民居，由于属于聚居之地，水系的安排极为重要，在没有自来水的时代，人们用各种办法来处理水的问题。徽州民居村落一般都依山而建。引山泉到村前，到门口，是很多徽州民居的特点。入选世界文化遗产的徽州民居代表之一的宏村，就是以其独特的水系而享誉世界的。这个有数百户人家居住的村落，是根据牛的形象设计的——农业和牛有极密切的关系。水从后山流出，蜿蜒流淌，穿过道道石桥，穿过户户人家，就像牛的肠子绵延，村中有"家家门巷有清渠"的说法。"牛肠"流入村中的月塘，这里象征"牛胃"。经过"胃"的"消化"过滤后，又绕村串户，绵延流淌，流向村外低处的南湖中，那里就是人们所说的"牛肚"。这一篇水的文章做得很精妙。

## 宁静的水乡西塘

江南水乡的民居清新秀雅，极富特色，其中西塘古镇可以说是一个代表。这座古镇因成为汤姆·克鲁斯主演的《碟中谍3》的拍摄之地，而名闻世界。

西塘在浙江嘉兴，位于上海和杭州之间。这个占地规模并不

| 西塘人家

大的古镇有悠久的历史，它在两千多年前的春秋时期，就被称为"吴根越角"——吴国和越国的交界处。西塘大致规模在宋代之前就已经形成，今所见西塘著名的桥梁望仙桥就是宋代的遗迹。西塘在明清时期是江南很有名气的商业大镇，这里是远近闻名的鱼米之乡，又是著名的丝绸制造之地，还以制陶业而享誉天下。

西塘的民居依水而建，人们说，西塘是"人家在水中，水上架小桥。桥上行人走，小舟桥下摇。桥头立商铺，水中倒影飘"。初至西塘，徜徉在她闲散的街市中，映入眼帘的，是一幅令人陶醉的江南水乡风景画。

西塘在太湖之畔，又有运河擦肩而过，古镇中有九条蜿蜒的河道，将全镇分成八块。人家临水而居，商号一般也靠水搭建。西塘人世世代代凭着一叶小舟，在街市中穿梭往来。河道两边弱柳扶风，又有繁花异朵点缀，河中浮荇点点，水鸟嬉戏，白鹅漂水，一片生机。有河就有桥，西塘有数百座古桥，形态各异，著名的桥梁有五福桥、卧龙桥、环秀桥、送子来凤桥等。桥多呈拱形，弯曲的桥面就像半个月亮落在水中。人从桥上经过，如在天上的街市。

西塘的民居建筑突出了幽深的特点。西塘的弄堂很有特色，由于古镇环水而建，陆地的面积非常紧张，所以西塘人建房、修路都精打细算。房屋之间有窄窄的弄堂相隔，弄堂一般长有百余米，而宽往往不到一米。走在这样的弄堂里，两人相让都不容易。由深巷往上望，是向天际延伸的高高的屋顶，那是真正的一线天。走在弄堂里，踏在青石板上，脚步声在其中回荡，将这古巷衬托得更加神秘幽深。在西塘，这样的弄堂就有百余条。最出名的要数石皮弄，地面由薄薄的石板砌成，薄而亮，如同"石之皮"，这条弄堂便由此得名。石皮弄两边的种福堂和尊闻堂便是西塘最著名的两处建筑。

水乡

西塘的幽深还体现在民居的进深上，它将中国艺术"庭院深深深几许"的精神贯彻于其中。西塘的大户人家一般都喜欢建起多进深的屋宇，三进纵深是平常，甚至有五进、七进。如上面所说的种福堂就有七进：头进为门间，高门大户，雕梁画栋；二进为轿厅；三进为正厅，这就是所谓种福厅；四进为花厅；五进为内宅；六进、七进为粮仓和雇工住房。后面还有一个花园，前后绵延百余米。这样的建筑，真将"深"的韵味发挥到极致。

## 福建永定土楼

或许有人会说，中国的民居多是以土木砖瓦建成，不如主要以石为建材的欧洲城堡保存时间长，但如果他到福建看了客家人的土楼，定会打消这一想法。

在福建龙岩永定区（原永定县）的山区，两千多平方公里的地方，建有两万多座土楼。这些土楼多是一些巨型的建筑集群，其中三层以上的大型建筑有近五千座，有些土楼可以容纳数千人居住。土楼大多年代久远，清末以前的建筑占七成以上，大多为明代中期以来的建筑。最早的建筑可以追溯到唐代。今见唐人所建馥馨楼的断墙残垣，还可想象出其当年的雄姿。

这些民居的主人是客家人。客家人是中华民族发展史上的一个特殊族群。大约从公元4世纪的西晋时期开始，为躲避战乱和灾荒，中原地带的汉族人大规模向南迁徙。在一千多年的历史发展中，经历了多次大的迁徙。辗转流变中，有不少人经江西赣州进入闽西山区，并最终在此定居，从而形成了以客家话为特征的客家民系。永定土楼是"远方来客的家"，客家人将自己的智慧和辛劳奉献给让他们止泊的居所。客家土楼的产生伴着客家民系

永定客家土楼

362

形成的过程，它的出现注解着中华民族坚韧不拔、历久弥坚的精神内涵。

客家土楼，是"土的艺术"。这些土楼大都依山而建，使用的材料不外乎土、石、竹、木，其中未加烧焙的生土是最主要的建筑材料，这和汉族建筑的历史有关，也与当地的地理环境有关。闽西山中的黄土、杉土取之不尽，客家人在这最易得、最经济的生土中做出了大文章。他们以土垒起了数层高的楼房墙面，雄伟的土楼在青山绿水中连绵，成为伟丽之观。汉族建筑的历史也伴随着对土的利用史，其中砖和土坯都是对土的利用。但客家土楼墙面建筑没有采用此类形式，而是发展了在中国很早就出现的夯土技艺和生土处理方法。《诗经·小雅·斯干》中所说的"约之阁阁，椓之橐橐"和《诗经·大雅·绵》中所说的"捄之陾陾，度之薨薨，筑之登登，削屡冯冯"，就是描绘当时夯土为屋的场面。客家土楼夯土为屋，为了使其凝结坚固，在黄土中掺入黏土，甚至有时还加入蛋清等黏合物，层层夯实，筑成厚墙。外墙一般不加粉饰，黄土的颜色与大地、绿林、天际融为一体，那是客家人追求的人与天地相融相和的理想。

客家土楼有多种样式，其中主要有方型和圆型两种。圆型土楼后起，这种被称为"土圆楼"的建筑，最能体现客家土楼的特色，它是客家人的伟大创造。现存此类土圆楼有三百多座。此类土楼一般由两到三圈构成，外高内低，层层递进，环环套起。远看如巨大的城堡，进入其中，逶迤盘旋，如同一个小世界。有一副对联说得好："高四层，楼四圈，上上下下四百间；圆中圆，圈套圈，历经沧桑三百年。"

位于永定湖坑镇洪坑村的振成楼，可以说是客家土圆楼的代表。这座建于1912年的巨型民居，占地五千多平方米，分内外两圈，外圈四层，内圈两层，共有两百多间房屋，房屋之间以廊道连接。采用中轴线布局，构造极为复杂，可以说是一座建筑艺术的博物馆。设计者融入了江南园林的布景方式，甚至还引入了西方建筑的一些元素。这还是一座"有思想的土楼"。这座被称为"八卦楼"的建筑群，将天圆地方的观念、八卦的图式结构以及中国人时空一体的思维融入其中，使得这座土楼成为中国传统思想的集中具体呈现。

客家土楼的历史，突出了"平等聚居"的观念。土楼内房屋一般平等分居，没有贵贱高低，在"圆"中也削去了朝向、主次等差别，它强调的是流动性和均等观念。都是远方来客，同根同源，彼此回护，共生共荣。在强调等级秩序的古代文化背景中，能有这样的观念殊为不易。客家土楼是聚族而居，是一个"家族的王国"，所谓"一本所生，亲疏无多，何必太分你我；共居一楼，出入相见，最宜重法人伦"。这样的聚居方式，也强化了人们敦邻睦居的观念。

# 三七、功夫与蹴鞠

　　中国人有爱好体育的传统，将体育当作健身和娱乐的重要手段，如清明荡秋千、端午赛龙舟、重阳登高；同时还将体育和提高人生智慧联系起来，如中国人发明的围棋、象棋等棋类比赛，就将人生的体验赋予其中。中国是个多民族的国家，文化传统延续的时间长，自古以来形成了丰富多彩的体育形式，如射箭、相扑、蹴鞠、摔跤、马术、武术、杂技等，其中像武术、杂技等很多体育形式，可以说是中国的"绝活"。这里谈谈武术和蹴鞠两种形式。

## 天下功夫出少林

　　武术，又称功夫。说起中国功夫，人们马上会想到李小龙，

| 少林刀术

他的功夫片风靡世界。这位英年早逝的功夫高手几乎成为中国功夫的化身，他在拳术、剑术、刀术、棍术等方面都有很深的造诣，他的令人眼花缭乱的三节棍等功夫给人留下极深的印象。李小龙的功夫是扎根在中国传统武术基础之上，他的功夫是对中国武术出神入化的发挥。

在中国武术界，有一个寺院极负盛名，这就是少林寺，在这个寺院产生的少林功夫，是中国宝贵的文化遗产。少林寺位于河南嵩山，初创于公元5世纪末年。6世纪时有一位佛教大师菩提达摩在此修禅，面壁九年，修出了他的壁观禅法，此寺因而名闻天下。后人又把少林功夫的初创权给了这位大师，说因他长期静坐，为了调整身体内部的循环，创造了一套功法来放松身心。少林功夫在历史发展中形成了极为丰富的形态，有所谓少林七十二艺的说法，举凡长拳、短拳、刀术、棍术、剑术等，都有自己的拿手绝招。少林功夫对中国武术有广泛的影响。

如一种被称为少林童子功的绝活，至今还为武术界所称道。这套徒手武术包括被称为罗汉睡觉、童子拜观音、童子拜佛、朝天蹬、中底藏花、燕式平衡等多种招式，是一种难度相当高的少林拳术，它需要练习者从小就接受复杂的训练。其中有一招是人倒立，其凛凛风神，令人难忘。

少林拳术中有一招式叫一指禅，它被称为少林秘诀之一。据说这套功夫的关键在于内功的联系，将人的所有气力凝聚于一只手指之上，以一只手指立于地上，人纹丝不动。

罗汉拳是少林多种拳法中的一种，经少林始创，影响全国，形成了多种罗汉拳的套路。这套拳法孔武有力，设计精巧，攻防灵活，变幻莫测。这套看似闲散的功法，却有极强的功力，若在搏击中，能以迅雷不及掩耳之势制服对手。历来被视为少林拳法的上上之技。

少林武术强调基本功，今天在少林寺千佛殿上看到一个个低窝，那是僧人练武时留下的脚窝，一代代练武之人用汗水和智慧，延续了少林功夫的辉煌传统。

少林武术不光是为了锻炼身体，更讲求内在的心性修炼。看少林功夫，能给人很多人生启发。少林功夫极有机趣，它将游戏感贯穿在枯燥严苛的规则中，在硬朗中充满了诙谐的意味。如一套流行甚广的醉拳，与其说是拳术，倒不如说是游戏。金鸡独立，李白醉酒，摇摇晃晃，东倒西歪，似睡非睡，看这样的功夫，常常叫人忍不住发笑。少林功夫中的猴拳，模仿猴子灵巧敏捷的习性，设计了如出洞、窥望、看桃、攀登、摘桃、蹬枝、拼抢、藏桃、蹲坐、吃桃、喜乐、惊窜、入洞等功法，表演起来，极具观赏性。

## 圆转流动的太极拳

在中国武术中，有一种被称为"太极拳"的功夫受到人们的普遍喜爱，至今仍然是中国人强身健体的重要方式之一。它本来是一种武术，由于具有护身和健体的双重功能，所以很快发展成为人们锻炼身体的方式。这套功夫还具有调节人的神经系统、呼吸系统、消化系统以及心脑血管系统的作用，所以它又有防病治病的功能。自古以来形成了陈式太极、杨式太极、孙式太极、吴式太极、武式太极等不同的流派，但在总体套路上却具有相似性。

"太极"本是中国哲学的术语。《周易》将八卦的产生归根于太极，北宋哲学家周敦颐作《太极图说》，将太极视为万物之本原。太极为圆相，包有阴阳二气。太极拳所根据的正是这一道理。

圆是太极拳的重要特点之一。打一套太极拳，如同在不断

| 晨练太极拳

地画圆，连环圆活是衡量这套功法高下的重要标志。**乾坤有圆气流转，人的身体内部也有一个循环往复、圆转流动的生命，太极拳就是要在蹿蹿跳跃、闪展腾挪中，画出生命的圆圈，化外在的圆转为身体之中的潜气内转。**太极拳的另一特点是在阴阳变化中追求流动的妙韵，紧扣太极哲学中阴阳二气互为包裹、俯仰变化的特性。**太极拳重阴阳变化，强调刚柔相济，在轻柔匀缓的动作中，表现大化流动的意韵。太极拳有一种行云流水的美。**

太极拳在发展过程中，接受了中医的经络学说和道教的导引之术。太极拳是内外结合，外练身手，内练心气。特别注意气的吐纳。在打太极拳的过程中，从口中吐出浊气，又将新鲜空气从鼻中纳入，吐故纳新，保持身体中的新鲜能量。人们往往喜欢在空气清新的早晨打太极，一套拳术打下来，通体透灵，身心好像在清新空气中洗涤过一般。

像以上所说的太极拳和少林功夫等中国功夫，都具有深厚的哲学内涵，体现出中国人独特的智慧，也是对中国文化特性的一种反映。

# 功夫由心起

以静制动是中国功夫的重要特点之一。如太极拳给人一种优雅宁静的美，这套拳术强调在静气中的变化。练功开始，端正身体，合目收气，两手下垂，进而万念全除，屏弃一切干扰。太极拳重在练气，前人说，太极拳"拳势如大海，滔滔而不绝"，虽然平静如大海，不增不减，但却追求汪洋洪泛、海涵一切。活泼的少林武功也强调动静结合。

关于中国功夫，有首著名的歌唱道："卧似一张弓，站似一棵松。不动不摇坐如钟，走路一阵风。"少林功夫以拳禅合一为其最高准则，以静修为其主要目的。少林功夫强调在定处入功，在静处行拳。练功前要静坐蒲团，静中凝气，在心无挂碍的境界中，缓缓起身。少林武术在"空洞无我处生"，练功重在练心，动处必合静处。

以柔克刚是中国功夫的另一重要特点。如"拳打一条线"是少林的秘法，它要求练功者起落、进退、反侧、收纵等都在一条线上，它的目的不是固定身体，而是在向内收缩的基础上凝聚力量，一旦放开，以最快的速度和最大的力量，直击对方要害。其功法看起来柔性十足，其实却包含着强大的力量。以前有人用"秀如猫，抖如虎，行如龙，动如闪，声如雷"来形容少林武术刚柔兼济的特点，正与此有关。太极拳虽然不像少林拳术那样"拳打一条线"，但也有一条似有若无、连绵不断的线，这条线，就是它的气的运转。太极拳又被称为"软手"、"绵拳"，它可以说是一种柔术，如同曼妙的舞蹈，轻摇慢回，缓起缓收，提放自如，似乎毫不用力。但是它在有效保护自己的同时，也具有在需要制服对方时突然发力、乘机得势的能力。有的人形容太极拳是柔似水，力无边。

从总体上说，中国武术又是立足于防守的功夫，并不以攻击为主要目标。练功是为了防身，而不是去攻击人。少林功夫的三大目的：护寺、防身和健体，并不包括攻击。练武者不尚武，是中国武术思想的重要特色。少林戒律中就有"尚德不尚力"的规定，它在发展中融合了儒家"仁爱"的思想，尤其反对残忍的攻击。万不得已对垒，少林武术规定"八不打"：一不打太阳穴，二不打胸口，三不打软肋，四不打两腋，五不打下阴，六不打腰眼，七不打尾骨，八不打耳廓。这些都是人体的命门，八不打就是以不伤人生命为本。

# 蹴鞠屡过飞鸟上

中国古代绘画中有很多关于踢球的描写。宋代画家苏汉臣有一幅《长寿百子图》，画的是一群孩子在一起玩球的场面，其中一个孩子正在抬脚踢球。元代初年画家钱选有一幅《宋太祖蹴鞠图》，画的是宋太祖赵匡胤与他的五位大臣在一起踢球的场面，众人围着一个圆圆的球，争先恐后用脚去踢，高高在上的皇帝也玩得乐不可支。

两幅图表现的就是中国古代蹴鞠的场景。蹴鞠，又称蹴球，"蹴"是踢的意思。蹴鞠就是踢球，它是一种源于中国的足球运动。蹴鞠在宋代就直接叫"足球"了。宋代杨亿在《西昆酬唱集》中说："蹴鞠，以足踢球，今之足球是已。"

中国足球也是讲究球技的。清时有一本叫《杏花天》的小说中第十二回写道："却说若兰以手拉回瑶娘，潜立假山石畔，暗

元 钱选 宋太祖蹴鞠图

明刊本《西游记》
盘丝洞蜘蛛精蹴鞠图

窥著悦生踢解数，这悦生先缓后紧，步步合局，脚脚有法。三人蹴鞠，让悦生一人自踢。只身头顶肩挑，股钩拐连，手送胸，膝耸前蹲，两美面观，二妹潜瞧。若兰道：'瑶妹，我们四人同遇这风流消魂种，满腹技艺，好不得意。'"这人"头顶肩挑，股钩拐连，手送胸，膝耸前蹲"，玩起球来，简直像变魔术一般。

中国足球据说在远古的黄帝时代就已经产生，汉代刘向《别录》说："蹴鞠者，传言黄帝所作，或曰起战国之时。蹴鞠，兵势也，所以练武士知有材也。皆因嬉戏，而讲练之，今军士无事，得使蹴鞠。"产生于黄帝时代的说法并不可信，但史书中有明确记载，在两千三百多年前战国时期的齐国，就已经流行这项运动了。这项运动本来在军中流行，是一种介于对抗和娱乐之间的活动，军队中利用这项运动发现人才、锻炼身体，也稍微舒解军营里的枯燥和寂寞。

汉朝时蹴鞠运动就更为流行了。桓谭《盐铁论》中说："贵人之家，蹴鞠斗鸡。"汉代的足球已经有球场，其规模与今天的足球场很相似。球场被称为"蹴城"，呈长方形，而足球是圆的，符合古代中国人天圆地方的观念。球场旁还有看楼。据汉李尤《蹴城铭》记载，当时足球比赛双方各出12人，球场两侧都有球门，场上还有正副裁判执法。具体的比赛程序则不得而知。足球在宫廷和民间都很流行。据《西京杂记》记载：刘邦登基后，把他父亲接到长安未央宫中享福，整天吃好的，还有歌舞看，但这位老人家还是心情不好。原来刘邦父亲本来生活在贫民中间，整天和普通百姓在一起，高兴时就玩斗鸡、踢足球。刘邦知道后，就为他父亲造了一座新城，将他的老友也请入其中，还为他老人家建了一个大的足球场，老人高兴不已。

汉时的足球已经是皮做的，但不是充气的。《汉书·霍去病传》说："其在塞外，卒乏粮，或不能自振，而去病尚穿域蹴鞠也。"颜师古注说："鞠，以韦为之，中实以物，蹴蹋之为戏乐也。"说明汉时的足球中间是加填料的。唐人发明了充气足球，他们玩这种富有弹性、可以高高飞起的球，兴趣更浓。唐人足球场面注重气氛，往往击鼓助兴。韦应物《寒食后北楼作》诗中说："园林过新节，风花乱高阁。遥闻击鼓声，蹴鞠军中乐。"唐代足球的对抗性降低了，以往放在两侧的球门被放到了中间，人们以射球多少来计算，更突出足球的娱乐性。由于充气足球很轻便，人们又发现了一种新的玩法，就是看谁踢得高。

唐代的足球运动推动了马球运动的流行。据一些学者研究，马球发源于波斯，经中亚地区和印度传到长安。在唐代，马球运动风靡一时。唐代举办过吐蕃马球队和大唐马球队之间的比赛。唐朝共19位皇帝，其中有11位喜爱

| 打马球葵花镜　唐

马球。据记载，唐玄宗、唐僖宗打马球的技艺十分精湛。长安城内有马球场十余处。马球是当时军队训练的手段，所以唐代各驻兵的节度使城镇都修有马球场。乾县章怀太子李贤墓的墓道中绘有《击球图》，描绘打马球的场面，极为生动。马球运动的风行与足球运动的广泛开展显然有关。

宋代城市文化的繁荣也带来了足球运动的普及，而且游戏这一面被放大。宋人将足球和戏剧相比。宋代还出现了类似今天足球协会的组织，称为齐云社（又称圆社），参加的人很多，并有一些固定的"票友"。元代萨都剌《妓女蹴鞠》曲中写道："毕罢了歌舞花前宴，习学成齐云天下圆。"所说的就是宋代著名的齐云社。因为人们喜欢足球，会踢球的人往往具有较高的社会地位。《水浒传》中就描写一位叫高俅的太尉，他能获得宋徽宗的赏识，主要是因为他足球踢得好。

自唐代开始，足球演化成节日民俗活动。在唐代和宋代，寒食节（清明前一天）蹴鞠成为一种广泛开展的民俗活动。唐宋很多诗人都有寒食蹴鞠的诗，并且都把蹴鞠与秋千并提，勾画出一幅幅醉人的民俗景象。如："蹴鞠屡过飞鸟上，秋千竞出垂杨里。"（王维）"蹴鞠渐知寒食近，秋千将立小鬟双。"（梅尧臣）"秋千冷风梨花雨，蹴鞠高腾燕子风。"（刘邠）"云边蹴鞠声相近，花外秋千影半遮。"（韦骧）《东京梦华录》也说："举目则秋千巧笑，触处则蹴鞠疏狂，于是相继清明节矣。"

自唐代开始，足球还成了一种女子也能参与的运动。唐代王邕《内人踢球赋》中写道："球体兮似珠，人颜兮似玉；下则雷风之宛转，上则神仙之结束"，"球不离足，足不离球"，"当是时也，华庭纵赏，万人瞻仰"。描绘的就是女子足球。到了元代，又出现了职业性的女蹴鞠艺人。大戏曲家关汉卿有两首《女校尉》套曲，其中说："谢馆秦楼，散闷消愁，唯蹴鞠最风流。"就是描绘女蹴鞠艺人的。"校尉"是圆社中艺人的最高等级，元代有了女校尉，说明元代女蹴鞠艺人可以达到圆社的最高等级。元代女蹴鞠艺人不仅个人表演，还有男女对踢。中国国家博物馆和湖南省博物馆各藏有一块《蹴鞠纹铜镜》，上面就是一对青年男女在花园中对局蹴鞠的图景。

|彩塑打马球 唐

# 三八、围棋：智慧的游戏

围棋是中国一种重要的体育竞技形式，初现于四千多年前，并在一千多年前就先后传到朝鲜半岛和日本，为东亚地区人们普遍喜爱。至今在这个地区还有大量的围棋爱好者，每年中、日、韩之间有多种围棋比赛，围棋成为文化交流的工具。

中国人所说的"琴"、"棋"、"书"、"画"，其中的"棋"指的就是围棋。围棋不仅是竞赛项目，也是一种游戏活动，文人的案台上常常备有围棋。客人来了，除了有酒，还有围棋。正所谓"茶香至日夕，围棋自穷年"。旧时无论在农村还是在市井，人们常常可以见到这样的场面：两个人在对弈，旁边站着一大片观棋的人，观棋的人得到的快乐丝毫不比下棋的人少。

围棋中注入了中国人的人生智慧，棋盘就是世界，棋子就是一个个流动的活的生命。人们用棋子来说人生。一盘棋局，就是一个激昂飞动又妙趣横生的天地。

| 围棋

## 烂柯山的棋局

"松下围棋，松子每随棋子落；柳边垂钓，柳丝常伴钓丝悬。"这是一副著名的对联，写出了围棋给人带来的快乐。

关于围棋，有个流传久远的神话故事。说是晋时有一个樵夫王质，上山伐木，见到两童子在一张石桌旁下围棋，便坐下观战，看出了神，忘了打柴的事。一局棋还没下完，童子指着砍柴斧头说："你还不回家呀，你的斧头柄都已经烂了。"王质赶紧下山，回到家中，发现原来的亲人邻居都不在了，村里的人他一个也不认识，只有当年的一口井还在。这就是古人所说的"山中方七日，世上已千年"。浙江衢州有一座"烂柯山"，据说就是王质观童子下棋的地方。后人就将"烂柯"（斧头柄叫柯）当作围棋的别称。今天在围棋界经常有高段的棋手，将"烂柯"两字书于扇面，送给段位低的朋友。

世事纷扰，人心难以安宁，围棋将人们引入一个新世界。

在这里，一切人世的纷争，种种的烦恼，都忘得干干净净，只有两个对弈的人，只有眼前一盘棋。就像这位王质，时间对于他来说完全凝固了，他是一个忘忧人。北宋黄庭坚有诗说："世上滔滔声利间，独凭棋局老青山。心游万里不知远，身与一山相对闲。"下棋人，暂时将自己的心灵与世事烦恼隔离开来。

松下闲坐，石上围棋，花间酌酒，为人生快事。前人有词说："摊书昼卧黄梅雨，围棋坐隐落花风。"在围棋中，隐到自己的世界里，这里落花缤纷，香气缭绕，让人身心陶醉。棋就像琴、书、画一样，都是人的心灵的抚慰品。

围棋可以抚慰人的心灵。或者在白天，气清天朗，万籁俱寂，客人来了，陈上围棋，遣万年之孤兴，畅超然之高情。或者在夜晚，月明星稀，曲径幽深处，茶香淡淡起，围棋摊于灯下，酣斗至于淋漓，夜月窥窗，朱栏鸟下，此时宠辱皆忘，天地自宽，日月自长。静谧的棋局中，只有落子的声音。

传统年画 琴棋书画

## 落子的智慧

围棋不是世事，但世事尽在棋中，下棋人和观棋人就在棋局中体味世界的奇妙。

围棋是"方圆黑白世界"——棋盘是方的，棋子是圆的，棋子中黑子有181枚，白子有180枚。这黑白方圆，就是一个自足的世界。天圆地方，围棋犹如广阔的天地，地是有形的，天是无形的，以无形之象落有形之身。世事有黑有白，有显有露，就在这天地中尽显出来。

围棋是模仿天地的创造。围棋纵横有垂直交叉的19道平行线，361个点，这被说成是模仿一年的天时。盘面上标有几个小

圆点，那是所谓"星位"，中间那个星位，叫"天元"，这是模仿星象。

围棋中隐藏着深邃的人生哲理：优势占尽而举棋不定会满盘皆输，四面楚歌还要逞匹夫之勇必然大败，大功将成时得意忘形会招致祸害，患得患失最终必有所失，步步紧逼不知适时进退最终会溃败，处处不给对手生路，最终自己也无生路。围棋的高手下棋时常有一种人生感：有时如纵马远行，有时又如勒缰收缩，有时侧翼回旋，有时正面相迎……手拈一颗小小棋子，回答的是人生难题。

围棋就是流动的活的世界，在这活的世界中可以看到人的活的精神。下围棋就是天马行空，开始落子前，满盘无子，一片空白，正是在一片空白中，可以发挥人的想象力和创造力。一个棋子在棋盘上，相邻直线上的空点是这个棋子的"气"，围棋就是一个气场，每下一子都构成了气脉流动中的一个点，气连即生，气竭即亡，围棋在杀棋阶段，就要比谁的气长。围棋看气，也就是寻"活"路，是棋的活路，也可以说是人生的路。

| 《红楼梦》插图（探春与宝琴下棋）清　孙温绘

## 和平的游戏

棋手们给围棋一个很美的称呼，叫作乌鹭——黑子像乌鸦，白子像鸥鹭，下棋就像鸟儿纷纷落在江畔。这个称呼告诉人们，小小的棋局，是个诗意的天地，而不是血腥的战场。

围棋被用于竞赛，竞赛就会有输赢，为了争得胜利，就会有争斗，和其他竞赛项目一样，围棋也要通过扩大自己的地盘，来有效地克制对方。围棋界有所谓"三尺之局作战场"的说法，虽然下围棋不是模仿战争，但兵法中的运筹帷幄、调兵遣将等与棋法也很相似，所以中国古代常将棋谱收入兵书中。

围棋对中国人的竞争哲学有出神入化的体现，在一定程度上可以说，它是对中国竞争胜败思想的概括：第一，围棋中的胜利者，不一定是消灭对方，不一定是剥夺对方的生存权，而是平等竞赛，多得为胜；第二，围棋的胜利不是零和游戏，而是在竞争中，营造共同生存的格局。

实际上，一盘围棋结束，双方还是共存于棋盘之上，双方一般都有大片的活棋（不能被提取的棋，都是活棋，活棋有两只或两只以上的"眼"），只是双方所占的地盘或活棋的子数有差异罢了，有时输赢只有极微小的差距，这差距可以精确到四分之一子，即半目。赢了半目，也是赢。但这与其他争斗中剿灭对手的赢，却是完全不同的。

围棋的重要特点之一，一般不是通过吃子来争取胜利，这与中国象棋和国际象棋有很大的不同，后二者的主要目标是通过消灭护卫，最终置对方主帅于死地，赢得"彻底"，寻求斩尽杀绝。中国象棋也是中国人喜欢的游戏，但它在深层文化方面的影响力不及围棋。

围棋有独特的胜利观。**下围棋，不仅为了取胜，还是为了从中汲取智慧。中国哲学本来就对胜败有独特的理解，如老子说：**"大成若缺。"胜利和失败仅一点之差，而且互相包含。不能以胜败看世界，不能以胜败论英雄，中国哲学强调，胜败无定，亏成相转。北宋王安石有诗说："莫将世事扰真情，且可随缘道我赢。战罢两奁分黑白，一枰何处有亏成！"围棋的胜败是短暂的，没有永远的胜利者。

围棋中有一句著名的话，叫作"争棋无名局"。它表现的也是中国哲学的一种核心思想。哲学家庄子批评逻辑学家惠子只会辩论，他说："辩无胜。"真正的智慧不是辩出来的，好辩好争，必无真胜。

围棋追求的最高境界是和谐，围棋是你中有我，我中有你，双方不是对手，不是敌人，两人共成一盘棋。争奇好胜，最终并不一定会获得胜利。下棋的人，要有一颗平常心。

在围棋中，真正的竞赛是对输赢的超越。北宋天才诗人苏轼也是一位围棋高手，他谈下围棋的感受时说："胜固欣然，败亦可喜。"

围棋是个大天地，有无穷的奥秘，真是海阔凭鱼跃，天高任鸟飞。你有多大的才能，都能在其中用上。它不是狭隘者的世界。围棋几乎是宽容的同义语，围棋是放旷自由、天马行空的艺术。

正像著名棋手吴清源所说的，围棋应该是"六合之棋"，即追求上下四方的和谐。围棋的最高境界不是冲突，而是和谐。围棋是在反复竞争中，达到最后的圆满。

# 用手来交谈

在中国，围棋被用来作为心灵交流的工具，围棋有一个别称叫"手谈"，就是下棋人，通过一粒粒棋子，作无声的交谈。这个称呼来自东晋佛学大师支道林。当时人们热衷于清谈高深的宇宙人生道理，而支道林用"手谈"形容他所喜欢的围棋。他认为，围棋也是一种交谈，而且"谈"的不是鸡毛蒜皮的小事，而是交流关乎人生的大道理。

一般来说，围棋对弈双方也是互相欣赏的人，棋逢对手，才能真正激发自己的智慧。高明的棋手时常慨叹真正的对话者"寂寥难求"。围棋名手马晓春曾说：在下围棋时，碰到对方也是欣赏自己的人，我下的每一子都是"无声的愉悦"。古代有人形容围棋对手："共藏多少意，不语两相知。"

围棋不是确立一个对手，而是请来一位同好。围棋的"好局"是与对方一道完成的，一递一着的落子，与其说是在竞争，倒不如说在共同修建一座美妙的大厦。象棋（中国象棋、国际象棋）是从满盘开始，经过不断的吃子，最后盘中棋子越来越少。而围棋是从一个空盘开始，不断地累积，最后满盘皆子，两个人共同参与这个世界的创造。任何一方都无法单独完成。对方的一个昏着，就会坏了一局好棋。所以，下棋不光是来取胜的，而是来创造一局"好棋"的。

**围棋是与一位"同好"来交流心灵，来共同创造一个"好局"，最终共同生存，达到心灵愉悦。这是中国人的围棋之道，也是中国人的竞争之道。**

# 参考文献

冯友兰. 中国哲学史新编（第一册）. 北京：人民出版社，1982

蒙培元. 蒙培元讲孔子. 北京：北京大学出版社，2005

蒙培元. 重新解读孔子//任继愈. 文津演讲录（之六）. 北京：北京图书馆出版社，2007

蒙培元. 人与自然：中国哲学生态观. 北京：人民出版社，2004

李泽厚. 论语今读. 合肥：安徽文艺出版社，1998

邢文. 郭店老子与太一生水. 北京：学苑出版社，2005

张松如. 老子说解. 济南：齐鲁书社，1998

［美］安乐哲等. 道不远人：比较哲学视域中的《老子》. 北京：学苑出版社，2004

陈鼓应，白奚. 老子评传. 南京：南京大学出版社，2001

钱穆. 庄老通辨. 北京：三联书店，2005

朱伯崑. 易学哲学史. 北京：昆仑出版社，2005

黄寿祺，张善文.《周易》译注. 上海：上海古籍出版社，1989

刘大钧.《周易》概论. 济南：齐鲁书社，1988

李零. 兵以诈立：我读《孙子》. 北京：中华书局，2006

李零.《孙子》古本研究. 北京：北京大学出版社，1995

张文儒. 孙武·孙膑·中华文化. 郑州：大象出版社，1997

印顺. 中国禅宗史. 上海：上海书店，1992

孙昌武. 禅思与诗情. 北京：中华书局，1997

[日]忽滑谷快天. 中国禅学思想史. 上海：上海古籍出版社，1994

杨曾文. 唐五代禅宗史. 北京：中国社会科学出版社，1999

北京市地方志编纂委员会. 北京志·世界文化遗产卷·天坛志.
    北京：北京出版社，2006

姚安. 天坛. 北京：北京美术摄影出版社，2000

唐兰. 中国文字学. 上海：上海古籍出版社，1979

陆宗达. 说文解字通论. 北京：北京出版社，1981

裘锡圭. 文字学概要. 北京：商务印书馆，1988

蒋善国. 汉字学. 上海：上海教育出版社，1987

董琨. 中国汉字源流. 北京：商务印书馆，1998

潘吉星. 中国古代四大发明——源流、外传与世界影响. 合肥：
    中国科学技术大学出版社，2003

[瑞典]斯文·赫定. 丝绸之路. 乌鲁木齐：新疆人民出版社，1996

林梅村. 丝绸之路考古十五讲. 北京：北京大学出版社，2006

王炳华. 丝绸之路考古研究. 乌鲁木齐：新疆人民出版社，1993

赵丰. 丝绸之路美术考古概论. 北京：文物出版社，2007

黄剑华. 丝路上的文明古国. 成都：四川人民出版社，2002

石岸. 奔丧龟兹. 读书，2005（5）

新疆维吾尔自治区文物管理委员会. 中国石窟·克孜尔石窟（二）.
    北京：文物出版社，1996

[德]格伦威德尔. 新疆古佛寺：1905—1907年考察成果. 北京：中
    国人民大学出版社，2007

傅景华. 捍卫中医. 北京：中国协和医科大学出版社，2007

陈德生. 中医学入门. 台北：文光图书有限公司，1990

刘宝义. 明于阴阳——中医的概念与逻辑. 济南：山东大学出版
    社，2007

黄海波. 中国传统文化与中医. 北京：人民卫生出版社，2007

刘力红. 思考中医：对自然与生命的时间解读：伤寒论导论. 桂
    林：广西师范大学出版社，2004

廖育群. 医者意也——认识中医. 桂林：广西师范大学出版社，2006

杜道明. 盛世风韵. 郑州：河南人民出版社，2000

金辉. 苍茫灵山：玄奘传. 北京：团结出版社，2004

朱亚非. 风雨域外行：探寻古代中国人走向世界的足迹. 济南：
　　山东画报出版社，2004

杨槱. 郑和下西洋史探. 上海：上海交通大学出版社，2007

张国刚，吴莉苇. 中西文化关系史. 北京：高等教育出版社，
　　2006

沈福伟. 中西文化交流史：文化史. 上海：上海人民出版社，2006

泉州港务局，泉州港口协会. 泉州港与海上丝绸之路——纪念郑和
　　下西洋六百周年论文集. 北京：中国社会科学出版社，2005

王海洲，潘望. 郑和的时代：大航海时代的反思，东西方相互的
　　认识. 苏州：古吴轩出版社，2005

刘登阁，李正鑫. 海殇：郑和航海六百年祭. 长春：吉林文史出
　　版社，2005

罗哲文. 长城. 北京：北京出版社，1982

罗哲文. 长城百科全书. 长春：吉林人民出版社，1994

中国长城学会. 长城国际学术研讨会论文集. 长春：吉林人民出
　　版社，1995

董耀会. 长城万里行. 郑州：河南科学技术出版社，1994

王国良，寿鹏飞. 长城研究资料两种. 台北：明文书局，1982

董耀会. 瓦合集：长城研究文论. 北京：科学出版社，2004

[美]威廉·埃德加·盖洛. 中国长城. 济南：山东画报出版社，2006

张淑娴，海君. 局部的意味——紫禁城建筑局部解析. 北京：作
　　家出版社，2004

窦忠如，刘彩杰. 守望紫禁城. 北京：新世界出版社，2004

单士元，于倬云. 中国紫禁城学会论文集（第一辑）. 北京：紫
　　禁城出版社，1997

于倬云. 紫禁城宫殿. 北京：三联书店，2006

[英]庄士敦. 紫禁城的黄昏. 济南：山东画报出版社，2007

故宫博物院古建筑管理部. 紫禁城宫殿建筑装饰——内檐装修图
　　典. 北京：紫禁城出版社，1995

[美]孟德卫. 1500—1800：中西方的伟大相遇. 北京：新星出版
　　社，2007

郭平. 古琴丛谈. 济南：山东画报出版社，2006

马承源. 中国青铜器. 上海：上海古籍出版社，2003

陈振裕. 中国古代青铜器造型纹饰. 武汉：湖北美术出版社，2001

刘弘等. 凝固在青铜器上的精灵：巴蜀与西南地区青铜器上的人物动物图案. 成都：巴蜀书社，2007

岳洪彬. 殷墟青铜礼器研究. 北京：中国社会科学出版社，2006

李松，贺西林. 中国古代青铜器艺术. 西安：陕西人民美术出版社，2002

袁仲一. 秦始皇陵兵马俑研究. 北京：文物出版社，1990

张志军. 秦始皇陵兵马俑文物保护研究. 西安：陕西人民教育出版社，1998

陕西省考古研究所，秦始皇兵马俑博物馆. 秦始皇帝陵园考古报告（1999）. 北京：科学出版社，2000

袁仲一. 秦始皇兵马俑博物馆文选. 西安：西北大学出版社，1989

秦始皇兵马俑博物馆，陕西省考古研究所. 秦始皇陵铜车马发掘报告. 北京：文物出版社，1998

黄春和. 佛像鉴赏. 北京：华文出版社，1997

卢永智. 佛像小百科. 台北：常春树书坊，1987

赖传鉴. 佛像艺术：东方思想与造型. 台北：艺术家出版社，1994

草千里. 中国古代佛像. 杭州：浙江大学出版社，2004

宫大中. 龙门石窟艺术. 北京：人民美术出版社，2002

阎文儒. 云冈石窟研究. 桂林：广西师范大学出版社，2003

熊秉明. 中国书法理论体系. 天津：天津教育出版社，2002

葛承雍. 书法与文化十讲. 北京：文物出版社，2007

徐利明. 中国书法通论. 南京：南京大学出版社，2006

萧元. 中国书法五千年：中国古代书法理论发展史. 北京：东方出版社，2006

杨新等. 中国绘画三千年. 北京：外文出版社. 纽黑文：美国耶鲁大学出版社，1997

石守谦等. 中国古代绘画名品. 台北：雄狮图书股份有限公司，1986

王伯敏. 中国绘画通史. 北京：三联书店，2008

陈传席. 中国山水画史. 南京：江苏美术出版社，1988

闻一多. 唐诗杂论. 闻一多全集选刊. 北京：古籍出版社，1956

许总. 唐诗史. 南京：江苏教育出版社，1994

谭邦和. 明清小说史. 上海：上海古籍出版社，2006

周先慎. 明清小说. 北京：北京大学出版社，2003

[美]浦安迪. 明代小说四大奇书. 北京：三联书店，2006

刘勇强. 中国古代小说史叙论. 北京：北京大学出版社，2007

叶朗，费振刚，王天有. 中国文化导读. 北京：三联书店，2007

黄清泉，蒋松源，谭邦和. 明清小说的艺术世界. 武汉：华中师
范大学出版社，1992

子午源. 瓷器上的文人画：晚清民国浅绛彩瓷. 杭州：浙江大学
出版社，2006

耿宝昌. 明清瓷器鉴定. 北京：紫禁城出版社，1993

李辉柄. 宋代官窑瓷器. 北京：紫禁城出版社，1992

中国硅酸盐学会. 中国陶瓷史. 北京：文物出版社，1982

刘敦桢. 中国古代建筑史. 北京：中国建筑工业出版社，1984

周维权. 中国古典园林史. 北京：清华大学出版社，1999

陈从周. 说园. 济南：山东画报出版社，2002

徐城北. 京剧与中国文化. 北京：人民出版社，1999

徐城北. 中国京剧. 北京：五洲传播出版社，2003

叶秀山. 古中国的歌：叶秀山论京剧. 北京：中国人民大学出版
社，2007

董季群. 中国传统民间工艺. 天津：天津古籍出版社，2004

蓝先琳. 民间年画. 北京：中国轻工业出版社，2005

魏力群. 民间皮影. 北京：中国轻工业出版社，2005

王朝闻，邓福星. 中国民间美术全集10·装饰编·剪纸卷. 济
南：山东教育出版社，山东友谊出版社，1993

周宝珠. 《清明上河图》与清明上河学. 开封：河南大学出版社，
1997

刘渊临. 《清明上河图》之综合研究. 台北：艺文印书馆，1969

张安治. 张择端《清明上河图》研究. 北京：朝花美术出版社，
　　1962

赵广超. 笔记《清明上河图》. 北京：三联书店，2005

余钊. 北京旧事. 北京：学苑出版社，2000

赵园. 北京：城与人. 北京：北京大学出版社，2002

翁偶虹. 北京话旧. 天津：百花文艺出版社，2004

徐城北. 老北京——帝都遗韵. 南京：江苏美术出版社，1998

王德威. 北京梦华录. 读书，2004(1)

翁立. 北京的胡同. 北京：北京图书馆出版社，2003

刘一达. 京城玩家. 北京：经济日报出版社，2004

刘一达. 透视什刹海的"吧"热. 北京晚报，2005-6-10

王世襄. 北京鸽哨. 沈阳：辽宁教育出版社，2000

宋超，焦扬. 上海：世纪上海. 北京：外文出版社，2005

聂永有，钱海梅. 阅读上海. 北京：中国财政经济出版社，2006

卢汉超. 霓虹灯外——20世纪初日常生活中的上海. 上海：上海
　　古籍出版社，2004

沈宗洲，傅勤. 上海旧事. 北京：学苑出版社，2000

吴福辉. 游走双城. 北京：人民文学出版社，2006

蔡丰明. 上海都市民俗. 上海：学林出版社，2001

[美]李欧梵. 上海摩登：一种新都市文化在中国（1930—1945）.
　　北京：北京大学出版社，2001

罗苏文. 近代上海都市社会与生活. 北京：中华书局，2006

沈从文. 中国古代服饰研究. 上海：上海书店出版社，1997

华梅. 服饰与中国文化. 北京：人民出版社，2001

韩春启. 梦幻霓裳——中国历代服饰印象. 北京：中央编译出版
　　社，2006

袁杰英. 中国旗袍. 北京：中国纺织出版社，2000

鲁朴. 中国蜡染艺术. 上海：上海人民美术出版社，1984

常沙娜. 中国织绣服饰全集. 天津：天津人民美术出版社，2004

赵继康. 吃遍天下：神州美食地图. 济南：山东画报出版社，2005

杜莉等. 筷子与刀叉：中西饮食文化比较. 成都：四川科学技术

出版社， 2007

王学泰. 中国饮食文化史. 桂林：广西师范大学出版社，2006

王从仁. 中国茶文化. 上海：上海古籍出版社，2001

陈平原，凌云岚. 茶人茶话. 北京：三联书店，2007

陈香白，陈叔麟. 潮州工夫茶. 北京：中国轻工业出版社， 2005

杨昆宁. 中国茶文化艺术论. 昆明：云南教育出版社，2006

滕军. 中日茶文化交流史. 北京：人民出版社，2004

夏晓虹，杨早. 酒人酒事. 北京：三联书店，2007

孙中林. 酒文化文集. 北京：知识出版社，2003

何满子. 中国酒文化. 上海：上海古籍出版社，2001

蒋雁峰. 中国酒文化研究. 长沙：湖南师范大学出版社， 2006

孙云焘. 烟酒茶与人生. 商务印书馆，1935

郭泮溪. 中国饮酒习俗. 西安：陕西人民出版社，2002

俞宏理等. 老房子——皖南徽派民居. 南京：江苏美术出版社，
　　1993

黄浩等. 中国传统民居与文化（第四辑）——中国民居第四次学
　　术会议论文集. 北京：中国建筑工业出版社，1996

王其钧. 中国民居三十讲. 北京：中国建筑工业出版社，2005

楼庆西. 中国古建筑二十讲. 北京：三联书店，2001

梁思成. 梁思成全集. 北京：中国建筑工业出版社，2001

冯国超. 中国传统体育. 北京：首都师范大学出版社，2007

刘秉果. 中国体育史. 上海：上海古籍出版社，2003

何云波. 围棋与中国文化. 北京：人民出版社，2001

吴清源围棋全集. 北京：人民体育出版社，1974

胡廷楣. 境界——关于围棋文化的思考. 上海：上海人民出版
　　社，1999

李以渝. 围棋的智慧：围棋文化纵横谈. 成都：四川科学技术出
　　版社，1993

[日]武宫正树. 围棋的宏大构思. 北京：国际文化出版公司，1986

张如安. 中国围棋史. 北京：团结出版社，1998

# 说明

　　本书部分照片从有关书籍中选取，特向拍摄者致谢。由于客观条件限制，很难一一寻找书中照片的作者，请有关作者与出版社联系，并提供足够的证明材料，以便及时支付稿酬。